人工智能与新闻传播

陈志君 著

吉林文史出版社

图书在版编目（CIP）数据

人工智能与新闻传播 / 陈志君著 . -- 长春 : 吉林
文史出版社 , 2024. 6. -- ISBN 978-7-5752-0340-1

Ⅰ . G210-39

中国国家版本馆 CIP 数据核字第 2024PT2848 号

人工智能与新闻传播

RENGONG ZHINENG YU XINWEN CHUANBO

作　　　者	陈志君	
出 版 人	张　强	
责任编辑	钟　杉	
封面设计	西　子	
出版发行	吉林文史出版社	
电　　　话	0431-81629357	
地　　　址	长春市净月区福祉大路 5788 号	
邮　　　编	130117	
网　　　址	www.jlws.com.cn	
印　　　刷	三河市华东印刷有限公司	
开　　　本	170 mm × 240 mm　　1/16	
印　　　张	15.5	
字　　　数	250 千	
版 印 次	2024 年 6 月第 1 版　　　2024 年 6 月第 1 次印刷	
书　　　号	ISBN 978-7-5752-0340-1	
定　　　价	68.00 元	

前　言

随着科技手段的介入，信息传播已经从过去传统的人工传播转换为人工智能，工作方式发生了质的进步。新闻传播领域与人工智能的融合，逐渐打破了传统的新闻生产和传播方式。新闻传播行业会走向何方，这是新闻传播从业人员值得研究的重要问题。

全书共分六章。第一章认识人工智能，介绍了人工智能的基本概念、信息处理，人工神经网络，人工智能的发展，群体智能，遗传算法与进化计算；第二章人工智能深度学习，介绍了深度学习演进机理，模拟音频与数字音频，基于人工智能的音视频内容研究；第三章互联网时代的传播，介绍了互联网背景下的新型国家传播方式，"互联网"时代的传播规制，互联网时代与整合传播，移动互联网时代场景传播新模式，以人工智能为驱动的四种新闻报道形式；第四章数据新闻可视化，介绍了数据新闻，数据新闻可视化，数据可视化的类型，数据可视化的设计要点；第五章媒体智能化背景下的新闻生产研究，介绍了"人工智能＋新闻"的优势，"人工智能＋新闻"的局限性，人工智能时代新闻生产的发展趋势与反思，智能化新闻生产的场景叙事，智能化新闻生产的模式变革；第六章人工智能在新闻传播中的应用研究，介绍了人工智能与新闻传播生态的变迁，智能传播的现实应用、理论与构想，人工智能在新闻传播中的伦理失范与对策，人工智能写作技术对新闻传播行业的影响，人工智能对新闻舆论及意识形态工作的影响，智媒时代新闻传播人才能力培养的目标、困境与出路。

本书适合新闻传播从业人员、新媒体工作者及信息化、智能化领域的科技工作者、相关专业的大中专院校学生参阅。编写过程中限于作者水平，书中难免存在纰漏及不妥之处，敬请读者批评指正。

作者

2023 年 10 月于北京

C目录
ONTENTS

第一章　认识人工智能

第一节 人工智能的信息处理

一、人工智能时代的数字信号处理技术

（一）概念

数字信号处理（Digital Signal Processing）是指通过数值计算方式加工信号的一项技术，简称为 DSP，有时 DSP 被看作是一门应用技术。数字信号处理技术可以通过数字方式表示信号处理的情况，信号处理的子集主要有数字信号处理、模拟信号处理。数字信号处理主要是为了针对真实世界进行持续模拟，从而测量、滤波信号的，在数字信号处理的准备阶段，可以通过数模转换器变换到模拟区域。

（二）发展

20 世纪 60 年代，数字信号处理技术产生了在各项条件的约束下，如受计算机应用速度、内存量等因素的影响，必须通过集成电路构成系统、计算机编程，数字信号处理技术才能够发挥出一定的作用。20 世纪 80 年代，美国科学家发明了数字信号处理器，其主要应用 DSP 芯片，进一步提高数字信号处理技术的编辑能力。20 世纪 90 年代，非线性编辑处理方式诞生，这种方式能够在短期内计算海量数字，并准确地完成信号处理工作。目前，相关行业主要应用二值逻辑信号处理技术，这项技术的灵活性很强，不易受外界环境因素的影响，利用相关软件及时优化、更改系统参数。

（三）优点

1. 灵活性

数字信号处理系统的简称是数字系统，其性能是由系统参数决定的，各项参数在存储器中进行存储，导致这些参数极易出现变化，甚至会在参数改变系统的应用下，变化成完全不同的系统，这一系统具有灵活性的特点，具体表现是数字系统分时复用一套数字系统的情况下，可以分时处理多路信号，满足智能系统发展的实际需求，结合相应的环境条件、用户实际需求，能够自主选择相应的算法，如软件无线电，软件无线电主要是将宽带 A/D 变换器、D/A 变换器逐渐靠近射频天线，构建起 A/D—DSP—D/A 模型；在通用、开放的硬件平台中，利用软

件技术完成电台的实际需求，如利用编程数字滤波器有效分离相应的信号，利用数字信号处理 DSP 技术借助软件编程选择出通信频段，能够将信息抽样、量化、编码、运算处理和变换等内容进行有效传送；利用相应的软件编程以多元化的信道调制方法，如调幅、调频、单边带、跳频和扩频等方式，实现保密结构、网络协议、控制终端等功能和需求。

2. 高精度和高稳定性

数字系统具有一定的特殊性，不会在使用条件改变的情况下发生不同的变化，尤其在应用大规模集成的 DSP 芯片时，能够进一步简化相关设备，确保数字系统的稳定、可靠运行。运算位数能够从 8 位提高到 16 位、32 位。从计算精度角度进行分析，模拟系统无法和数字系统进行对比，很多测量仪器为了满足高精度的实际需求，往往会采用最新的数字系统。

3. 便于大规模集成

数字部件的规范性比较强，但对电路元件不够严格，极易出现大规模集成的现象，导致大规模生产价格有所降低，从而推动 DSP 芯片、超大规模可编程器件的快速发展，且应用大量集成电路的数字系统，其体积相对较小、数量很轻，比较可靠。

4. 具备模拟系统难以满足的多项功能

数字系统能够存储大量数字信号，针对多样性、复杂化的信息进行变换、运算。数字信号处理方式会发生一定的改变，不仅是模拟系统功能，还能够在这一功能的基础上实现更多功能。例如，在电视系统中，会涉及很多视频特技，有画中画、多画面等，以及亚索和放大画面、坐标旋转、制作具有一定特点的配音，等等。

二、人工智能在信号处理中的应用

（一）人工神经网络

人工神经网络是通过数字模型、网络模型产生的，这一神经网络针对人脑信息处理的整个过程进行了模拟。神经元是信息处理的基础，其能够将很多信息有规律地联系起来，构成具有复杂性的神经网络系统。在处理各项信息和内容的过程中，网络模型神经元能够将不同的结果拼接起来，从而形成一个新型、更加完善的神经模型。现阶段，人工神经网络模型呈现出多元化、复杂性的特点，其在处理各项信息中发挥着重要作用。人工神经网络类型主要有前向型和相互组合型，但这两种类型存在一定的差异，其主要体现在是否存在信息反馈制度方面。

（二）进化算法

进化算法在信息处理工作中发挥着重要作用，在很大程度上提高了信息处理的效率。人工智能技术在信息处理中的应用，为进一步实现进化算法目标提供了基础保障，其主要是结合生物界自然选择、遗传定律，针对生物遗传模型进行模仿，从而不断优化其中的算法，其不够复杂，能够在多个领域进行有效应用，并对不同的信息进行有效处理。并且，进化算法和传统算法之间的区别很明显，在处理各项信息，如自动控制、图像识别等方面得到了有效应用。进化算法主要有遗传算法、遗传规划、进化规划、进化策略等，但这些方法的进化方式有所不同，具体体现在选择、交叉、变异、种群控制等方面，但和遗传算法相比，进化算法的收敛性有相应的结果。相关文献显示，在保存最优个体的情况下通用的进化计算具有收敛性，但有些进化算法结果从遗传算法推算而来。遗传算法更注重交叉操作，变异操作对算法操作具有一定的辅助性，从一般意义角度进行分析，进化规划、进化策略的交叉不会优于变异操作，甚至不会出现交叉操作的现象。

进化计算是在自然选择、自然遗传等生物进化机制发展下出现的搜索方法，这种方法和普通的搜索方法一致，其本质是迭代算法。但也存在一定的差异性，具体体现是进化计算在最优解搜索的同时，往往会从原问题的一组解出发优化到另一组较好的解，最后从这组改进的解出发进行改变。并且，在遇到进化问题时，当原问题构建起优化模型后，应结合改进的解出发，且在进化问题中，原问题构建起优化模型后，必须针对原问题的解进行变化。进化计算在搜索的同时利用结构化、随机性的信息，使最满足目标的决策得到最大的生存可能，其本质是概率型的算法。通常情况下，进化计算求解步骤具体如下：第一，给定初始解；第二，评价初始解的性能；第三，从这组解中选择一定数量的解，为迭代后的解提供基础保障；第四，针对这一解进行操作，得到迭代后的解；第五，在这些解满足实际需求的情况下停止，反之将迭代后的解作为当前解进行重新操作。例如，遗传算法的步骤具体如下：第一，字符串是工作对象，使用二进制的 0/1 或其他进制字符编码；第二，利用字符串的长度 L，产生 L 个字符，构成初始个体；第三，合理计算适应度，这是针对个体优劣进行衡量的标志，一般指的是研究问题的目标函数；第四，严格遵循优胜劣汰的原则，将优良个体复制插入下一代新群体中；第五，通过交换字符产生新个体，一般交换点的位置是随机决定的；第六，针对某一字符进行补运算，字符 1 会变成 0 或者字符 0 变成 1，这是产生新个体的方法，其中的突变字符位置会随机决定；第七，遗传算法的本质是反复迭代的过程，在任何一次迭代过程中，必须完成适应度计算、复制、交换、突变等各项操作，在满足实际要求后停止条件。

（三）信息融合技术

在信息处理领域发展中，信息处理技术是指加工不同类型的信息，这样，信息能够相互补充，从而获取更多的内容。在这一过程中，多传感器系统能够实时监测目标，准确搜集更多的信息，且在搜集各项信息的同时排除不准确的内容，促使信息处理的效果得到进一步提升。信息处理技术的本质是针对人脑对各项信息的处理过程进行模拟，在应用实践中应保障信息处理系统具备两个以上的传感器，通过融合系统有效整合、处理不同传感器中的传输信息，随后对这些信息进行分配、使用，在针对多余信息进行自动处理、整理的同时，获取更多准确的信息。

信息融合技术在信息处理工作中的应用呈现出很多优势，具体体现在以下方面：第一，工作性能稳定。在信息处理系统中，各个传感器都是独立存在的，能够提供相应的目标信息，在任何一种传感器失效、外界因素影响而无法探测到某一目标的情况下，不会对其他传感器的工作性能带来严重影响；第二，空间分辨能力强。通过多传感器能够利用几何方法构成传感器孔径，这一孔径的分辨能力比任何一个传感器都高；第三，获取多元化、准确的目标信息。多传感器能够提供多元化信息，针对目标或时间的假设集合有所减少，且针对同一目标、同一时间的多次、多个独立测量进行融合，获取高可信度的信息，从而使检测性能得到不断优化；第四，获取单个传感器无法获得的目标信息。各个传感器的频率都是互补的，空间和时间的覆盖范围持续扩大，测量空间维数也有所增加，从而减少电子对抗措施，如隐蔽、欺骗、伪装，以及气象和地形干扰带来的检测盲点，很多传感系统具有一定的冗余度，能够进一步优化系统工作的容错性，保障系统的可靠、稳定运行。

三、基于人工智能的信息处理技术

（一）智能分析技术

智能分析技术是一种新型技术，通过加强对自然语言的理解，将智能类型、标引技术等进行紧密结合，从而更好地完成综合算法和计算智能的有效融合。在智能分析有关信息的情况下，相关人员需要在应用自然语言理解系统的基础上，针对中文信息进行智能分析，其分析重点是词语切分、词性标准、标注和分析词语概念、分析语义和句法等。

（二）机器翻译技术

目前，在应用机器翻译技术的过程中，主要通过规则和语料库进行。其中，基于规则应用重点是在转换和中间语言的基础上进行的；基于语料库应用重点是在统计和实例的基础上完成的。通过分析其使用效果我们发现，两种方法都有自身的优缺点，在选择应用方法的过程中必须根据实际使用情境进行选择。在机器翻译技术的应用发展过程中，技术人员需要将两种方法进行融合应用，有效提高应用的整体效果，如在应用谷歌翻译和百度翻译等软件的过程中，就能够通过机器翻译技术进行有效呈现，通过人工智能方式自由转换不同的语言，从而更好地完成语句和段落的翻译，这样大家就能够获得更多自己需要的翻译内容。

（三）自动简报技术

自动简报技术是针对自动文摘技术进行升级、发展产生的新型技术。在很多学者、研究人员开发、优化之后，自动简报技术现已在信息处理方面得到了广泛、高效的应用，信息处理的有关技术也在日益完善。因此，相关技术人员在应用自动简报技术时，可以应用原文文本分析、全文与文摘转化、重组生成等方式，满足自动文摘的实际需求。自动文摘方式主要有三种，分别是基于符号、基于规则，以及基于词频等文本表层的方式，在未来社会的发展中，自动简报技术可以针对文本、多媒体信息等不同的内容完成智能化分析，以此为基础提供与摘要性质、特征分析相似的报告，报告内容的长短是能够进行控制的，技术人员在输入信息以后，系统能够自动进行简报输出。

四、人工智能理念下数字信号处理技术的发展趋势

（一）高速处理各项信息

从信息处理的角度进行分析，高速处理技术应运而生。在未来的发展过程中，数字信号处理技术的应用能够改善应用度低等问题，尤其在针对不同的数字信号处理过程中，能够针对相关性强的数字信号进行准确判断，结合信号的不同合理选择信号处理方式，从而更好地搜集、处理和传输各项数字信号。随着社会

的发展，数字信号处理技术得到了更高效的应用和发展，能够针对各项数字信号进行有效分类，通过处理不同的信号将数字信号技术应用到更多领域，实现数字信号处理、分类的高效性。

（二）实现信息的多核处理

在通信行业发展的过程中，多核信号处理技术得到了广泛应用，并呈现出明显优势，但这项技术在针对复杂数字信号处理过程中仍有很多需要完善的内容。随着社会的快速发展，数字信号处理技术的优势更加明显，尤其在信号多核处理过程中表现出明显的优势，多核数字处理技术的应用是通过半导体制造工艺完成的，在技术水平不断提高的情况下，会取得更好的数字信号处理效果。现阶段，单纯通过单核信号处理方式能够提升主频的信号质量，从而针对不同的信号进行高效、快速的处理和传输，但对有关系统的集成硬件网络接口有一定的要求，需要在外接芯片的基础上完成网络通信工作，因而在多核处理过程中，芯片和网络接口是密切联系的。在不同场合下更好地传输有关信号，各个芯片都能够和不同的千兆网口进行有效连接，将其应用到更多领域，但其中的网口数据是不会相互影响的，通过这种方式能够不断提高信号传输的效率。

随着信息技术的持续发展，数字信号处理技术的重要性得到了大家的关注，其能够将定点运算和浮点运算进行有效融合；其运算方式能够获取准确的数字信号，并有效减少信号处理成本的投入，为数字通信的良好发展提供保障。总体来说，在人工智能背景下，信号处理技术发展日益成熟，不受外界环境的干扰。在特定场合中高速传播信号，还能够保障设备运行的集成化、智能化，减少信号处理、信号传输成本的投入，创造更多的经济效益。在未来社会的发展中，多核信息处理在自然语言理解、技术等领域将得到进一步发展。

第二节 人工神经网络

一、人工神经网络的概念

人工神经网络也就是大家常说的神经网络，这一技术通过应用生物学神经网络原理，针对人脑结构和外接刺激机制得出更加深刻的理解。在应用这一技术时将网络拓扑知识作为关键点，有效地模拟人脑结构，从而完成复杂信息的有效处理，其本质是数学模型，能够针对并行分布信息进行有效处理，呈现出智能化、自学习等特点，其可以完成各种复杂信息的加工和存储，利用多元化的知识方式进行智能化学习，这一技术在很多领域发挥着关键作用。人工神经网络能够将多种简单元件连接起来，从而形成具有一定复杂性的网络，呈现出高度非线性的特点。神经网络是一种运算模型，其能够将很多节点、神经元连接起来，其中的节点都是特定的输出函数，这就是大家常说的激活函数。其中的两个节点相互连接，就代表了连接信号的加权值，又被称为权重。神经网络通过针对人类的记忆进行模拟，而网络输出会受很多因素的影响，如网络结构、连接方式、权重和激活函数等。另外，网络能够向自然界中的相关算法和函数进行靠近，呈现出相应的逻辑策略，在构筑神经网络的过程中，需要确保生物神经网络的有效运行。受这一过程的启发产生了神经网络构筑理念，人工神经网络能够将生物神经网络和数学统计模型结合起来，通过数字统计工具满足各项实际需求。通过分析人工智能学的人工感知领域，我们发现，相关人员通过数字统计学方法，能够提高神经网络的判断能力和决定能力，延伸了传统的逻辑学演算。

人工神经网络中的神经元处理单元，可以由特征、字母和概念表示出来，还能够表示抽象模式。网络处理单元的类型具有多样性特点，如输入单元、输出单元和隐单元等。其中，输入单元能在外界环境中获取信号和数据；输出单元能够输出人工神经网络的处理结果；隐单元是输入单元和输出单元之间的单元，其不会被外界环境因素影响。不同的神经单元连接权值直接反映了连接强度，在表示和处理信号中，都体现了网络处理单元的密切关系。人工神经网络能够进行信息处理，其适应性比较强。通过网络和网络的变化，人工神经网络更好地获取动力学行为，从而完成并行分布式信号处理工作，还可以模仿人脑神经系统进行信号处理。神经网络是一种数学模型，其重点是针对大脑神经突触连接系统中的不同信息进行有效处理，从而更好地模拟大脑组织和思维机制，将神经科学、数学、思维科学、人工智能、统计学和物理学等有效结合起来。

二、人工神经网络发展历程

人工神经网络从结构、机理和功能等角度，针对人脑的神经网络进行了模拟，其发展主要经历以下五个阶段。

（一）第一阶段：模型的提出（1943 年—1969 年）

1943 年，心理学家 Warren McCulloch （沃伦·麦卡洛克）和数学家 Walter Pitts（沃尔特·皮茨）最早提出了一种简单的人工神经网络；

1948 年，Alan Turing （艾伦·图灵）提出了一种"B 型图灵机"；

1951 年，Warren McCulloch （沃伦·麦卡洛克）和 Walter Pitts（沃尔特·皮茨）的学生 Marvin Minsky （马文·明斯基）建造了第一台神经网络机 SNARC；

1958 年，Rosenblatt（罗森布拉特）提出了"感知机"。

（二）第二阶段：冰河期（1969 年—1983 年）

1969 年，Marvin Minsky （马文·明斯基）出版《感知器》一书，指出神经网络的两大致命缺点：一是感知器无法处理"异或"回路问题；二是当时的计算机不具备处理大型神经网络所需要的计算能力。这使得神经网络进入了十多年的沉寂时期。但是，BP 神经网络出现在这一时期。

（三）第三阶段：复兴期（1983 年—1995 年）

1983 年，物理学家 John Hopfield （约翰·霍普菲尔德）提出了一种用于联想记忆（Associative Memory）的神经网络，称为"Hopfield 网络"；

1984 年，Geoffrey Hinton （杰佛瑞·辛顿）提出一种随机化版本的"Hopfield 网络"，即玻尔兹曼机；

反向传播算法是这一时间段最优秀的知识，它也引起了神经网络的第二次高潮。

（四）第四阶段：低谷期（1995 年—2006 年）

相比于神经网络的理论不足、优化困难和解释性差等问题，支持向量机、线性分类器等方法具有理论充沛、实现简单的优势。因此，神经网络的研究又一次陷入低潮。

（五）第五阶段：深度学习的崛起（2006 年至今）

2006 年，相关学者在参与层层训练的过程中，学习并掌握了深度信念网络。深度信念网络的权重属于多层前馈神经网络的初始权重，相关学者结合反向传播算法完成精调工作，构建起相应的网络模型，但在实际发展中存在深度神经网络无法得到有效训练的问题。2012 年，相关学者将深度信念网络应用到语音识别方面，在很大程度上推动了神经网络的持续、快速发展。

三、人工神经网络的基本特征及优越性分析

（一）基本特征

人工神经网络将处理单元密切联系起来，形成了具有非线性、自适应特点的信息处理系统。人工神经网络是在应用现代化神经科学研究成果基础上获取的，在针对大脑神经网络处理和记忆各项信息进行模拟的过程中，能够高效处理不同的信息，其具有以下基本特征。

1. 非线性

非线性关系是自然界普遍存在的基本特征，大脑智慧的本质是非线性现象。人工神经元主要有两种状态，分别是激活状态、抑制状态。从数学角度分析，这一行为属于非线性关系，尤其是阈值的神经元构成的网络性能更优，能够促进容错性、存储容量的有效提升。

2. 非局限性

通常情况下，一个神经网络是由不同的神经元进行连接形成的，各个系统的整体行为是由单个神经元特征决定的，具体是由单元与单元之间的相互关系、连接决定的，将各个单元进行有效连接模拟出大脑的非局限性，如联想记忆。

3. 非常定性

人工神经网络具有自适应、自组织和实时学习等特点，能够针对持续变化的信息进行有效处理，且在处理各项信息的过程中，非线性动力系统也是持续变化的，一般通过迭代过程针对动力系统演化过程进行有效描写。

4. 非凸性

系统的演化方向是由某一特定状态函数决定的，如能量函数的极值处于较为稳定的状态。非凸性指的是特定状态函数具有不同的极值，系统具有不同的稳定的平台状态，导致系统演化呈现出多样性特点。在人工神经网络中，神经元处理系统表示多样性的对象，如特征、字母、概念、抽象模式，其中的处理单元主要有输入单元、输出单元和隐单元三种单元。其中，输入单元主要针对外界环境的信号、数据进行接收；输出单元重点输出系统中的处理结果；隐单元是输入单元和输出单元之间的，无法通过系统外部进行观察。神经元与神经元之间的连接权重直接反映着各个单元之间的连接强度，信息表示、信息处理充分体现了网络处理单元的连接关系。人工神经网络具有非程序化、适应性和大脑风格等特性，是一项信息处理技术。在网络变化、动力学行为下，人工神经网络具有并行分布

式的信息处理功能，从不同层次、角度针对人脑神经系统的信息处理功能进行了模仿，其在神经科学、思维科学、人工智能和计算机科学等方面发挥着一定的优势。人工神经网络属于并行分布式系统，其与传统人工智能信息处理技术存在很大差异，改善了传统逻辑符号的人工智能处理直觉、非结构化信息等问题，呈现出自适应、自组织和实时学习等特征。

（二）优越性

人工神经网络具有一定的优越性，具体体现在以下方面：首先，自学功能。在识别图像过程中，将多样性的图像样板和应识别的结果输入人工神经网络中，利用自学功能识别相应的图像，自学功能对预测产生关键影响。在未来社会的发展中，人工神经网络计算机能够提供经济预测、市场预测和效益预测，具有良好的应用前途。其次，联想存储功能。利用人工神经反馈网络能够满足联想存储的实际需求。最后，高速寻找优化解的能力。为了选择复杂问题的优化解，需要很大的计算量，利用针对某一问题设计相应的反馈型人工神经网络，能够提高计算机的运算速度和运算能力，从而快速检索到优化解。

四、人工神经网络发展的理论基础

现阶段，神经网络在很多领域得到了广泛应用，但相关研究仍存在一些不足，相关学者将重点研究内容放在分布存储、并行处理、自学习、自组织和非线性映射等优势和其他技术结合的混合方法和混合系统方面。但是，其他方法也存在优势，相关人员可以将神经网络和其他方法结合起来应用，提高应用的整体效果，如将神经网络和模糊逻辑、专家系统、遗传算法、小波分析、粗集理论、分形理论和证据理论等结合起来，将其应用到实际工作中，以达到良好的应用效果。

（一）与小波分析的结合

1981 年，法国地质学家 Morlet（莫莱）在探索地质数据的过程中，深入探究了变换与加窗、变换的异同、特地单和函数构造等内容，并提出了小波分析的概念，构建了以自己名字命名的 Morlet 小波。1986 年以来，小波分析逐渐发展成新兴学科，Meyer（迈耶）所著的《小波与算子》，Daubechies（多贝西）所著的《小波十讲》是小波研究领域权威的著作。小波变换突破了 Fourier 分析方法，这一方法的时域和频域的局部化性质较好，针对低频信号的频域、高频信号的时域能进行有效分辨，聚集到对象的各个细节中。小波分析可以看作数字显微镜，其主要功能有放大、缩小、平移，针对不同放大倍数下的变化情况探究信号的动态特性，这一方法现已在地球物理、信号处理、图像处理和理论物理等方面得到了有效应用。小波神经网络将小波变换的时频局域特性、神经网络自学功能进行有效融合，逼近能力、容错能力相对较强。从结合方法角度进行分析，可以将小波函数作为基函数构建的神经网络，从而形成小波网络，还可以将小波变换作为前馈神经网络输入前置处理工具。其本质是利用小波变换的多分辨率特点，有效处理过程状态的各项信息，将信息与噪声分离开，从中提取影响加工误差的状态，以此输入神经网络。

现阶段，小波神经网络得到了有效应用，具体应用在诊断电机故障、保护和处理高压电网的故障信号、维护并诊断轴承等机械故障等方面。如将其应用在感应伺服电机智能控制方面，能够有效跟踪并控制这一系统，呈现出良好的鲁棒性；通过小波神经网络有效诊断心血管疾病，提取小波层时频域的自适应特征，准确地针对神经网络进行分类。小波神经网络的应用领域在持续扩大，但在实际应用中仍存在一些问题，尤其在提取精度、小波变换实时性要求方面，必须结合实际情况构建满足适合应用需求的特殊小波基，为更好地应用提供便利。并且，为了满足应用的实时性要求，必须结合 DSP 的发展情况，大力研发专业的处理芯片，从而达到预期的应用效果。

（二）混沌神经网络

20 世纪 70 年代，Li-Yorke（李 - 约克）首次提出混沌的定义，其应用价值十分广泛，在出现以后就得到了很多领域的高度重视。混沌指的是在确定系统中出现的无规则运动，其本质是在非线性系统中的普遍现象，呈现出遍历性、随机性等特征，在确定范围内结合自身规律不能重复遍历各种状态。混沌理论直接决定着非线性动力学混沌的定义，明确了貌似随机现象中隐藏的简单规律，从而探索多样性、复杂问题遵循的共同规律。1990 年，相关学者结合生物神经元混沌特性提出了混沌神经网络模型，将混沌学和神经网络结合起来，促使人工神经网络中表现出混沌行为，这种行为和人脑神经网络十分类似。因此，混沌神经网络是能够满足实际发展需求的智能信息处理系统，现已成为神经网络领域关注的重要方向。通过将混沌神经网络和常规神经网络进行对比，我们可以发现，混沌神经网络的非线性动力学特性比较丰富，具体体现在以下方面：第一，混沌动力学行为是神经网络中的融合、混沌神经网络的同步性、混沌神经网络的吸引子。在应用神经网络的过程中，网络输入存在很大差异，通过网络固有的容错能力进行输入会遇到一些问题，极易造成失忆问题。其中的动态记忆是确定性动力学运动，记忆普遍出现在混沌吸引子轨迹中，在持续运动过程中形成联想—记忆模式，尤其是针对状态空间分布近、发生部分重叠的记忆模式，混沌神经网络利用动态联想记忆进行重现、辨识，不会被混淆，这一特征是混沌神经网络自身的特性，有效提升了神经网络的记忆能力。第二，混沌吸引子还存在吸引域，混沌神经网络自身突出的容错功能，能够有效识别复杂模式，完成图像处理等工作。目前，混沌神经网络得到了大家的高度重视，其主要原因是混沌在生物体真实神经元、神经网络中存在，并发挥相应作用，具体体现在动物学电生理实验方面，实验对其进行了证实。混沌神经网络的动力学特性相对复杂，具体体现在动态联想记忆、系统优化、信息处理和人工智能等方面，由于混沌神经网络具有联想记忆功能，实际搜索过程缺乏一定的稳定性。相关学者提出了控制混沌神经网络中混沌现象的方法，重点针对混沌神经网络的组合优化问题进行了分析。为了将混沌神经网络的动力学特性进行有效应用，全面控制相关的混沌现象，学界还需要不断调整、优化混沌神经网络结构，重点针对混沌神经网络算法进行深入研究。

（三）基于粗集理论

1982 年，波兰华沙理工大学教授首次提出粗糙集理论，该理论本质属于分析数据的数学理论，重点针对不完整数据、不精确知识表达、学习和归纳方法进行研究，是新型处理模糊、不确定知识的数学工具，这一思想在确保分类能力不变的基础上，利用知识约简、导出问题的方法进行决策、分类。现阶段，粗糙集理论在很多领域得到了有效应用，如机器学习、决策分析、过程控制、模式识别和数据挖掘等。粗集和神经网络存在很多相同点，主要是在自然环境下开展有效工作，但粗集理论方法能够针对人类抽象逻辑思维进行模拟，神经网络方法主要是模拟形象、直观的思维，两者也是有一定差异的。粗集理论方法结合大家对事物的描述方法定性、定量和混合性信息，将其作为输入内容，输入空间和输出空间的关系是由简单的决策表进行简化获取的，其重点是知识表达中不同属性的重要性，明确冗余的知识、有用的知识。神经网络通过非线性映射思想、并行处理方法，利用神经网络结构表达输入和输出关联知识的隐函数编码。

在处理粗集理论方法、神经网络方法的过程中，两种方法还有一些差异：第一，神经网络处理信息不能简化输入信息空间维数，在输入信息空间维数的情况下，网络结构具有一定的复杂性，且训练时间比较长，但粗集方法结合发现数据和数据之间的关系，既能够去掉冗余输入信息，还能够针对输入信息的表达空间维数进行简化。第二，应用粗集方法处理实际问题的过程中，会对噪声比较敏感，通过无噪声训练样本方式学习推理结果，很难在噪声环境中得到有效应用，但神经网络方法能够有效抑制噪声。因此，将神经网络和粗集方法进行有效融合，通过粗集方法预处理各项信息，重点将粗集网络作为前置系统，结合粗集方法预处理信息结构，从而构建起神经网络信息处理系统，将两者进行融合，能够减少信息表达的属性数量，改善神经网络系统的复杂性，其容错能力和抗干扰能力比较强，能够有效处理不确定、不完整的信息。现阶段，粗集和神经网络的结合在语音识别、专家系统、数据挖掘和故障诊断等方面得到了有效应用，如自动识别声源位置，利用神经网络和粗集获取专家系统的知识，取得了良好的效果。粗集方法主要处理不确定、不精确的数据，神经网络做好分类工作。粗集和神经网络的结合在很多领域得到了有效应用，为了发挥更好的效果，需要充分考虑这些问题：针对人类抽象逻辑思维的粗集理论方法进行模拟、针对形象、直观的神经网络方法进行模拟。两种方法进行融合集成软件平台和硬件平台，具有良好的实用性。

（四）与分形理论的结合

20世纪70年代，美国哈佛大学数学系教授Benoit B. Mandelbrot（本华·曼德博）提出了分形这一概念，分形几何学逐渐发展成科学的方法论——分形理论，并开创了20世纪数学的关键时期，现已在自然科学、社会科学的各个领域得到了广泛应用，成为现代国际发展过程中的重要前沿研究课题。目前，分形理论已在很多学科中得到了快速发展，逐渐发展为描述自然界中不规则事物、具有规律性的学科，在生物学、地球地理学、天文学和计算机图形学等领域得到了广泛应用。分形理论能够针对不规则、不稳定、复杂的自然现象进行解释，并取得了良好的效果。神经网络和分形理论的有效融合，发挥出神经网络非线性映射、计算能力、自适应等优势，并取得了显著的效果。

现阶段，分形神经网络主要在图像识别、编码和压缩等方面发挥着重要作用，还能够针对机械设备系统故障进行有效诊断。分形图像压缩、分形图像解压缩方法的压缩率比较高、遗失率相对较低，运算能力相对薄弱，而神经网络能够完成并进行运算，将其在分形图像压缩、解压缩中进行有效应用，运算能力得到进一步提升。神经网络和分形进行有效结合，可以识别果实形状，其主要步骤如下：第一，通过分形得到不同水果轮廓数据的不规则性；第二，利用三层神经网络辨识各项数据；第三，评价各项数据的不规则性。虽然分形神经网络得到了有效应用，但仍存在一些需要研究的问题，具体体现在以下方面：第一，分形维数的物理意义；第二，分形的计算机仿真；第三，分形的计算机实际应用。在各项研究内容逐渐深化的理念下，分形神经网络日益完善，具有良好的应用效果。

五、人工神经网络在信息领域中的应用

在处理实际问题和相关信息的过程中，普遍存在信息来源不完整、假象等问题，各个决策规则是矛盾的。虽然通过传统方式进行信息处理面临着很多难题，但神经网络可以针对实际问题进行有效处理，并合理地识别、判断这些信息。

（一）信息处理

现阶段，信息处理过程中面临的问题具有一定的复杂性，人工神经网络能够针对人的思维进行模仿，从而自动诊断各项信息，针对实际问题进行求解，改善传统方法无法解决的实际问题。人工神经网络系统的容错性、鲁棒性和自组织性比较强，在连接线被破坏的情况下，这一系统处于优化工作状态，由于人工神经网络系统具有这一优势，现已在军事系统电子设备中发挥着重要作用。目前，智能信息系统主要有智能仪器、自动跟踪监测仪器系统、自动控制制导系统、自动故障诊断系统和报警系统。

（二）模式识别

模式识别主要用于处理并分析表征事物、现象的相关信息，主要存在于描述、辨认、分类和解释各项事物和现象的整个过程。模式识别技术的理论基础主要是贝叶斯概率论、神农信息论，通过将这些理论作为基础，信息处理的整体过程与人类大脑的逻辑思维过程十分相似。现阶段，基本的模式识别方法主要有统计模式识别方法、结构模式识别方法。人工神经网络是一种常用方法，其发展十分迅速，人工神经网络模式识别方法不断代替了传统的模式识别方法。在研究、发展的过程中，模式识别技术比较先进，能够针对文字、指纹、语音、人脸等进行识别，还可以在图像遥感、工业故障检测等领域得到有效应用。

第三节 人工智能的发展

一、什么是人工智能

人工智能的英文简写是 AI，又被称为机器智能，这一词最早是在 1956 年 Dartmouth（达特茅斯学院）学会上被提出来的，其属于综合学科，它将计算机科学、控制论、信息论、心理学、神经生理学和语言学等很多学科进行了有效融合。从计算机应用方面进行分析，人工智能主要针对利用制造智能机器、智能系统模拟人类智能活动的能力进行探索，从而针对智能科学进行研究。人工智能属于计算机科学，其本质是在了解智能实质的基础上生产新型的类似于人类智能做出反应的机器。人工智能的发展和计算机科学与技术的发展是息息相关的，重点针对人工智能物质手段进行的研究，现已在很多领域得到了高效应用，在国民经济发展、人类生活改善等方面发挥着十分重要的作用。现阶段，人类科学演变逐渐由过去的数值计算向全面的逻辑计算发展，人类已将信息工程学和计算机系统进行了有效融合，在一定程度上满足了信息管理、信息交换等需求。从加速扩大信息处理等方面进行分析，计算机处理数据能力还比较薄弱，缺乏专业领域的智能，还不能适应现代信息科学的发展。目前，全球化的信息科学在不断形成，人工智能逐渐发展成新时代信息科学的发展核心，且在社会的发展中，人类都比较关注智能的相关问题。

二、人工智能的发展过程

在人工智能的发展中，经历了曲折的发展时期，下面重点针对人工智能的发展历程进行划分。

（一）第一阶段：20 世纪 50 年代

第一阶段主要是人工智能的兴起和冷落，人工智能概念是在 1956 年被提出的，随后出现了很多显著的成果，如机器定理证明、跳棋程序、通用问题求解程序和 LISP 表处理语言等，但受消解法推理能力、机器翻译等各项因素的影响，人工智能逐渐进入冷落阶段，在这一发展时期，研究人员过于关注问题的求解方法，缺乏对知识重要性的关注。

（二）第二阶段：20 世纪 60 年代末到 20 世纪 70 年代

在专家系统出现以后，人工智能处于新高潮阶段，在 DENDRAL 化学质谱分析系统、MYCIN 疾病诊断和治疗系统、PROSPECTIOR 探矿系统、Hearsay-Ⅱ 语音理解系统等专家系统研究、开发的基础上，人工智能呈现出实用性特点，并在 1969 年成立了国际人工智能联合会议。

（三）第三阶段：20 世纪 80 年代

第五代计算机诞生以后，人工智能发展十分迅速，并在 1982 年开始了第五代计算机研制计划，促使逻辑推理速度得到提升，虽然这一计划未得到有效落实，但这一计划的开展形成了研究人工智能的热潮。

（四）第四阶段：20 世纪 80 年代末

20 世纪 80 年代末，神经网络处于飞速发展的时期，美国在 1987 年召开了第一次神经网络国际会议，神经网络作为一门新的学科应运而生，随后越来越多的国家向神经网络领域投入了大量资金，直接推动着神经网络的持续、快速发展。

（五）第五阶段：20 世纪 90 年代

20 世纪 90 年代，人工智能处于研究高潮时期，在网络技术的发展过程中，尤其是国际互联网技术发展十分迅速，人工智能的研究要点发生了一定变化，逐渐由单个智能主题研究向网络环境下的分布式人工智能研究发展。人工智能研究主要是在同一目标下向分布式问题求解，针对多个智能主体的多目标问题进行求解，呈现出很明显的实用性。除此之外，在 Hopfield 多层神经网络模型被提出后，人工神经网络研究及应用领域越来越多，呈现出欣欣向荣的发展趋势。

三、人工智能的发展应用

（一）人工智能在管理系统中的应用

在新时代的企业管理过程中，人工智能的应用具有重要意义，既能够提高管理工作的整体效率，又能够通过应用计算机满足工作人员的工作需求，但工业工程信息技术单纯通过人工很难完成。另外，将人工智能应用到企业管理工作中，通过针对数据进行管理、处理，结合企业的核心业务、主导流程，构建多个主题数据库，各个应用系统都结合主题数据库进行建立和运行，其本质是统一管理应用企业内部的各项数据，构建人工智能应用平台，将其作为企业管理、决策的关键因素，突出人工智能在企业管理过程中的关键作用。

（二）人工智能在工程领域中的应用

在工程项目建设过程中，人工智能也得到了有效应用，如在地质勘探、石油化工方面发挥着关键作用。1978 年，美国斯坦福国际研究所重点研究了矿藏勘探和评价专家系统，将其命名为"Prospector"，这一系统在勘探评价、区域资源估值、钻井井位选择等方面发挥着重要作用，是工程建设方面的第一个人工智能专家系统。通过这一系统的应用发现了钼矿沉积，其价值已超过 1 亿美元，充分体现了人工智能在工程领域的应用，并成为典型案例。

（三）人工智能在技术研究中的应用

在电子技术发展过程中，人工智能得到了有效、持续的应用，尤其在网络信息化发展过程中，网络技术安全问题逐渐成为大家关注的重点问题之一。通过应用传统技术，进一步优化、变更网络安全技术，尤其要注重数据挖掘技术、人工免疫技术的发展，开发并研制更多的 AI 通用和专用语言、应用环境、开发专用机器等，人工智能技术对电子技术领域的应用具有重要意义。

四、人工智能的发展动因及趋势分析

近年来，人工智能的研究要点逐渐转向建造智能计算机，改善传统人工开展复杂脑力劳动存在的弊端，在这一研究目标的基础上，社会各界将人工智能看作计算机科学的重要分支。另外，人工智能的远期研究目标也在不断完善，重点针对人类智能、机器智能的基本原理进行探究，通过自动针对人类思维过程、智能行为进行模拟，这一目标超出了计算机的科学范畴，其研究领域涉及自然科学、社会科学等学科。目前，人工智能的发展，在很大程度上推动着国民经济的发展，进一步优化了人类生活。

（一）人工智能的发展动因

任何事物的发展都有其原因和动力，人工智能技术的不断发展也有其原因，探究人工智能发展的历史动因有助于我们更好地发展人工智能。回顾人工智能的发展历史，人工智能的发展动因有政治因素、经济因素以及人的发展需求三方面。

1. 各国政府需要更加智能化的管理方式

随着各国民主建设的不断推进，民众对政府管理的要求越来越高。政府需要收集大量民意信息以提升自身管理水平，提高民众满意度。由于过去的管理方式主要是人工收集，这种方式需要投入大量的时间、人力和资金，且民众也需要一种智能化的方式对社会治理等国家事务发表自己的意见和建议，所以，各国政府和民众都希望有一种智能化的方式来解决这些问题。人工智能技术具有智能化、多中心等特点，能够为民众提供多样的政治参与途径，还能为政府制定相关政策提供科学的依据。所以各国政府都非常支持人工智能的发展，以提升国家治理体系的现代化水平。

2. 世界的经济发展需要更加智慧化的生产工具

由于世界经济不断发展，人类对生产和生活资料的需求越来越大，对生活质量要求也越来越高，但是人类的身体无法连续长时间地工作，所以人类需要一种智能化的设备作为生产工具，以提高生产效率，丰富人类的物质生活资料。人工智能技术是对人类肢体和大脑的模拟和延伸，改善了过去重复性、复杂性的体力劳动和脑力劳动，呈现出智能化、自动化的特点，在很大程度上提高了人民群众的生产、生活水平。人工智能的应用可以提高生产率，为企业降低人力成本，提高产品质量，增加企业利润。通过调查、研究发现，人工智能为全球各个国家的经济发展都提供了一定的保障，并推动着国家效益的高速增长，并且人工智能将催生更多与人工智能研发、生产、销售有关的上下游企业，创造更多就业岗位。所以许多国家大力发展人工智能相关产业，促进经济发展和提高人民生活水平。

3. 人类需要更多自由时间和更大发展空间

随着社会的不断进步，人们希望不断提升自身能力和素质，拥有更加智慧化的生活，所以，人们需要拥有更多自由时间用来学习和娱乐，还希望在更多领域取得成功。但是人类必须首先从事生产劳动，以获取维持生存和发展的物质资料。

人工智能技术的出现为人类增加了大量的自由时间，因为人工智能设备自动化程度非常高，可以用很短的时间完成大量工作。这样人们就会有更多时间完成自己感兴趣的事情。由于人工智能技术可以提高生产力，为人类增加了更多劳动对象，人类可以开发出更多研究领域和更大的发展空间。另外，在人类出行、学习和工作过程中，人工智能技术也发挥着重要作用，使人类的生活变得更加智慧化。所以，人类开始大力发展人工智能技术以满足发展的需要。在21世纪，人工智能已经进入了腾飞的快车道，不仅使国家治理不断现代化，还成为了世界经济发展的新引擎，而且在人类的生活中发挥着越来越重要的作用，为全球各个国家的发展提供了支持。

（二）发展趋势

2030 年可能存在 9 种主要的人工智能趋势。

1. 人工智能将达到人类水平的智能

根据技术专家和未来学家 Ray Kurzweil（雷·库兹韦尔）的说法，人工智能将在 2030 年达到人类水平的智能，这取决于人工智能能够成功通过有效的图灵测试。但是，一家私人公司可能会拥有 AI 背后的算法，并且该算法在很长一段时间内都不会与公众共享。

2. 人工智能助手将变得司空见惯

发达国家的大多数人都可以拥有人工智能助手来提高他们的生活质量。相关学者认为，Alexa、Google Home 和 Apple home pod 等其他公司的服务能将扩展的功能最终应用到超越家庭使用外的其他地方，安全防护之类的软件取决于你授予它什么权限，如聆听你的所有对话、阅读你的电子邮件、监控你的血液化学，等等。AI 软件能够针对人的喜好、需求和行为进行了解，还能够针对人的健康状况进行监督、控制，为人类分忧解难，支持人的中长期目标的达成。它们也可能以操作系统的形式存在，连接多个设备。根据 Ray Kurzweil（雷·库兹韦尔）的说法，一些早期采用者甚至可能开始将脑机接口连接到新皮质，这将使我们能够与具有大脑活动能力的 AI 助手进行交互，并将这一概念提升到一个全新的水平。

3. 人工智能和人类协作为各行各业提供支持

到 2030 年，人工智能将成为我们日常运营的重要组成部分，支持员工的创造性活动、产生新想法并实现以前无法实现的创新。在某些地方，甚至需要人与人工智能合作。例如，已经有优秀的人工智能工具用于创意行业。此组合创建你提供给艺术育种者草图的渲染版本，创建一个 AI 生成的图像，这些图像就是你提供给它的图像的子级，调整、重新排列和优化你提供给它的句子，并且脚本能够在你为其输入语音数据后根据你提供给它的文本来模仿你的声音。

4. 大多数设备都将嵌入 AI

根据 Peter Diamandis（彼得·戴曼迪斯）的说法，专用机器学习芯片的价格正在迅速下降。随着全球需求的增长，专门的 AI 芯片可以低至 5 美元，这将为玩具、电器、无人机、视频游戏控制器等的生产厂家提供负担得起 AI。随着低成本微型传感器的爆炸式增长和高带宽网络的部署，AI 普及将进一步成为可能。此外，Gartner（高德纳公司）预测，到 2030 年，儿童玩具可以使用面部和语音识别来记住面孔和名字，电器可以使用语音识别来响应语音命令并使用预测算法满足你的需求。

5. 自动驾驶汽车可能比人类驾驶得更好

由于人工智能的进步，完全自动驾驶汽车可以投入使用。尽管一些专家认为这可能需要几十年的时间。无论哪种方式，它们都可能导致整体运输成本逐渐下降，并影响城市规划，扰乱送货服务、卡车运输等行业。

6. 深度造假可能会成为社会问题

微软和脸书已经开发了工具来检测 AI 的缺陷，但它们仍然可能造成损害，这个问题应该被认真对待。

7. 人工智能将提高医疗质量

现阶段，人工智能在了解人类基因、环境、生活方式等方面发挥着重要作用，为人们更好地预防、治疗疾病提供了支持，且通过人工智能技术的应用，数字疗法、定制设计药物、改进诊断等应运而生，促使治疗过程更加准确、负担得起和易于获得，人工智能既能够提高医生的诊断能力，还将不断学习和证明，因为它被用于各种医疗情况。在医生和人工智能诊断互动的过程能够促使系统更加准确地运行。在人工智能持续发展的过程中，大家会更有信心地促进人工智能系统的自主运行，所有这些都将帮助人类过上更长寿、更健康的生活。

8. 可家用机器人的使用更加广泛

根据斯坦福大学的报告，家用机器人可能会在 2035 年上市。三星和丰田研究所等公司已经制造了可以执行各种活动的原型机，例如，折叠衣物、洗碗和摆餐桌机器人，家用机器人的人工智能可以从云端不断获取更新。

9. 人工智能可能导致大量失业

到 2030 年，全球估计将有 10 亿人因人工智能而失业。与 20 世纪相比，这些广泛的失业甚至可能包括农业劳动力的转变。汽车或卡车驾驶、设备、操作和法律等工作职能将变得越来越自动化。因此，许多工作人员将被淘汰。然而，很多依赖情商的工作，如销售、领导和管理，在未来十年应该是安全的。

我国的人工智能将出现爆炸式的发展并从中受益，在人工智能方面，我国的研发支出可能已经超过美国，人工智能带来的最大经济收益将出现在我们国家。总之，人工智能未来发展的九大趋势，将从各个方面改变我们的生活方式。

第四节 群体智能

一、群体智能的背景、基本原则及特点

群体智能的研究重点是以蚂蚁、蜜蜂为代表的社会性昆虫的群体行为。群体智能最初在细胞机器人系统描述中得到了有效应用，其主要具有分布式控制，突出群体的自组织性特点。

（一）群体智能背景

群体智能是在群居性生物群体行为的基础上发展起来的，随着社会的快速发展，现已得到社会各界的高度重视，在重点分析群居性生物寻食、打扫巢穴等行为的基础上，合理地进行设计和计算，从而解决了组合优化、通信网络和机器人等相关问题。相关学者认为，群体智能是受群居性昆虫群体、其他动物群体的集体行为完成设计的一种算法或分布式问题的解决装置。群体智能的本质是最小智能，但具有自治性特点，个体利用个体与个体、个体与环境的相互作用，从而进行分布式控制，并呈现出自组织、可扩展、健壮等特点。群体智能是一门新兴学科，是在20世纪80年代产生的，现已得到很多领域研究人员的高度重视。这一学科将人工智能、经济、社会和生物等内容进行了有效融合，是现代社会研究的热点、前沿。群体智能具有群体优势，在无需集中控制、不提供全局模型的基础上，针对复杂问题进行深入分析，积极探索相关问题的解决方案。群体智能的定义也具有多样性，具体体现在以下方面：第一，通过一组简单智能体构成集体的智能，代表算法有蚁群优化算法、蚁群聚类算法；第二，群体中的各个成员都属于粒子，并非智能体，代表算法是粒子群优化算法。群体智能针对生物群体进行了仿生，和传统的生物个体结构仿生有所不同，它可以是简单、单一的个体，也可以是具有学习能力的个体，能够针对实际问题提供有效解决方案。

群体智能聚类算法是在针对蚁群蚁卵分类进行研究的基础上产生的，相关学者提出了蜂巢分类模型，并在数据聚类分析中得到了有效应用。这一算法和传统的层次聚类算法、K均值动态聚类算法相比，具有群体智能算法的共同特点，它通过个体和个体、个体和环境之间的关系、作用，无需预设聚类中心数据，更好地完成了自组织聚类过程，呈现出健壮性、可视化等特点。群体智能聚类算法

重点是利用待聚类的对象，将其放在二维网络环境中，这些对象都有随机初始位置，各个蚂蚁都可以在网格中移动，针对某一对象在局部环境中的群体相似度进行有效测量，利用概率转换函数促使群体相似度转变成移动对象的概率，再通过这一概率判断拾起还是放下对象。蚁群联合行动促使同一类对象在同一空间区域进行聚集，群体相似度指的是待聚类模式或对象及其在某一特定局部环境中其他模式的整体相似度。

（二）基本原则

第一，邻近原则，群体可以计算简单的空间和时间；第二，品质原则，群体可以响应环境中的所有品质因子；第三，多样性反应原则，群体的行动范围相对宽阔；第四，稳定性原则，群体无需针对各个环境的变化情况改变自身行为；第五，适应性原则，在代价相对较低的情况下，群体可以在合理的时间段内改变自身行为。

（三）特点

群体智能的特点主要体现在：首先，分布式控制，不存在中心控制。在这一特点下，群体智能能够满足现代网络的工作需求，鲁棒性相对较强，不会受某一个、某几个故障问题的影响，不会出现无法针对群体的综合问题进行求解的现象。其次，在群体中，任何一个个体都可以改变工作环境，这充分体现了个体和个体之间的间接通信。并且，群体智能能够以非直接通信的方式传输各项信息，在个体数目逐渐增加的基础上，通信开销幅度有所下降，其可扩充性很强。再次，在群体中，任何一个个体的能力、遵循的行为准则都相对简单，这就说明群体智能实现方式比较便利，呈现出简单性特点。最后，群体中的复杂行为是在简单个体进行交互的基础上呈现出的智能化特点，因而群体具有一定的自组织性。

二、群体智能算法

（一）典型群体智能算法

1. 蚁群算法

蚁群在寻找食物的过程中，通常会安排很多蚂蚁分布在各个区域，任何一只蚂蚁找到食物，都会返回集中告知自己的伙伴，并在这一过程中留下信息素或外激素，准确标记食物所在的区域，蚁群会根据信息素赶往食物所在地。同时，信息素容易挥发，在两只蚂蚁找到同一食物的情况下，会从不同路线出发回到巢中，这时绕弯路线的信息素的气味相对较淡，蚁群会沿着比较近的路线到达食物所在地，后面的蚂蚁会选择较短的路线，留下更多的信息素。蚁群算法适用于解决旅行商问题，在这一过程中通过虚拟的"蚂蚁"摸索多种路线，留下随时间消失的虚拟信息素，严格遵循信息素较浓的路线更近原则，从而选出最佳路线，发挥出信息素的非直接通信作用。因此，蚁群算法能够有效解决小规模问题，并具有快速、收敛的效果。

目前，很多学者针对蚁群算法进行了更加深入的研究，但在解决大规模 TSP 问题上很难达到理想的计算结果，这就说明基本蚁群算法不能有效解决大规模复杂问题。造成这一现状的原因是蚁群算法主要通过正反馈原理强化次优解，在迭代到一定数之后，次优解路径的信息素越来越强大，很多蚂蚁会聚集到较少的路径中，在后期迭代计算过程中，蚂蚁会不断重复这几条路线，这样就构造出了几乎完全相同的解，但在这一过程中很难探索到更多新路径，无法发现新的解，从而造成早熟、停滞等问题。另外，在解决小规模 TSP 问题的过程中，最优解会存在次优解集中，无法快速发现最优解；在解决较大规模 TSP 问题的过程中，会涉及一系列局部极小点，单纯通过调整信息素的方法，基本蚁群算法会陷入局部极小点中，从而造成停滞问题的出现。

蚁群算法优化的主要机制是：第一，选择机制。在信息量路径越大的情况下，被选择的概率越大；第二，更新机制。在信息量路径中，信息量会在蚂蚁经过的情况下不断增长，也会在时间的推移下持续减小；第三，协调机制。蚂蚁和蚂蚁之间交流的本质是利用信息量进行通信、协同，这一机制突出了蚁群算法发现解的能力，但蚁群算法也存在一些问题，如蚁群普遍是由很多个体组成的，其运动具有随机性，在群体规模较大的情况下，想要探索较好的路径，需要长时间的搜索才能完成。并且，蚁群算法重点通过正反馈原理强化较优解，在进化到达一定代数后，较优解的信息量日益强化，蚂蚁会大量聚集在较少的路径中，从而导致早熟、停滞，这时的最优解是局部最优。

2. 蜂巢算法

蜂群根据蜂巢行为呈现出群体的智能化。在日常生活中，我们往往会看到蜂群围绕蜂巢忙碌的情景，这些蜜蜂有时会在空中飞舞、徘徊，有时会降落到蜂巢中忙碌，甚至会飞离蜂巢，在这些简单的行为中完成觅食、抚养幼虫的工作。但是，单只蜂的智能具有一定的局限性，需要思考怎样分配相关工作，如何获得更多的食物照顾到每只幼虫。这时我们就需要将关注点放在简单个体构成的群体方面了，重点分析群体中蜂与蜂之间的有效协作。在蜂巢研究过程中，涉及很多相关模型，这些模型都是结合蜂与蜂之间的自组织行为进行研究的，如蜂与蜂、蜂与局部环境之间的交互觅食、扶幼等是工作的动态分配，蜂与蜂之间的交互能够构成同一等级的社会秩序，造成这一现象的原因是蜂在优势地位到非优势地位的过程转变中形成的，其本质是等级社会模型思想。响应阈模型重点分析了蜂群任务的实际分配情况，各个蜂针对蜂巢中的任何一格都有相应的响应阈，结合蜂巢中各个格的响应阈和其中幼虫的刺激量，判断蜂为巢格中幼虫的觅食情况。在确定刺激量的情况下，给定巢格响应阈低的情况下，为其觅食的可能会不断增大，且响应阈会结合任务的分配情况、完成情况进行有效更新。

3. 微粒群算法

1986 年，有学者提出了 Boid（Bird-oid）模型。这一模型重点针对鸟类聚集飞行的实际情况进行模拟，其仿真的主要目标是描述并控制各项可能的运动。人们通过观察现实中的群体运动情况，利用计算机复制、重建相应的运动轨迹，并对其进行抽象建模，从而创造出新型运动模式。在自然界的发展过程中，具有群体行为的特征能够通过简单的规则，将群体行为完成建模，其本质是利用计算机技术将简单的规则构建成个体的运动模型，但群体行为会呈现一定的复杂性。有心理学家和电子工程学家认为，该模型的早期工作重点是针对鸟类运动的差异性完成建模、计算机仿真。比如，有学者将使用相关规则作为最简单的行为规则：第一，运动方向背离最近的同伴方向；第二，向目的地进行运动；第三，向群体中心进行运动。在群体运动中，个体的运动都应严格遵守相关规则。借助相关模型针对群体的整体运动情况进行模拟，这一现象受生物学家构建的鸟群运动模型的影响，在这一背景下，相关学者在 1995 年提出了粒子群优化算法。另外，Heppne 与其他模型存在一定的差异，其重点是在相关鸟群模型中添加相关条件，从本质上说是这一群体中的鸟会被栖息地所吸引。鸟群在起飞之前不知道目的地，会在天空中自由活动时自然地构成一个群体，在群体中的某一只鸟发现栖息地的情况下，群体都会飞向这一栖息地。在粒子群优化算法模型中，各个优化问题的潜在解可以看作 D 维搜索空间中的点，被称为粒子。粒子会在搜索空间中按照一定速度进行飞行，这一速度结合自身的飞行经验、同伴的飞行经验进行动态调整，各个粒子都存在被目标函数决定的适应值，这是目前为止发现的最好位置和当前位置，我们将其看作粒子自身的飞行经验。另外，各个粒子都明确目前为止整个群体中所有粒子发现的最好位置，将其看作粒子同伴经验，各个粒子通过以下信息改变当前位置，分别是当前位置、当前速度、当前位置和自己最好位置之间的距离、当前位置和群体最好位置之间的距离。

在简化粒子群算法的过程中，粒子只能在群最优领域内完成搜索工作，其主要原因是粒子都能够参与群最优领域的搜索，因而简化粒子群算法的本质是局部搜索高效的搜索算法，这一方法是最容易陷入局部最优的算法。通过比较基础的粒子群算法和简化的粒子群算法，可以发现个体极值能够延缓粒子群搜索范围的快速收敛，从而有效提高搜索精度，使粒子利用的信息量持续增加，粒子也能够有效利用自身的个体极值。现阶段，粒子群算法的研究仍处于初级发展阶段，与其他成熟的算法进行对比，这一研究的应用范围相对较小，但在研究持续深入的过程中，粒子群算法的应用领域持续扩大，逐渐在电路设计、分类、作业调度、机器人路径规划、系统辨识、信息处理和生产调度等方面发挥出一定的作用。

（二）群体智能并行算法

群体智能主要针对模拟群居生物的行为，从而有效解决实际问题。群居生物行为方式具有并行性特点，在并行计算中发挥着重要作用。有学者针对基本蚁群算法的部分异步并行、同步并行的模式进行了分析，比较了两种模式下算法加速比、运算效率和运算效果等指标的差异性，并指出并行模块中通信量对两种算法效率带来的影响。另外，还有学者对蚁群算法并行的可能性进行了分析，在蚁群算法的基础上提出主从模式的并行策略，还有一些学者认为，蚁群算法并行机制相对简单，通过进行深入设计获得精细化的并行机制，从而有效提高算法的效率。在群体智能算法运行过程中，个体适应值评价和计算所占的运行时间相对较长，群体中的不同个体的适应值不存在相互依赖关系，个体的适应值评价和计算过程都能够独立、并行地运行，其本质是个体的适应值评价和计算过程能够在相应的处理机上共同运行。从整体角度进行分析，群体智能的操作对象由很多个体构成群体，群体能够遵循共同的规则。从另一个角度来说，按照相同规则运行的群体会被分成多组不同的小群体，我们可以将其看作大的群体划分成的子群体，将其放在相应的处理机上，有效提高运行的整体效率，并将群体按照实际要求分组，分组后的单个或子群体的计算过程分布在相应的处理机上，是独立存在的。在适当情况下各个子群体通过相应方式交换信息，确保群体向前进方向，这一方式满足了自然界中的群体生物行为方式要求，具有自然并行方式的特点，在并行机、局域网环境下容易实现。

三、群体智能的应用及发展趋势

现阶段，国外在应用群体智能的过程中，普遍将应用重点放在底层技术方面，如集群结构框架、集群控制及优化、集群任务管理及协调等。但是，我国在应用群体智能的过程中，往往将重点放在应用领域方面，如实时规划集群路径、自主重构并编队集群、集群智能决策等。在现代社会发展中，群体智能在现实场景中的应用越来越深入，需要加大产业智能研究力度，促使产业的综合实力得到有效提升。并且，群体智能在军事领域的重要性也不断显现出来，推动着战争形态的智能化发展，且军事领域的战争观也在不断变化。

（一）应用

1. 蜂群协同系统

随着社会的发展，美国DARPA（美国国防高级研究计划局）开始进行进攻性蜂群战术项目，这一项目重点是对未来的小单位步兵部位进行积极探索，其主要构成是小型无人机系统、小型无人机地面车辆系统，以此构成蜂群，能够适应复杂的环境，并完成很多任务。还有一些研究成果也在马赛克战体系中得到了有效应用，为低成本无人蜂群作战能力的全面提升提供了大力支持。

2. 路径规划系统

在群体智能中，路径规划技术具有重要作用，其在很多运动规划中得到了广泛应用，从根本上改善了多智能体之间的群体协同决策问题，并构建了自动驾驶、车路协同和群体机器人等场景。2009年11月，美国交通部门发布了智能交通系统战略计划，为美国车路集成系统的研究和发展提供了支持，充分发挥出了群体协同决策在交通安全中的关键作用。

3. 复杂电磁环境下的优化与控制

在复杂的电磁环境下，电磁频谱作为第六维作战疆域，现已得到很多国家的关注。2015年，美军发布了《关于国家安全的突破性技术战略指南》，并提出，在未来，DARPA的研究重点将转变为控制电磁权。2018年，美国空间构建了电子战、电磁频谱优势体系能力协作小组，重点对电磁频谱优势的发挥进行了研究，并开展了实质性的电磁频谱战。群体智能的主要技术特点是自组织和自适应，将其应用到电磁频谱战中，在频谱状态感知、频谱趋势预测和频谱形式推理等方面表现出明显的优势，能够确保战场电磁环境的捷变性，能够快速传输各项信息，保障电磁频谱战决策的智能化。

（二）群体智能的挑战和前景

在现代人工智能发展的过程中，群体智能是其中的主要智能形态之一，其在民事和军事方面的应用得到了社会各界的关注。目前，我们已进入 5G 时代，万物互联在群体智能应用和创新中发挥着重要作用，能够创设更加丰富的场景，实现人、机、物的有效融合，为群体智能理论和群体智能技术的持续、稳定发展提供支持。在群体智能发展的过程中，基础理论和作用机制创新、相关技术应用等仍处于探索的时期，但其应用和发展前景值得期待。在未来，有关部门将继续大力研究群体智能基础理论和系统开发，进一步优化应用场景，构建完善的群体智能技术标准体系。

第五节 遗传算法与进化计算

一、遗传算法

（一）简介

20 世纪 60 年代初期，遗传算法诞生。1967 年，美国密歇根大学的一名学生在博士论文中提出了"遗传算法"这一概念，并针对其在博弈中的应用进行了重点探讨，但在研究的初级阶段，遗传算法缺乏具有指导性的力量和计算工具。1975 年，相关学者提出了遗传算法的模式理论，并出版了《自然系统和人工系统的适配》，这本书重点分析了遗传算法的基本理论和方法，直接推动了遗传算法的发展。20 世纪 80 年代后，遗传算法进入快速发展阶段，并在很多领域得到了应用，尤其在自动控制、生产计划、图像处理和机器人等方面发挥着重要作用。

（二）特点

遗传算法的本质是通用算法，在解决和搜索实际问题的过程中，能够针对通用问题进行有效分析。遗传算法的主要特征体现在以下方面：第一，组成一组候选解；第二，结合相关的适应条件，针对候选解的适应度进行预测、计算；第三，结合相关的适应度要求确定保留哪些候选解、放弃哪些候选解；第四，针对保留的候选解进行处理，将其变成新的候选解。通过分析这些遗传算法，将其特征通过特殊方式进行有效组合，再通过染色体群完成并行搜索，从而完成选择、交换和突变等操作，这样能够合理地区分遗传算法和其他搜索算法。

通过分析发现，遗传算法的特点具体体现在以下方面：第一，在搜索问题时，算法的搜索顺序是从问题解的串集开始的，不会单纯通过单个解完成搜索，这一算法和传统的优化算法存在很大差异性。传统的优化算法一般会从单个初始值迭代求得最优解，极易误入局部最优解，而遗传算法一般从串集进行搜索，这种算法的覆盖范围比较广泛，为全局择优提供便利。第二，在处理群体中的个体时，遗传算法需要针对空间中的不同解进行评估搜索，从根本上改善局部最优解的风险，从而实现并行化的预期目标；第三，在将遗传算法应用到不同领域时，无需对空间知识和辅助信息进行搜索，只要结合适应度函数对个体进行评估即可完成遗传操作。在这一过程中适应度函数不会受连续处理的影响，其定义域也不会受其他因素的影响，可以进行随意设定，因而遗传算法适用于很多领域。第四，通常情况下，遗传算法会根据概率变迁规则，为搜索工作的开展进行指导。第五，遗传算法的特征体现在自组织、自适应和自学习等方面，在进化的同时能够自行组织并搜索所需信息，有些个体的适应度比较大，生存概率很高，能够在任何复杂的环境下获取相应的基因结构。另外，遗传算法具有动态性特点，在进化的基础上，通过自适应技术有效调整相关信息，如算法控制参与和编码精度等。

（三）基本框架

1. 编码

在处理问题空间参数的过程中，遗传算法很难完成直接处理工作，还需要通过编写遗传空间中染色体和个体形式表示要求解的问题，这一转换过程被称为编码，还可以被叫作问题的表示。通常情况下采用以下规范：第一，完备性。问题空间中的不同点和候选值都是 GA 空间中的点或染色体；第二，健全性。GA 空间中的染色体是和问题空间中的候选解相对应的；第三，非冗余性。染色体和候选解是对应关系。

2. 适应度函数

通过分析进化论我们发现，适应度主要是由单一个体适应环境后产生的一种能力，其本质是个体繁衍后代的一种能力，其中的适应度函数又被称为评价函数，主要是判断群体中个体的优劣程度指标，是有效评估各项问题中的目标函数。在搜索进化的同时，遗传算法不会被相关的外部信息所影响，只需要结合评估函数完成个体或解的优劣评估工作，从而更好地完成后续的遗传操作。遗传算法中的适应度函数是有一定顺序的，在此基础上合理选择和计算概率问题的适应度是正值，因而，很多场合中的目标函数映射成求最大值形式，必须确定函数值的非负适应度函数。在设计适应度函数的过程中，应满足以下要求：第一，适应度函数必须是单值、连续、非负、最大化的函数；第二，适应度函数必须是合理的、一致的；第三，适应度函数的计算量小；第四，适应度函数的通用性强。另外，在应用适应度函数的过程中，必须结合求解问题的实际要求明确适应度函数，以确保遗传算法的性能。

3. 初始群体选取

在遗传算法中，初始群体的个体具有随机性特点。在设定初始群体的过程中，应该注意以下问题：首先，结合实际问题，针对最优解所占空间在问题整体中的分布情况和分布范围确定初始群体；其次，数目个体具有随机性特点，应从中选取最优个体融入初始群体中，这一过程会呈现迭代性特点，在初始群体个数满足预先确定规模要求后才能明确初始群体。

（四）运算过程

1. 基本运算

遗传算法的基本运算过程如下：

初始化：设置进化代数计数器 $t=0$，设置最大进化代数 T，随机生成 M 个个体作为初始群体 $P(0)$。

个体评价：计算群体 $P(t)$ 中个体的适应度。

选择运算：将选择算子作用于群体。选择的目的是把优化的个体直接遗传到下一代或通过配对交叉产生新的个体再遗传到下一代。选择操作是建立在群体中个体的适应度评估基础上的。

交叉运算：将交叉算子作用于群体。遗传算法中起核心作用的就是交叉算子。

变异运算：将变异算子作用于群体。即是对群体中的个体串的某些基因座上的基因值做变动。群体 $P(t)$ 经过选择、交叉、变异运算之后得到下一代群体 $P(t+1)$。

终止条件判断：若 $t=T$，则以进化过程中所得到的具有最大适应度的个体作为最优解输出，终止计算。

2. 遗传操作

遗传操作包括以下三个基本遗传算子（genetic operator）：选择（selection）；

交叉（crossover）；变异（mutation）。

（1）选择

在群体中选取最优个体、淘汰劣质个体，这一操作被称为选择。选择算子又叫再生算子，其重点是将最优的个体或解向下一代进行遗传，在配对交叉的基础上生成新的个体，随后将这一新个体遗传给下一代。选择是在针对群体中的个体适应度进行评估的基础上完成的，一般通过适应度比例方法、随机遍历抽样法和局部选择法进行。

（2）交叉

自然界中的生物是不断进化的，在进化过程中必须结合生物遗传基因重组的作用，突出遗传操作中交叉算子的重要性。交叉的本质是将两个父代个体部分结构替换、重组生成新个体，以此为基础更好地搜索遗传算法。

（3）变异

变异算子指的是将群体中的个体串的基因座中的基因值不断变化，结合个体编码表示方法的差异性。我们总结出以下算法：实值变异、二进制变异。通常而言，变异算子操作方法具体如下：第一，群体中的任何个体，通过事先设定的变异概率判断会不会变异；第二，个体是不断变异的，应该通过随机选择变异位的方法完成变异操作。遗传算法中的变异算子具有重要意义：首先，遗传算法能够进行随机搜索，在交叉算子不断接近最优解时，利用变异算子的局部随机搜索能力，能够持续靠近最优解，在这一情况下变异概率取最小值，避免接近最优解的积木块受变异影响被破坏；其次，遗传算法具有群体多样性特点，能够从根本上接近未成熟收敛的线性，在这一情况下收敛概率取最大值。

（4）终止条件

在最优个体适应度满足给定阈值要求的情况下，最优个体适应度和群体适应度不会持续上升时，以及迭代次数满足预设代数要求的情况下，算法终止。一般情况下，预设代数设置为100—500代。

（五）应用

在实际计算过程中，遗传算法的整体搜索、优化搜索方法不受梯度信息、辅助知识的影响，只有目标函数和适应度函数会对搜索方向产生一定的影响。因此，遗传算法能够为复杂、系统的问题提供相应的通用框架，不会依赖问题的具体领域，且问题种类的鲁棒性很强，现已在很多科学领域得到了应用，具体应用领域体现在以下方面。

1. 函数优化

在遗传算法中，函数优化的应用领域比较经典，这是遗传算法完成性能评价的主要算法实例。很多学者结合实际问题构建了很多具有复杂性的测试函数，如连续函数和离散函数、凹函数和凸函数、低维函数和高维函数等。其中，很多函数优化问题具有非线性、多模型、多目标等特点，很难通过其他优化方法进行求解，但遗传算法的应用能够很好地完成求解。

2. 组合优化

在问题规模持续扩大的过程中，组合优化问题的搜索空间也是持续扩大的，很多情况下利用枚举法进行计算很难得到最优解，在遇到复杂问题时，相关人员往往会将重点放在探索满意解方面，这时他们会应用遗传算法求得满意解。通过研究发现，遗传算法能够有效结合组合优化问题中的 NP 问题，尤其在旅行商、背包、装箱和图形划分等问题中具有明显的优势，也能够对生产调度问题进行优化，自动完成控制优化工作，有效处理各项图像问题，还能够在机器学习和遗传编码等领域得到有效应用。

3. 车间调度

车间调度问题是一个典型的 NP-Hard 问题，遗传算法作为一种经典的智能算法被广泛用于车间调度中。很多学者都致力于用遗传算法解决车间调度问题，并取得了良好的应用效果。遗传算法从开始的传统车间调度问题分析，到柔性作业车间调度问题分析等方面都表现出了良好的应用效果，在很多算例中应用遗传算法都能得到最优解或近优解。

二、进化计算

（一）简介

计算机科学作为一门新兴学科，现已得到社会各界的高度重视。进化计算的本质是人工智能，从更深层次分析是智能计算中涉及的组合优化问题中的子域。这一算法在生物进化过程中，受优胜劣汰自然选择机制、遗传信息传递规律等影响，利用程度迭代针对生物进化过程进行模拟，这时可以将解决问题看作环境，在可能解构成的种群中通过自然演化得到最优解。进化算法结合生物进化规律，如繁殖和竞争实现优胜劣汰，从而不断得到复杂工程技术问题的最优解。

（二）理论思想起源

地球经过几亿年的发展，我们从简单的细胞逐步演化形成了人类。然而生物的进化过程，在很长一段时间里，并不为我们人类所知。从拉马克的进化学说到达尔文的进化论，再到孟德尔的遗传学，人类对生命进化现象的研究进入了史无前例的伟大时期。其中，达尔文的进化论是对人类影响深远的伟大学说，根据此学说，地球生物在繁殖过程中可能会产生变异，从而形成新物种。由于资源有限，不同的物种之间产生竞争，适者生存，不适者被淘汰。自然界中的生物，正是根据这种优胜劣汰的原则，不断地进化。

运用达尔文理论解决问题的思想起源于 20 世纪 50 年代。

20 世纪 60 年代，这一想法在三个地方分别被发展起来。美国的 Lawrence J. Fogel（劳伦斯·福格尔）提出了进化编程（Evolutionary programming），而来自美国密歇根大学的 John Henry Holland（约翰·亨利·霍兰德）则在达尔文的生物进化论和孟德尔的遗传定律基础上，经过提取、简化与抽象提出了遗传算法（Genetic algorithms）。在德国，Ingo Rechenberg（因戈·雷兴伯格）和 Hans-Paul Schwefel 提出了进化策略（Evolution strategies）。

这些理论大约独自发展了 15 年。在 20 世纪 80 年代之前，并没有引起人们太大的关注，因为它本身还不够成熟，而且受到了当时计算机容量小、运算速度慢的限制，并没有发展出实际的应用成果。

到了 20 世纪 90 年代初，遗传编程（Genetic programming）这一分支也被提出，进化计算作为一个学科正式出现。四个分支交流频繁，取长补短，并融合出了新的进化算法，促进了进化计算的巨大发展。

Nils Aall Barricelli（尼尔斯·奥尔·巴里切利）在 20 世纪 60 年代开始用进化算法和人工生命模拟进化。Alex Fraser 发表的一系列关于模拟人工选择的论文大大发展了这一工作。Ingo Rechenberg（因戈·雷兴伯格）在 20 世纪 60 年代和 20 世纪 70 年代初用进化策略解决复杂的工程问题使人工进化成为广泛认可的优化方法。特别是 John Holland（约翰·霍兰德）的作品让遗传算法变得流行起来。随着学术研究的发展，计算机能力的急剧增强使包括自动演化的计算机程序等实际的应用程序成为现实。比起人类设计的其他软件，进化算法可以更有效地解决多维问题，优化系统设计。

（三）原理

进化算法是在一组随机生成初始个体的基础上，利用生物遗传仿效方式，通过完成复制、交换和突变等操作，更好地衍生出下一代个体，并结合适应度选取其中的最优个体、淘汰不满足要求的个体，提供高质量的新一代群体，在持续、反复迭代的基础上，不断向最优解逼近的程序。从数学角度进行分析，进化算法属于搜索最优的方法。进化算法是在自然选择、遗传变异等生物进化基础上生成的概率搜索算法，其具有全局性特点，在实际应用过程中主要通过迭代操作完成，其在选定初始解后，持续迭代优化当前解，最终完成最适合问题解的搜索。进化计算在运行的过程中，结合迭代计算过程优化并模拟生物体进化机制，通过一组解利用自然选择和有性繁殖方式，有效继承以前的优良基因，从而生成高质量的下一代解的群体。

种群（population）：进化计算在求解问题时是从多个解开始的。

代数（generation）：种群进化的代数，即迭代的次数。

群体的规模（popsize）：一般而言，元素的个数在整个进化过程中是不变的。

当前解：新解的父解（parent，或称为父亲、父体等）。

后代解（offspring，或称为儿子、后代等）：产生的新解。

编码：计划计算常常还需要对问题的解进行编码，即通过变换将解映射到另一空间（称为基因空间）。通常采用字符串（如位串或向量等）的形式。

一个长度为二进制串称为一个染色体（个体）。染色体的每一位称为基因（gene），基因的取值称为等位基因（allele），基因所在染色体中的位置称为基因位（locus）。

进化计算的搜索策略不是盲目搜索，也不是穷举搜索，而是以目标函数为指导。通常情况下，进化算法通过并行结构，在交叉、变异的基础上生成新个体，在持续生成新个体的过程中搜索范围是持续扩大的，不会陷入局部最优点，能够通过大概率最终探索到全局的最优点。

（四）应用

进化计算有着极为广泛的应用，在模式识别、图像处理、人工智能、经济管理、机械工程、电气工程、通信、生物学等众多领域都获得了较为成功的应用。如利用进化算法研究小生境理论和生物物种的形成、通信网络的优化设计、超大规模集成电路的布线、飞机外形的设计、人类行为规范进化过程的模拟等。

第二章　人工智能深度学习

第一节 深度学习演进机理

一、深度学习的基本介绍

（一）释义

深度学习属于机器学习，是在机器学习基础上促进人工智能发展的。深度学习概念也是在人工神经网络研究基础上得以发展的，有些多层感知器处于隐藏层，属于深度学习结构。深度学习是通过组合底层特征形成的抽象高层，这是一种属性类别和特征，一般以数据分布式特征表示出来。深度学习一般通过对人脑分析学习进行模拟从而形成神经网络。深度学习的重点是模仿人脑机制更好地处理各项数据，从而有效解释图像、声音、文本等有关数据。一般情况下，从输入中产生输出涉及的计算都能够以流向图方式进行表示。流向图的本质是表示计算的图，其中的节点表示基本的计算或一个计算的值，计算结果在这一节点的子节点的值中得到了有效应用。以计算集合为例，其能够在每一节点或可能的图结构中，被定义为一个函数族，这些输入节点不会出现父节点，输出节点不会出现子节点。传统的前馈神经网络拥有等层数的深度，如对输出层的隐层数加1。SVMs的深度有两种，分别是核输出或特征空间、产生输出的线性混合。在人工智能研究的过程中，专家系统具有一定的代表性，普遍以"如果—就"规则进行定义，严格按照自上而下的顺序，而人工神经网络代表的这一思路，未对神经网络进行严格定义，其主要传递了大脑神经元和神经元之间的信息，能够更好地对这些信息进行处理。

（二）方法

深度学习表示模式分析方法，具体涉及以下三种方法：第一，以卷积运算为基础的神经网络系统，其本质是卷积神经网络；第二，以多层神经元为基础的自编码神经网络，如自编码、稀疏编码；第三，通过多层自编码神经网络方式完成预训练，对有关信息进行鉴别，从而不断优化神经网络权值的深度置信网络。在多层处理后，逐渐将最初的低层特征表示转变成高层特征表示，利用简单模型完成复杂的分类学习任务，因此，深度学习的本质是特征学习或表示学习。在过去的发展中，机器学习在现实任务应用的过程中，描述样本的特征往往由人类专家进行设计，这就是特征工程，特征直接关系着泛化性能。人类专家设计出好特征需要很长时间，特征学习利用机器学习技术能够产生好特征，促使机器学习逐渐向全自动数据分析进行转变。目前，相关学者不断将相关方法进行有效融合，如过去以监督学习为基础的卷积神经网络结合自编码神经网络无法进行有效监督的预训练；利用鉴别信息微调网络参数能够构成卷积深度置信网络。深度学习方法预设了更多的模型数据，为模型训练带来了更多难题。结合统计学的一般规律进行分析，在模型参数逐渐增多的情况下，需要参与训练的数据量也越来越多。20 世纪 80 年代，受计算机能力、相关技术的局限性的影响，深度学习很难应用到数据量分析工作中，其在模式分析中的应用很难进行有效识别。从 2006 年开始，相关学者提出了快速计算受限玻尔兹曼机（RBM）网络权值及偏差的 CD-K 算法，这时 RBM 逐渐发展成增加神经网络深度的工作，导致 DBN 等深度网络应运而生，且稀疏编码能够自动提取数据的方式也在深度学习中得到了广泛应用。

（三）特点

深度学习和浅层学习存在很大差异，具体体现在以下方面：第一，深度学习的研究重点是模型结构深度，一般指 5 层、6 层，甚至 10 层以上的隐藏节点；第二，深度学习重点分析了特征学习的重要性，在变换逐层特征的过程中，样本在原空间特征中进行表示，并变换到新的特征空间，更好地进行分类和预测。深度学习和人工规则构造特征方法也有所不同，普遍通过大数据学习特征，能够展现出丰富、多元化的数据和信息。相关人员在设计的过程中，会结合实际情况建立神经元计算节点和多层运算层次结构，明确输入层和输出层，并在学习和调优网络的过程中，构建从输入到输出相应的函数关系。这种方法无法完全明确输入和输出的函数关系，但能够不断向现实的关联关系进行靠近，结合训练成功的网络模型，能够自动处理各种复杂的事务。

二、深度学习主流模型、训练过程及演进

（一）主流模型

主流的深度学习模型有卷积神经网络模型（convolutional neural network）、深度信任网络模型（DBN）和堆栈自编码网络模型（stacked auto-encoder network）等，下面对这些模型进行描述。

1. 卷积神经网络模型

无监督预训练是近期出现的一种方式，过去，训练深度神经网络具有一定的难度，尤其是卷积神经网络，它是在视觉系统结构的影响下诞生的。首个卷积神经网络计算模型是在 Fukushima 的神经认知基础上提出的，它是一种通过将神经元和神经元进行有效连接，更好地完成分层组织图像转换，从而将统一参数的神经元应用到前一层神经网络的各个位置，从而获取稳定的神经网络结构形式。在后期的发展过程中，相关学者结合这一思想，利用误差梯度针对卷积神经网络进行了优化和设计，在识别任务方面发挥着重要作用。目前，以卷积神经网络模式为基础的识别系统已经成为最好的实现系统之一，在识别手写体字符的过程中表现出明显的优势。

2. 深度信任网络模型

深度信任网络模型（DBN）指的是贝叶斯概率生成模型，这一模型由不同的随机隐变量构成，其中上面两层是无向对称连接方式，下面一层能够通过上面一层自顶向下的方式进行有效连接，最底层单元属于可见输入数据向量。DBN 的主要构成是 2F 结构单元堆栈，结构单元受限于玻尔兹曼机，堆栈中的各个 RBM 单元可视层神经元数量都是前一 RBM 单元中的隐层神经元数量。通过利用深度学习机制，可以通过输入样例完成第一层 RBM 单元训练，并通过输出训练第二层 RBM 模型，再通过堆栈强化层优化模型性能。在无监督预训练的过程中，DBN 编码输入到顶层 RBM，解码顶层状态回到最底层单元，从而完成输入重构操作。RBM 是 DBN 结构单元，能够和各层的 DBN 共享参数。

3. 堆栈自编码网络模型

堆栈自编码网络的结构与 DBN 类似，由若干结构单元堆栈组成，不同之处在于其结构单元为自编码模型（auto-en-coder）而不是 RBM。自编码模型是一个两层的神经网络，第一层称为编码层，第二层称为解码层。

（二）训练过程

2006 年，Hinton（辛顿）提出要在非监督数据的基础上构建多层神经网络，其主要有以下两点：第一，一层一层地构建单层神经元，各层都能够对单层网络进行训练；第二，在完成各层训练之后，通过 wake-sleep 算法选出最优解。通常情况下，最顶层之外的各个层次的权重都具有双向性特点，最顶层属于单层神经网络，其他层属于图模型。向上的权重具有认知作用和生成作用，随后通过 wake-sleep 算法针对各项权重进行有效调整，这样，认知和生成就具有了一致性特点，能够确保生成的最顶层准确地复原底层节点。例如，在顶层节点代表人脸的情况下，各个人脸图像都必须激活这一节点，这时，这一结果向下生成的图像能够表示大概的人脸图像。wake-sleep 算法分为醒（wake）和睡（sleep）两个部分。其中，wake 阶段主要是认知过程，利用外界特征和向上权重会产生各层次的抽象表示，还能够通过梯度下降针对各层的下行权重进行修改和调整；sleep 阶段主要是生成过程，利用顶层表示向下权重，从而形成底层状态，这时修改层会出现向上权重。

1. 自下上升的非监督学习

在自下上升非监督学习的过程中，一般会从底层开始逐层向顶层进行训练。通过无标定数据或有标定数据针对各层参数进行分层训练，属于无监督训练过程，其本质是特征学习过程。具体而言，通过无标定数据针对第一层进行训练，需要在训练过程中先明确第一层参数，将其作为输出和输入差别最小的三层神经网络隐层，在模型容量、稀疏性的影响下，获取的模型能够学习数据自身结构，从而获取更具表示能力的特征。例如，在学习获取 n-1 层之后，可以将 n-1 层输出作为第 n 层的输入，在训练第 n 层时，能够获取各层的参数。

2. 自顶向下的监督学习

在自顶向下监督学习过程中，往往会结合带标签的数据完成训练，其中的误差会从顶层不断向下进行传输，需要对网络进行轻微调整。在第一步获取各层参数后，对多层模型参数进行优化、调整，这属于有监督训练的过程。其中，第一步属于神经网络随机初始化的初值过程，需要通过学习输入数据结构之后获取，只有这一初值比较接近全局的最优值，才能够获取最优效果。因此，深度学习的效果主要是由第一步特征学习决定的。

（三）主流模型及演进

1.LeNet-5

LeNet-5 这个网络虽然很小，但其涉及很多深度学习的基本模块，如卷积层、池化层和全链接层，其主要有 7 层，但不包括输入层，各个层都会涉及训练层数，会有很多 FeatureMap，其利用一种卷积滤波器提取输入得到一种特征，每个 FeatureMap 有多个神经元。LeNet-5 属于卷积神经网络，其本质是对手写体字符进行识别，具有高效性特点。卷积神经网络通过图像结构信息进行处理，卷积层参数相对较少，其主要特性是由局部连接和共享权重决定的。

2.AlexNet

AlexNet 是 2012 年 ImageNet 竞赛冠军获得者 Hinton（辛顿）和他的学生 Alex Krizhevsky（阿里斯·克里哲）设计的。也是在那年之后，更多更深的神经网络被提出，自此之后就有了更深的模型。

AlexNet 将 LeNet 的思想发扬光大，把 CNN 的基本原理应用到了很深很宽的网络中。AlexNet 主要使用到的新技术点如下：

一是使用 ReLU 作为 CNN 的激活函数，并验证其效果在较深的网络超过了 Sigmoid，成功解决了 Sigmoid 在网络较深时的梯度弥散问题。虽然 ReLU 激活函数在很久之前就被提出了，但是直到 AlexNet 的出现才被发扬光大。

二是训练时使用 Dropout 随机忽略一部分神经元，以避免模型过度拟合。Dropout 虽有单独的论文论述，但是 AlexNet 将其实用化，通过实践证实了它的效果。在 AlexNet 中主要是最后几个全连接层使用了 Dropout。

三是在 CNN 中使用重叠的最大池化。此前 CNN 中普遍使用平均池化，AlexNet 全部使用最大池化，避免了平均池化的模糊化效果。并且 AlexNet 的步长比池化核的尺寸小，这样池化层的输出之间会有重叠和覆盖，提升了特征的丰富性。

四是提出了 LRN 层和对局部神经元的活动创建竞争机制，使得其中响应比较大的值变得更大，并抑制其他反馈较小的神经元，增强了模型的泛化能力。

五是使用 CUDA 加速深度卷积网络的训练，利用 GPU 强大的并行计算能力处理神经网络训练时大量的矩阵运算。

六是数据增强，随机地从 256×256 的原始图像中截取 224×224 大小的区域（以及水平翻转的镜像），相当于增加了 $2 \times (256-224)^2 = 2048$ 倍的数据量。注意，此时还没有 batchNorm。

3.GoogLeNet

GoogLeNet 是 2014 年 Christian Szegedy 提出的一种全新的深度学习结构，在这之前的 AlexNet、VGG 等结构都是通过增加网络的深度（层数）来获得更好的训练效果，但层数的增加会带来很多副作用，比如 overfit、梯度消失、梯度爆炸等。Inception 则从另一个角度来提升训练结果：能更高效地利用计算资源，在相同的计算量下能提取到更多的特征，从而提升训练结果。

GoogLeNet 中的 Inception 从 v1-v4 该结构将 CNN 中常用的卷积（1×1，3×3，5×5）、池化操作（3×3）堆叠在一起（卷积、池化后的尺寸相同，通道

相加），一方面拓展了网络的宽度，另一方面也提高了网络对尺度的适应性。

通过设计一个稀疏网络结构，产生稠密的数据，既能增加神经网络表现数量，又能保证计算资源的使用效率。

4.VGG-Net

VGG 模型是 2014 年 ILSVRC 竞赛的第二名，第一名是 GoogLeNet。

但是 VGG 模型在多个迁移学习任务中的表现要优于 GoogLeNet。而且，从图像中提取 CNN 特征，VGG 模型是首选算法。它的缺点在于，参数量有 140M之多，需要更大的存储空间。但是这个模型很有研究价值。

小卷积核。作者将卷积核全部替换为 3×3（极少数用了 1×1）。

小池化核。相比 AlexNet 使用的 3×3 的池化核，VGG 全部使用 2×2 的池化核。

层数更深特征图更宽。基于前两点外，由于卷积核专注于扩大通道数，池化专注于缩小宽和高，使得模型架构更深更宽的同时，计算量的增加速度却在放缓。

全连接转卷积。网络测试阶段将训练阶段的三个全连接替换为三个卷积，测试重用训练时的参数，使得测试得到的全卷积网络因为没有全连接的限制，可以接收任意宽或高的输入。

5.FCN-fully convolutional network

之前的分类网络采用全连接的连接，但是全连接会忽视很多位置信息，因此 FCN 采用了卷积和池化替代全连接，更好地解决了稠密的问题。FCN 连接了不同全局步长的层，增加了一些细节信息。VGG 之后，BatchNorm 才被提出。

6.Resnet

Resnet 分类网络是当前应用最为广泛的 CNN 特征提取网络之一。

VGG 网络试着探寻了一下深度学习网络的深度究竟可以深几许以能持续地提高分类准确率。在我们的一般印象当中，深度学习愈是深（复杂，参数多）愈是有更强的表达能力。凭着这一基本准则，CNN 分类网络自 Alexnet 的 7 层发展到了 VGG 的 16 乃至 19 层，后来更有了 Googlenet 的 22 层。可后来我们发现，深度 CNN 网络达到一定深度后再一味地增加层数并不能带来进一步的分类性能的提高，反而会使网络收敛变得更慢，test-data-set 的分类准确率也变得更差。排除数据集过小带来的模型过拟合等问题后，我们发现，过深的网络还会使分类准确度下降（相对于较浅些的网络而言）。

正是受制于此问题，VGG 网络达到 19 层后再增加层数就开始导致分类性能下降。而 Resnet 网络作者则想到了常规计算机视觉领域常用 residual representation 的概念，并进一步将它应用在了 CNN 模型的构建当中，于是就有了基本的 residual learning 的 block。它通过使用多个有参层来学习输入输出之间的残差表示，而非像一般 CNN 网络（如 Alexnet/VGG 等）那样使用有参层来直接尝试学习输入、输出之间的映射。实验表明，使用一般意义上的有参层来直接学习残差比直接学习输入、输出间映射要容易得多（收敛速度更快），也有效得多（可通过使用更多的层来达到更高的分类精度）。

当下 Resnet 已经代替 VGG 成为一般计算机视觉领域问题中的基础特征提取网络。Facebook 提出的可有效生成多尺度特征表达的 FPN 网络，也可通过将 Resnet 作为其发挥能力的基础网络从而得到一张图片最优的 CNN 特征组合集合。

三、应用

（一）计算机视觉

在深度学习的发展过程中，香港中文大学多媒体实验室最早通过这一技术完成了计算机视觉研究，并在世界级人工智能竞赛的大规模人脸识别竞赛中，取得了冠军，这就说明人工智能在人脸识别过程中发挥着重要作用，其能力在某种意义上已超越了真人。

（二）语音识别

微软研究人员通过与 Hinton（辛顿）合作，首先将 RBM 和 DBN 引入语音识别声学模型训练中，并且在大词汇量语音识别系统中获得巨大成功，使得语音识别的错误率降低 30%。但是，DNN 还没有有效的并行快速算法，很多研究机构都是利用大规模数据语料，通过 GPU 平台提高 DNN 声学模型的训练效率。

在国际上，IBM、Google 等公司都快速进行了 DNN 语音识别的研究，并且进展速度飞快。

国内方面，阿里巴巴、科大讯飞、百度、中国科学院自动化所等公司或研究单位，也在进行深度学习在语音识别上的研究。

（三）自然语言处理等其他领域

2013 年，Tomas Mikolov（托马斯·米科洛夫），Kai Chen（陈凯），Greg Corrado（葛雷格.科拉多），Jeffrey Dean（杰夫.狄恩）发表论文 Efficient

Estimation of Word Representationsin Vector Space 建立 word 2vector 模型。与传统的词袋模型（bagofwords）相比，word 2vector 能够更好地表达语法信息。深度学习在自然语言处理等领域主要应用于机器翻译以及语义挖掘等方面。

2020 年，深度学习做到了加速半导体封测创新。在降低重复性人工、提高良率、管控精度和效率、降低检测成本方面，AI 深度学习驱动的 AOI 具有广阔的市场前景，但驾驭起来并不简单。

2020 年 4 月 13 日，英国《自然·机器智能》杂志发表的一项医学与人工智能（AI）的研究中，瑞士科学家介绍了一种人工智能系统可以在几秒之内扫描心血管血流。这个深度学习模型有望让临床医师在患者接受核磁共振扫描的同时，实时观察血流变化，从而优化诊断流。

第二节 模拟音频与数字音频

一、模拟音频技术应用系统概述

目前，专业音频系统主要可以分成三类，分别是前期制作系统、播出制作系统和扩音系统。其中，前期制作系统重点针对声音、信号进行记录，从而更好地完成电视剧、专题片和音乐作品的制作；播出系统主要通过直播、录播的方式完成，尤其在播出音频系统、同步制作视频中发挥着重要作用；扩音系统重点扩大音频信号。因此，调音台是音频系统的关键内容，在对音频技术进行模拟的基础上，调音台的构成具有多元化特点，具体体现在以下方面。

（一）模拟音频技术的相关指标分析

在模拟音频技术应用过程中，调音台结构的主要形式是同一型号的晶体管或集成电路，使用晶体管的重点是优化放大器增益不足的问题，尤其在低噪声处理、母线混合和均衡的处理过程中，通过应用放大器能够改善这些问题。在生产任何调音台的过程中，都必须深入分析运算放大器对调音台频率、噪声和动态范围的影响，虽然模拟调音台参数有所不同，但音频技术指标的应用基本一致。

（二）模拟调音台功能分析

在应用模拟音频技术时，同一规模的调音台功能会存在一定的差异。例如，在音乐录音设计的过程中，调音台的主要功能是自动混录，一般选择 24 路以上的母线输出，但其功能往往在扩音设计、演播室播出和制作方面表现出一定的优势，主要应用在矩阵和编组输出过程中。另外，模拟调音台的推子工作方式具体有直接摩擦、以电子技术为基础的 VCA 电子控制两种类型。

（三）模拟调音台的内部器件分析

在选择调音台内部器件的过程中，需要从多个角度进行分析，如电阻和电容的误差应控制在 7% 左右，电阻介质应用主要是碳膜和金属膜。在分析调音台电容的过程中，容量较小的可以通过极性钽电容或极性电解电容完成；在选择调音台电位器种类时，应结合实际情况选择一般或高精度密封型的电位器，其中的代表是推子型电位器，电位器所用材质与其使用年限息息相关。因此，内部器件直接关系着设备的稳定性和可靠性。通过分析模拟录音机和录像机的应用技术指标我们可以发现，模拟记录设备会对模拟音频系统的效果带来一定的影响，很难确保声音技术的真实性，尤其在遇到节目复制和转录过程中声音质量下降的问题时，音频技术的发展会受阻，相关学者应该积极探索模拟调音台的数字化发展。

二、数字音频技术应用概述

（一）基础知识

数字音频主要通过数字技术有效录制、存放、编辑和压缩声音，尤其在数字时代，很多新型信号处理技术、计算机技术和多媒体技术应运而生，其作为一种全新的声音处理方式，发挥着重要作用。通常情况下，数字音频的应用具体体现在音乐后期制作和录音方面。数字音频能够及时转化音频文件，随后将电平信号转化成二进制数据保存起来，在播放的过程中能够将相关数据转换成模拟的电平信号，随后将其送到喇叭中播出，但数字声音和磁带、广播和电视中的声音存储方式有很大区别。数字声音存储起来比较方便，无需投入太多的存储成本，且在存储和传输的同时不会出现声音失真的问题，在处理和编辑过程中具有很大的便利性。

数字音频的基本转化方式具体体现在以下方面：第一，采样率。利用波形采样方式记录一秒钟的声音，所需的数据数量。例如，在 44KHz 采样率的情况下，往往需要通过 44000 个数据针对 1 秒钟的声音波形进行准确描述，采样率越高的数据声音质量也会越高；第二，压缩率。压缩率指的是音乐文件压缩前和压缩后的大小之比，其主要是对数字声音压缩效率进行准确的描述；第三，比特率。比特率指的是数字音乐的压缩效率，主要是对音频数据每秒钟所需的平均比特值进行准确的记录，比特指的是电脑中的最小数据单位，一般用 0 或 1 代表，大家常说的 Kbps 指每秒 1024 比特，所以比特的单位是 Kbps；第四，量级化。简单来说，量级化指的是对声音波形数据进行描述的方式，其主要是指多少位的二进制数据，其单位是 bit，这是判断数字声音质量的重要指标。在形成数字声音质量的过程中，人们会通过 24bit（量化级）、48KHz 等对采样进行描述。

（二）主要技术

1. 杜比环绕（Dolby Surround）

杜比环绕（Dolby Surround）是原来杜比多声道电影模拟格式的消费类版本。在制作杜比环绕声轨时，4 个声道——左、中、右和环绕声道的音频信息经矩阵编码后录制在两路音轨上。这两路音轨可以由立体声格式的节目源，如录像带及电视广播节目所携带并进入家庭，经解码后原有 4 个声道的信息得以还原并产生环绕声。成百上千的家庭录像带以及许多电视节目是经杜比环绕编码的。杜比环绕（Dolby Surround）作为最初级的环绕声标准，提供了 4 个声道的环绕声支持，目前已经很少应用。

2. 杜比定向逻辑 II（Dolby Surround ProLogic II）

杜比定向逻辑 II（Dolby Surround ProLogic II）是一种改进的矩阵解码技术，在播放杜比环绕格式的节目时，它拥有更佳的空间感及方向感。对于立体声格式的音乐节目，它可以营造出令人信服的三维声场，且是将环绕声体验带入汽车音响领域的理想技术。传统的环绕声节目与杜比定向逻辑 II 解码器完全兼容，同样也可以制作杜比定向逻辑 II 编码的节目（包括分离的左环绕 / 右环绕声道）来发挥其还音的优势（杜比定向逻辑环绕声解码器兼容杜比定向逻辑 II 编码的节目）。总之，杜比定向逻辑 II（Dolby Surround ProLogic II）是一种用来实现环绕声的方法，它可以使用较少的声道来模拟环绕声的效果，实际表现也比较出色，但是对于拥有真正多声道音频系统的用户来说就没有太大的意义了。

3. 杜比数字（Dolby Digital）

杜比数字（Dolby Digital）是杜比数字（AC-3）音频编 / 解码技术在 DVD 及 DTV 这类消费类格式中的应用。在不断的发展普及过程中，Dolby Digital 最终定型为 5.1 声道模式，这也是目前大多数家庭影院或者 PC 多媒体桌面影院所支持的标准。杜比数字提供了五个全频带声道，其中包括左、中、右屏幕声道，独立的左环绕及右环绕声道，以及一个独立的、用于增强低音效果的 ".1" 声道。中置声道很多时候也被用于强化对白，而环绕声道主要用于营造整体声场的立体感。Dolby Digital 首先被应用于电影音效，以 5.1 格式预先录制合成好的音频资料形式被储存在胶片齿孔的间隙中。而后 Dolby Digital 又被应用在 DVD 影碟中，成为家庭影院系统的组成部分。就目前的市场形势而言，它已经成为应用面最为广泛的环绕音频标准之一，大部分 DVD 节目都支持这个最基本的环绕音频格式。

4. 杜比数字环绕 EX（Dolby Digital Surround EX）

杜比数字环绕 EX（Dolby Digital Surround EX）是在杜比数字（Dolby Digital）标准上加入了第三个环绕声道。第三个环绕声道被解码之后，通过影院或家庭影院系统中设置在观众座位正后方的环绕声扬声器来播放（也被称为后中置），而左／右环绕声道音频信息则通过设置在座位左／右方的环绕声扬声器来播放。考虑到系统的兼容性，这个后中置声道经矩阵编码后录制在常规的 5.1 系统的左／右环绕音轨中，当影片在常规的 5.1 系统的影院系统播放时就不会发生信息丢失的现象。杜比数字环绕 EX（Dolby Digital Surround EX）的优势在于加入了新的环绕声道，从而使得后方声音效果得到较大的改善。目前已经有越来越多的高质量 DVD 影碟支持这个全新的标准。

5.DTS

Dolby Digital 将音效资料储存在胶卷上齿孔的中间，因为空间的限制，必须大量压缩，所以也牺牲了部分的音质。而杜比实验的竞争对手 DTS 公司，则想办法将音轨单独放置在另外的存储设备中（通常是 CD-ROM），然后再与影像同步。这样做的好处之一就是方便影院更换不同的语言版本，同时在使用时也更加便捷，音色效果更出色。在 DVD 影碟问世后，Dolby Digital 和 DTS 先后成为两大主流音频格式，而后者在 DVD 上能够拥有 1536Kbps 的资料流量，与 Dolby Digital（AC-3）一般 384Kbps 至 448Kbps 的流量相比较，优势不言而喻。即使将 AC-3 拉到极限的 640Kbps，DTS 还是强过一倍有余。这使得 DTS 较 Dolby Digital 能听到更多的声音细节，音响效果更加出色。不过由于 DTS 需要占用影碟上大量的数据空间，所以一般单张 DVD-5 制式的影碟较少支持 DTS 音轨。

6.DTS-ES

新一代的 DTS-ES 标准和 Dolby Digital Surround EX 一样，也加入了对 6.1 的支持。与 Dobly Digital EX 不同的是，DTS-ES 系统中的后中置是独立的，而非合成的。所以 DTS-ES 才是真正的 6.1 系统，Dobly Digital EX 只是一个 5.1 系统的声道扩展而已。DTS-ES 分为 DTS-ES 分离 6.1 及矩阵 6.1 两种。当 DTS-ES 分离 6.1 解码时，解码器将 DTS 信号的核心部分与扩展部分作为一个整体考虑，利用算术减法可恢复出环绕左 / 右声道，环绕中置（又称背环绕中置）由直接解码而得，因此可产生完全分离的 6.1 声场。而矩阵 6.1 解码时只考虑信号的核心部分，忽略了扩展部分，但由于采用了 DTS 的专利后处理 ES 矩阵模块，仍然能产生 6.1 "扩展环绕"声场。从这里可以看出，ES 的两种解码方式是有差异的。目前支持 Dobly Digital EX 的 DVD 影碟节目相对较多，而支持 DTS-ES 的影碟则屈指可数。

7.THX

THX 本来是由美国好莱坞的卢卡斯电影公司在 20 世纪 80 年代初开发和推广的电影院用音响系统专业标准的名称。因为该标准是在卢卡斯电影公司 1972 年制作的名片《星球大战》的 70mm 宽银幕、6 声道伴音系统的基础上，由公司技术总监汤姆逊·霍尔曼花费了两年时间分析电影院的音响效果不如录音棚的原因，最后完善的音响系统，并且在美国各电影院推广，使之成为美国各影院的音响标准。这种电影伴音标准已得到了公认，成为电影界的一种规格。因为该标准及系统技术是由汤姆逊通过实验制定的，故命名为"Tomison Holman'sexperiment"标准，缩写为"THX"标准。相应的音响系统称为"THX 系统"。用这种音响系统，可使电影院的声音效果达到录音棚的水平。THX 标准的主要意义在于规定了效果，因此，通过该标准的环绕声系统都有突出的音效表现能力。一般来说，通过 THX 认证的系统有以下几个突出的特点：

（1）功率大

功率是回放声音不失真的前提条件，尤其是低音，如果功率不够的话。声音在大动态下必然会失真。而通过 THX 认证的系统动辄有几百瓦的输出功率，足以保证在最大音量下也不会失真。

（2）频响平直、范围宽

通过 THX 认证的系统的频响范围都很宽阔，这样可以保证不同的声音都能够得到完好的回放，不漏过任何一个微小的细节。

（3）音乐还原效果好

通过 THX 认证的系统的音质都很好，可以保证音乐有足够感人的效果。

综合上面的说明，THX 认证的好处是显而易见的，但是其缺点也很明显，就是价格高昂。因为其要求很高，所以制作成本会直线上升。并且 THX 的认证费用至少要 2 万美元，这笔不菲的费用也需要分摊到消费者头上，因此，价格昂贵也就成为了 THX 认证系统的唯一缺陷。

（三）数字音频技术应用的特征与优势分析

1. 产品多样化

以应用数字音频技术为基础衍生的数字音频设备具有多样性特点，调音台重点通过数字方式构建控制系统。在处理各项数据、信号的过程中，往往通过数控模拟调音台完成，还可以利用全数字调音台。数字记录设备也具有多样性特点，常用的数字记录设备主要是磁光盘 MO、盒式录音机、开盘式录音机和硬盘录音机等，通过对比处理音频效果设备和模拟音频应用设备我们发现，处理音频效果设备的功能和种类都具有很大的优越性，可以在音频工作站中更好地处理和记录各种音频。另外，数字功能放大器能够有效放大数字脉冲信号，通过低通滤波器更好地处理信号，从而有效模拟功率信号。

2. 数字音频设备功能性强

在应用数字调音台自动化控制系统的过程中，应结合录音工序要求进行，这样录音师就无须进行复杂的操作。数字音频技术能够模拟录音工艺，通过非线性编辑完成，主要是由数字音频技术中的音频工作站进行，有效优化了过去的录音工艺能。通过分析数字音频工作站的应用情况我们发现，在选择记录媒体方式时判断计算机的控制情况，利用计算机处理各项数据，能更好地开展数据录制、编辑和存储工作。目前，在录音过程中，通过应用数字音频处理器能够有效改善过去混响效果空间不足的问题，通过这种方式代替弹簧混响器，能够更好地创作节目，提高节目效果。但是，在制作音频的过程中，数字音频网络化为传统模拟音频技术带来了很大冲击，其能够将制作音频信号、存储音频信号和传播音频信号进行有效结合，为现代广播电视业务的发展提供了更多便利。

3. 数字音频技术应用的价格优势分析

在过去的音乐录音和制作工作中，工作人员普遍在录音棚完成相关工作，在乐队人数多的情况下，必须确保录音棚的容积足够大。最初的录音方式是在应用模拟音频技术基础上通过 24 轨录音机完成录音工作的，这一方式无法进行自动编辑和缩混，操作过程具有一定的复杂性，但在数字时代，分轨录音工艺得到了有效应用，乐队录音也可以通过分轨录音的形式完成，尤其是数字化音频技术设备在这方向表现出很大的优势，如 70 路输入模拟调音台长度最少是 4 米，但应用数字技术的调音台长度一般在 1.5 米之内，且数字化 24 轨录音机的体积一般是 4U，既能够减少控制室的面积，又可以优化声音反射的问题。数字设备的应用对比传统的构建录音棚方式，大大缩减了成本。

4. 优化录音结构

相关人员在应用数字音频技术制作节目的过程中，需要掌握技术的应用方法和计算机相关的基础知识，在选择合成器时必须将计算机技术、数字音频技术进行合理应用，才能将其代替传统的乐器工序。因此，在录音工作中，相关人员应该掌握一定的专业技能，提高自身的艺术修养。

5. 解决模拟音频技术问题

音频制作的主要目的是更好地采集、记录和回放声音，保证声音的真实性。在应用传统的模拟音频技术制作音频时，无法确保声音存储和复制的有效性，很难减少噪声的产生并确保信号动态范围的提高。数字音频技术能够在不同媒质中准确记录模拟音频信号，一般通过 0 和 1 的数字形式完成，从根本上提高录音系统的质量。

三、模拟和数字音频源的自动识别及处理方法

（一）模拟和数字音频信源系统的构成

一般而言，模拟和数字音频信源系统主要由三部分构成，具体如下。

1. 前期制作系统

前期制作系统的构成主要是信号、配音和动效的制作，重点记录声音信号等内容。

2. 播出制作系统

播出制作系统主要由电视台和视频进行共同制作和播出的音频系统格式，其主要形式是直播和录播，重点是拾取、处理、记录和直播各种声音信号。

3. 扩音系统

扩音系统的重点是拾取和扩大数字和模拟信号。通过分析发现，各个系统构成都需要调音台的支持，这是音频系统中的关键内容，尤其在科学技术的快速发展过程中，现代模拟和数字音频系统越来越先进，呈现出自动化、智能化的发展趋势，为人民群众的日常生活、学习和工作提供了很多便利。

（二）模拟音频和数字音频的特征

1. 传输方式

目前，我国模拟音频信号通常采用两种传输方式，分别是平衡式传播方式和

非平衡式传播方式。其中，平衡式传播方式的阻抗要求是 600Ω，非平衡式传播方式的阻抗要求是不小于 4.7kΩ，两者对电平也有一定的要求，平衡式传播方式的要求是 Vpp2.2v，非平衡式传播方式的要求是 0db。

2. 接口

数字音频接口 AES/EBU（美国音频工程协会 / 欧洲广播联盟）数字格式采用双向标识编码（Biphase Mark Cocling），48KHz 取样，16、20 或 24 比特量化。为保证信号传输质量降低干扰，大部分采用平衡 XLR 电缆，输出电压是 2.7Vpp（发送器负载 110Ω），输入和输出阻抗为 110Ω(0.1–6MHz 频宽），而对于非平衡传输则采用 75Ω 阻抗。

3. 延迟现象

在一个音频信号通过模拟和数字制式转换器的过程中，尤其是模拟音频信源转变成数字音频信号的情况下，讯道中会产生 1.5ms 的延迟时间；在同一音频信号通过数字和模拟转换器的过程中，数字状况向现实模拟状况转变的情况下，讯道中会产生 1.2ms 的延迟时间，其是在 48KHz 的取样下获得的，不会出现在一台模拟调音台中，但在数字调音台中会出现一系列问题。例如，可以将一个模拟输入信号 A 转变成数字制式，变换—延迟的时间在 1.5ms；在经过数字处理器将音频信号送入插入点转回模拟制式的情况下，变换两次的延迟时间为 2.7ms；在信号回到调音台的情况下，信号会又一次转回到数字制式，变换三次的延迟时间为 4.2ms；在数字化信号由混音通道转换到最后调音台输出口的情况下，延时信号会在送往功率放大器、音箱之前再次转回到模式制式，变换三次的延迟时间为 5.4ms。总体来说，在整体音频信源信号由输入点到输出点会出现 5.4ms 的总延迟时间，在有输入信号 B 输入和信号 A 进行混合，且信号 B 未设置加进外围处理器的情况下，这一信号源会经过两次转换处理，结果总延迟时间是 2.7ms，但实际上信号 A 将会在信号 B 达到总输出口后 2.7ms 才会出现。如果单将两组信号来混音，就不容易听到它们在出现时的区别。但是，当有超过 5 组或者更多信号源加起来送到数字混合讯道时，这些不同的延迟时间的梳状波器失真就会非常明显。因此，最佳方法是将信号 B 延长 2.7ms，使信号 B 和信号 A 一同到达总输出口，但数字调音台很少通过这种方式修正时间。由于我国数字音频技术仍处于初级发展阶段，为了提高音频信号的输出效果，需要确保模拟音频信号和数字音频信号的平衡性，以促进模拟音频信号和数字音频信号的持续、稳定发展。

（三）工作原理

模拟信源和数字信源的信号电平是大致相同的，两者的差异性具体体现在频率方面。一般模拟音频在 20kHz 的情况下，数字音频最高在 6MHz 左右，这就要求输入部分应借助高速放大器完成，改善传统运算放大器的弊端。因此，在模拟信号和数字信号自动识别过程中，必须合理地切换信号、匹配阻抗，从而有效模拟信号数字的混合输出功能。但是，模拟信号和数字信号的处理方式有所不同，尤其在处理环节具有一定的复杂性，在输入和输出过程中，必须合理控制模拟处理单元和数字处理单元。

下面分别讨论这 3 个部分。

1. 输入部分

在输入过程中，信号会先通过阻抗匹配单元，随后给入高速运算放大器，放大器会将两路信号结合起来，分别是数字处理和模拟处理两部分。这些信号会转化成 I2S 信号，在通过复杂的可编程逻辑单元之后将信号类型反馈给中央控制单元，其由复杂的可编程逻辑单元控制阻抗匹配单元，并完成自动切换，形成和输入信号相匹配的阻抗。在数字处理过程中，普遍通过数字音频处理模块判断数字信号，随后将数字音频信号转变成 I2S 音频信号，并将其输送到复杂的可编程逻辑单元中，还会将数字音频锁定信号共同输送给复杂的可编程逻辑单元，并在这一单元中将信号状态反馈给中央控制单元，最后由中央控制单元优化并选择数字信号。但是，模拟信号由模拟分配单元分成两路不同的模拟信号时，其中的一路由 AD 单元会将模拟信号转换成数字信号 I2S 输送给复杂的可编程逻辑单元，另一路则会模拟信号输送给模拟逻辑切换单元，并由中央控制单元通过复杂的可编程逻辑单元，从而完成模拟信号的有效选择。

2. 输出部分

在切换器输出的过程中，必须预留出备用的输出接口，这就要求模拟信号和数字信号由处理单元进行处理，且给入分配单元可以分配出 3 路的不同信号将其传输给输出控制单元，并通过中央控制单元的控制命令输出到复杂的可编程逻辑单元中，再由其控制输出控制单元，分别控制 3 个输出接口的输出信号类型，这些输出信号的类型主要是模拟信号和数字信号，从而更好地完成模数混合输出。

3. 逻辑处理单元

A. 模拟部分

在输入模拟部分后，会出现两个不同的单元，分别是模拟信号给入模拟切换单元和 I2S 信号给入复杂的可编程逻辑单元，以此判断信号的状态，并针对模拟切换单元进行有效控制，从而选择出相应的模拟信号。

B. 数字部分

数字部分采用 CPLD 完成。通过 VHDL 语言，实现信源信号的选择。

C. 断电直通部分

断电直通部分输入信号通过两组继电器的常闭触点，在设备电源未供电时，会通过继电器的常闭触点，随后和输出接口进行有效连接。在设备电源供电以后，继电器常闭触点会转换成常开、常开触点会转变成常闭，输入信号在通过继电器常开触点之后会传输给设备输入部分，从而达到断电直通的目的。随着社会的快速发展，广播信号的应用领域越来越广阔，其作为传播媒介，适用于很多场景，尤其在现代通信技术的发展过程中，电信源呈现出密集性、复杂性特点，并对过去的模拟音频信源提出了更加严格的要求，尤其在多媒体技术的发展过程中，广播数字化要求推动着数字音频信源的持续发展。在数字音频技术的应用过程中，音频传输速度越来越快，信号传输的抗干扰性越来越强，能够覆盖更大范围的音频信号。但我国各个区域的发展水平存在很大差异，甚至有些地方仍在应用过去的模拟音频信源，相关学者必须对其进行积极探索，推动模拟音频信源和数字音频信源的共同发展，并将其应用到更多领域。

第三节 基于人工智能的音视频内容研究

一、相关技术介绍

（一）人工智能技术概述

1. 计算机视觉技术的发展情况

计算机视觉的主要任务是代替人眼来感知这个世界的各种图像并对其内容进行准确的分析判断，从而完成类似于自动驾驶、安全监控、医疗手术、文字识别这样需要眼睛来完成的各种社会工作。由上述内容可知，计算机视觉技术具有极大的使用价值。20 世纪 80 年代，国际上掀起了计算机视觉技术蓬勃发展的浪潮，这一趋势在 20 世纪 90 年代达到顶峰，业内提出了许多新的概念和方法应用在计算机视觉技术上。深度学习和卷积神经网络 191、循环神经网络等算法的出现、推广以及其在真实工作场景中的优异表现都使图像识别在各个领域的使用得到了普及，例如，人脸识别、图像分类、字符识别等。今天，随着芯片工艺的不断提高，智能计算相关的硬件性能有了飞跃性的进步。计算机视觉技术也更广泛地应用在了人工智能的各个领域当中。

人脸识别、人脸特征提取、字符识别等功能都用到计算机视觉技术。以上功能的实现，都是基于海量的数据集，用在业界得到验证的各种先进神经网络模型上的。只有在上述数据集上进行多轮次的训练和验证，得到泛化效果最好的结果，计算机视觉技术才能在真实使用场景预测任务中取得较好的泛化效果。

2. 自然语言处理技术的发展情况

自然语言处理（Natural Language Processing, NLP）的功能是把人类语言经过语言特征化和特征向量化等技术处理成计算机可以理解的内容，并根据这些内容研究利用原始文本的技术。自然语言处理是一个研究前后语言序列逻辑关系、语言表达含义，以及语言情感色彩分析的学科，既需要使用计算机科学技术来进行分析，也用到了数据统计学科的知识来对语言进行统计认识，同时还影响到了人文学科的发展。如今，越来越多的数据处理领域工作者开始使用自然语言处理完成他们的工作或者进行他们的研究。近年来，预训练语言模型的优势逐渐显现。

预训练模型是一种新兴的自然语言处理思路。想要建立预训练模型，要率先获取大量的未标注的语料内容，此类语料内容最好可以涵盖一门语言大部分的语法逻辑、字词内容和行文结构等各个方面的特点，然后使用与某种自然语言处理相关的神经网络模型在上述语料内容上进行长时间的无监督或者自监督的训练。通过学习训练集中该语言的语法逻辑、字词内容和行文结构等各个方面的特点来获得语言建模和表示能力，此种程度的学习成果具体表现为模型的具体参数，由模型的具体参数也可以反向推导出这种语言的具体特性。在预训练完成后，如果在工作和研究中遇到问题需要用上述训练所使用的语言背景下的特定种类的自然语言处理模型，就可以使用预训练好的模型作为基础，仅针对指定的输入和输出结果对模型的输入层和输出层做相应的变化，再用针对性的数据集进行小规模的训练，就可以获得能够解决目标任务的自然语言处理模型，这样的微调技术已经在业界得到了广泛的使用。BERT[12]等预训练模型的出现，也大大提高了这种训练方式在准确程度和便利程度，从而使得预训练模型在常见自然语言处理任务中都体现出了难以比拟的优越性。

（二）分布式部署框架概述

1. Docker 与 Kubernetes

Docker 是一种基于 Go 语言应用于程序与操作系统便携适配的新型容器技

术。该技术目前的使用方式是解决各种语言开发的程序在各种 Linux 发行版本上的快速部署、运行的问题。

Docker 的实现主要依赖于基于 Go 语言实现的对 Linux 系统内核的共享，既可以减少系统内存的占用，又避免了多次运行造成的重复加载。上述技术的出现，使得每一台物理服务器都可以被分割成从网络上观测互不相关的多个服务器。它们为不同的应用提供不同的操作系统需要的同时，还不会因为各自运行程序所需系统环境的差异而互相排斥、影响。Docker 的出现方便了运维工作人员的日常工作，极大地简化了程序在不同平台上的部署工作；同时也让研发人员可以更为便捷地完成代码的研发和测试。其中，镜像（Image）指的是 Docker 容器中一个已经完成搭建的包括程序、操作系统和环境依赖的整体软件包。有了镜像文件，Docker 就可以通过同样的操作完成对同一程序在不同网段、不同机器、不同操作系统下的快速部署。

一个镜像文件在组织好基础环境、依赖环境、配置文件和执行代码后就可以上传至 Docker 的镜像仓库。和代码管理工具一样，镜像管理工具有着版本控制、内容修改、云端存储、方便部署等功能，这些功能也使得用户可以更便捷地使用 Docker 对指定的镜像进行快速创建和程序部署。

Kubernetes 是 Docker 镜像的管理工具，一般用来管理一个网络中所有服务器上的构成一个集群的多个镜像。Kubernetes 为系统部署人员和运维人员的工作提供了极大的便利，它有着在软件开发生命周期的各个环节都需要的工具支持和数据监控。同时，该工具还可以为系统提供镜像检测、并发访问自动化控制、多镜像模块管理和自动化拓展等功能，上述优势都使其具备了完善的计算机系统集群管理能力和多用户实时应用支撑能力。

（三）前后端技术与深度学习框架概述

1.Node.js 与 Vue

Node.js 是工业界常用的 JavaScript 开发框架，是与 Python、PHP、Rudy 等后端语言并列的流行框架之一。该框架在前端事务中处理常规任务的核心模块是由事件驱动的非阻塞式 I/O 的编程模型，通过将本身代码的模块化和具体功能函数化，更好地完成复杂的浏览器图形任务。Node.js 易于学习，软件开发人员可以通过开源内容快速地对该语言的技术细节进行较好的掌握。Node.js 对高并发的性能支持也非常优秀，同时还对简易风格的 HTTP 接口有着较好的支持。

Vue 是一套用于 Web 前端页面构建交互内容的框架。Vue 和其他前端框架的核心区别是 Vue 有着更好的分层设计，其组件支持从不同的层次中灵活地接入现有的前端实现方案。Vue 在渲染复杂前端页面内容的同时，还能配合和支持其他类库的使用。

2.Python 与 Anaconda

Python 是一种解释型编程语言，不仅具有强大的编程能力，还具有完善的深度学习发展生态。此项目使用 Python 作为核心开发语言主要有两个原因：其一是需要 Python 生态中成熟的深度学习框架，例如，TensorFlow、Keras、Caffe 等；其二是 Python 在实现本项目的后端功能上有着较高的便携性，在不影响实际功能的情况下可以极大地提高研发效率。

Anaconda 是基于 Python 的软件包。该软件包被业界人员作为最常用的 Python 工具包来解决专业的数学问题和深度学习问题。这一软件包里有例如 Tensorflow、Keras、Caffe 等常见深度学习框架针对 Python 发行的版本，同时还有针对的管理工具和环境管理工具，使之更好地适应各种操作系统与复杂环境下的 Python 开发工作。它不用配置环境变量就可以直接使用，相比 PyCharm 软件，Anaconda 中包含 Python 的管理工具，可以自由更新 Python 的发行版本和 Python 自带的科学计算工具库等。使用 Anaconda 也是为了更便捷地使用 Python，省去了自行安装各种 Python 包的步骤。

3.Tensor Flow 与 Keras

Tensor Flow 是由谷歌研发地用于构建和训练各种深度学习模型的机器学习技术框架，目前有 C 语言版本和 Python 版本。其中 Python 版本的使用较为广泛，C 语言版本一般使用在对效率有较高要求的工业场景下，两个版本都支持使用 GPU 来提升计算效率。Tensor Flow 的核心思路是将神经网络的输入和输出内容抽象成张量，并在框架中构建高维矩阵作为神经网络模型的内容，对张量进行运算。

Keras 是 Python 语言中的基于 Tensor Flow 和 Theano 的机器学习工具包。Keras 以上述两种机器学习框架为基础，对其内部的基本网络结构和运算单元进行了独立的、标准一致的封装，使得 Python 开发者能更好更便捷地掌握 Python 平台上的神经网络模型搭建和训练。现阶段，Keras 主要依托于 Tensor Flow,Theano 已经停止更新。

4.NSQ 消息队列

NSQ 是一款基于 Go 语言开发的轻量级消息队列工具，继承了 SimpleHttp 的一部分特性。NSQ 在最大程度上消除了单点故障的存在，具有较高的可用性，支持消息持久化到磁盘空间，扩展了存储使用。该工具的读写操作对资源的占用极小，降低了消息生产者和消费者的硬件配置要求，同时支持分布式部署，可以应对高并发场景下的海量消息传递。

（四）搜索引擎框架概述

1.Elasticsearch 概述

Elasticsearch（简称 ES）是一款文本搜索引擎，该引擎的核心内容是 Lucene。Lucene 是由阿帕奇公司研发的开源的全文搜索引擎框架，它具有高度的灵活性、高度的可扩展性、高速的检索性能、支持 RESTful 接口等优点。不仅如此，ES 支持可分布式技术，能够作为分布式文档数据库来使用，它能将数据库所有文本信息中的词句建立成可以被检索的索引。ES 在分布式部署到数以百计的服务器上时，面对 PB 级的数据量，依旧可以高效率地进行存储、检索并进行海量数据分析。ES 只通过简单的配置，就可以将一台新服务器添加到已有的服务器集群中，具有良好的可扩展性。在 ES 存储中，可以将同一索引中的不同数据分片存储，这就大大降低了对单个服务器的性能的需求，与此同时，分片还区分了主分片和副分片，其中副分片作为备份，在主分片所在服务器宕机时可以通过备份进行数据恢复。

2.Faiss 概述

Faiss 由 Facebook AI Research 开发，是一款用于解决大规模高维数据在空间中进行相关性检索的高维搜索工具，其主要作用是在保证高准确度的前提下，大幅度提升高维向量临近检索的速度。Faiss 支持对更大数量级的高维向量存储与检索，实现该功能主要依赖于 Faiss 的高度可扩展性。Faiss 可以根据用户的需要将所需检索和存储的高维向量，分布式地存储到成百上千的服务器中作为同一高维向量数据库，它最高可承载数十亿级别的向量样本。该系统的数据内容同时支持内存存储和硬盘存储，在保障了较快的读取速度的同时，还确保了存储空间的冗余。Faiss 内部提供了多种检索方法，对具备不同空间特性和维度特性的图片所对应的多维空间中的向量可以由不同的检索策略来提高效率。Faiss 由 C++ 实现，提供了 Python 的封装接口，同时，Faiss 也支持 GPU 的加速运算，进一步提高了检索效率。

二、音视频内容检索系统需求分析

（一）音视频内容检索系统需求概述

本文涉及的基于人工智能分析的音视频内容检索系统，其主要的使用场景是针对海量音视频资源的内容监管审查。当互联网或者传统媒体中出现爆点新闻时，为了预防相关热点含有不符合规定的音视频内容，由本系统对广电音视频和互联网音视频中特定内容检索和监控，以达到预防和筛查的目的，同时本系统也可以对热点目标人物和热点目标文本信息进行预防和筛查。音视频内容监管单位为了维护电视内容以及互联网内容的健康、绿色，专门设置了音视频内容监管平台，音视频内容监管平台由专门的音视频内容监管审查人员。本文所提到的基于人工智能分析的音视频内容检索系统也主要是给这些音视频内容监管审查人员使用。

音视频内容监管审查人员作为本文提及项目的主要使用者，需要与前端页面交互来实现音视频内容检索系统提供的三种内容搜索途径。

文本输入检索是其中最为常规的检索方式。用户通过键入文字进行搜索，这种检索方式可以自行选择的展示结果有：画面出现键入文字的视频片段、背景声音出现键入文字内容的视频片段、画面出现了键入文字中包含的人物肖像的视频片段。

音频输入检索是用户可以通过文件上传音频片段或者通过麦克风输入语音内容进行搜索。这种检索方式可以自行选择的展示结果包含：视频画面之中包含输入的音频语音中出现的文字内容的视频片段、音视频的音频部分包含输入的语音中出现的文字内容的音视频片段、视频画面中出现了输入的语音中出现的文字内容中包含的人物肖像的画面。

图像输入检索指用户可以通过文件上传一张单人肖像来进行搜索。这种检索方式可以自行选择的展示结果有：视频画面中出现了目标人物肖像画面的视频片段。另外，如果上传的人物肖像之前已经被系统录入系统重点人物库，还可以展示的结果有：视频画面中出现了上传人物的姓名的视频片段、音视频的声音中出现了该人物姓名的语音的音视频片段。

基于上述对于系统的功能需求，音视频数据处理人员需要完成以下的工作使得系统对音视频内容检索人员提供完善的待检索内容。

首先要对待检索的原始音视频内容进行信息采集，获取音视频文件和与其对应的数据信息，如音视频所属频道、音视频具体时段、音视频内容时长等信息。然后将原始音视频文件拷贝到集中存储当中，并且针对上述数据信息进行结构化数据存储的构建。

其次对采集到的音视频文件进行内容上的处理，经过音视频分离、分帧和音频截取等操作，生成人工智能分析模块所需的直接语料，如图片、单位时长的音频文件等。

最后把预处理得到的语料内容封装成任务发布给人工智能分析模块的各个功能子模块，包括人脸识别模块、文字提取模块、语音识别模块。经过智能识别，得到高维人脸特征、文字识别到的文本内容、语音识别到的文本内容等信息，分别存放到高维检索引擎和文本检索引擎中形成索引，供内容检索人员检索使用。

（二）系统功能需求分析

这里将软件项目所需要完成的工作按照流程分为五个阶段。第一阶段需要对有检索需求的音视频内容进行采集，完成结构化数据入库和文件下载工作；第二阶段要对已入库的音视频文件内容进行预处理，将视频文件处理成图像、音频等格式的文件，方便智能识别模块的使用；第三阶段是对上述预处理结果进行人工智能识别；第四阶段是将识别结果存入搜索引擎，完成识别结果的索引化；第五阶段是音视频内容监管人员通过前端页面与系统进行交互，进行检索。上述五个阶段分别构成了不同的工作模块，下面分别对每个工作模块做详细的需求分析。

1. 原始音视频内容采集

在音视频内容监管单位的音视频内容划分中，音视频包括传统电视内容节目的音视频内容文件、互联网自媒体音视频内容文件以及国内持证音视频内容门户网站的音视频内容文件。音视频内容采集需要对监管单位所能获取的音视频内容进行采集并形成结构化数据存储，以便整个系统在使用文件过程中的增删改查，同时负责对自身的音视频内容存储负载进行实时监控，对已分析内容对应的音视频原件做定时的清理工作，以防海量的音视频文件使得视频集中存储模块过载，影响整个系统的正常工作。

下面依次对需要采集的三部分音视频文件内容的各自的特点进行介绍。

第一部分是传统的电视平台的音视频内容文件。这一部分包括全国各个省、自治区、直辖市共计约 2000 多个卫视每天播放时长 24 小时的音视频文件内容。这部分内容已形成较好的结构化存储，但由于电视台数目较多且每个卫视的播放时长都是每天 24 小时，所以需要大量的硬盘存储空间来存放音视频文件内容，且需要定期清理，仅保留一段时间内的音视频文件，但识别结果和检索数据要长时间保留。

第二部分是互联网自媒体音视频内容文件。这一部分音视频文件内容主要由国内几家主要的自媒体音视频内容平台提供，提供的文件内容已经集中转换为MP4格式文件，这对文件的集中存储和处理有一定的帮助。这部分音视频文件内容的特点为时长一般较短，且视频类型较为繁杂，但视频基数较大，所以在形成结构化数据存储时会遇到一定的困难。

第三部分是持证音视频内容门户网站提供的音视频内容文件。该部分内容的特点与第一类相似，但是增量较少，没有全天候处理的要求和必要。

这三部分音视频文件内容需要经过音视频内容采集并建立严格的结构化文件存储，同时对通过拷贝得到的音视频文件内容进行本地硬盘存储管理，以便接下来的使用和处理。

在本文中，音视频内容获取模块获取以上内容后，要经过音视频内容预处理，将原始音视频内容分解成人工智能识别模块所需的输入文件，再进行人工智能识别。

2. 音视频内容预处理

音视频内容预处理这一需求又可以分为音视频预处理、任务发布这两个子需求。音视频预处理读取结构化存储中尚未经过预处理的视频文件的记录，从记录中获取视频存放地址，拿到视频，对其进行视频转码、音视频分离、视频分帧等一系列预处理工作，然后将生产的帧文件、音频文件等人工智能分析模块可以直接使用的语料内容放入任务队列中，等待人工智能分析模块进行处理。

任务发布负责对视频集中存储中的视频文件进行任务分配，同时获取每个视频文件的已存放到MySQL中的结构化数据信息，同时每条记录还要设置标实位来记录该条记录对应的视频文件已经经过的处理模块和即将到达的处理模块，方便系统对每个视频文件的数据流进行清晰的把控。

3. 人工智能分析

人工智能分析模块负责接收预处理得到的语料，对语料内容进行人工智能识别，生成搜索所需要的信息内容。其中包括人脸肖像的高维特征数据、图像中识别到的字符文本信息数据，以及对视频背景音进行语音识别得到的文字文本信息数据等。

人脸识别需求在保证准确的同时，还要兼顾效率和特征维度的约束，原因是视频基数时长较长，类似会议、采访等形式的节目中肖像过多，所以总的肖像数量较多，这就对每张肖像生成特征的效率提出了较高的要求。同时每个肖像生成的高维特征的维度大小也会影响高维检索的效率。

字符识别需求主要体现在准确性上，因为视频内容中经常会有大量的艺术字符、翻转字符和 3D 效果字符。传统的字符识别模型可能对不规范的字体识别欠缺能力，但对不规范字体的识别也是核心需求之一。

音频识别主要从音视频文件的音频部分获取人声内容，分析得到语言文本内容，存储到文本搜索引擎中，以便音视频内容审核人员在前端检索界面搜索使用。

4. 识别结果索引化

识别结果索引化主要分为两部分功能，分别是文本内容建立索引和人脸肖像高维特征建立索引。

用 ES 实现文本内容的索引建立，由于文本信息数量较多，所以需要多服务器分布式存储。在要求检索准确的同时需要有极高的检索效率，同时还要考虑整个系统的扩展性和文本内容备份。

使用 Faiss 框架可实现肖像高维特征向量的空间距离检索。首先由人工智能识别中的人脸识别模块进行人脸识别。其中分为目标检测和特征提取两个步骤，目标检测负责检测出画面中的人脸肖像区域并用坐标的方式表示；特征提取部分负责从肖像区域中提取人脸特征信息并最终生成指定维度的高维特征向量。之后将高维特征向量导入 Faiss 构建高维向量索引，供检索使用。

5. 前端搜索界面

用户与系统的所有交互均由可视化界面负责。包括用户键入文本内容、音频内容和图像内容来获取相关的检索内容，以及选择展示字符识别内容、肖像识别内容和语音识别内容等。

可视化界面与后端功能代码实现前后端分离。前端的所有请求都可以访问后台的简易接口来请求数据和搜索引擎的检索内容，然后将请求结果进行展示。展示结果可以根据日期、相似度或者由音视频内容审核人员自定义指定约束范围进行展示。

（三）系统非功能需求分析

在音视频内容检索系统中，为了提高检索的准确程度、检索效率和系统的稳定性，也为了给用户带来更好的使用体验，还应考虑研发过程中和用户使用过程中可能存在的非功能性的需求。

在软件系统部署的过程中，要考虑系统的可扩展性与可维护性。上文所述的各种功能需求在真实场景中都有需要扩张的可能性，基于 Docker 容器引擎技术和 Kubernetes 容器管理技术，每个功能模块在添加服务器时都可以做到自动化扩充服务器数量和程序自动化部署，保证了系统的可扩展性和可维护性。

此外，无论是底层的 MySQL 数据库，还是较上层使用到的 Redis 或者搜索引擎的数据存储，都需要多重备份和冗余空间的支持，这样既能解决存储的瓶颈问题又能提升存储访问效率。

在本文对应的软件系统实现中，为了使音视频内容监管人员在与前端页面发生交互，即进行音视频内容搜索时操作更加顺畅、使用更加人性化，前端界面研发应使用极简的画面风格，使用户可以快速锁定需要的按键与内容并自行指定需要键入的内容类型，自定义的约束检索时间范围等。

各个工作模块在真实工作场景进行组网正式运营时，每个服务所在的容器及其所在服务器都要符合相关的防火墙规则并设置白名单访问权限。这样既防止非法访问内网中的其他服务器造成他人损失，也能预防其他服务器有意或者无意地访问本系统所在的服务器造成的事故。

三、音视频内容检索系统概要设计

（一）系统结构设计

基于人工智能分析的音视频内容检索系统的技术架构和整体结构由数据层、服务层、展示层三个层次组成，其中每个层次都有各自的功能部分和实现功能部分所需的底层工具。

首先从下到上来介绍三个层次的整体架构设计。

1. 数据层

数据层由结构化数据库、文本数据索引和高维矢量数据索引三部分组成，为整个系统提供数据存储和数据读取支持，为系统在运行过程中的数据管理提供数据库工具，同时为核心检索业务提供文本数据索引和高维空间中的向量数据索引。其中主数据库负责存储系统正常运行中各个模块所需的结构化数据内容。高维向量索引主要负责存储人脸特征提取获得的高维向量数据内容。

2. 服务层

服务层主要包括音视频采集、音视频预处理、人工智能处理以及建立索引四个模块。音视频采集模块主要负责从原始音视频内容资源库中采集音视频文件信息，并对这些音视频文件建立结构化数据存储到 MySQL 中，以便这些音视频文件内容在系统处理过程中的使用、分配、管理；音视频预处理模块负责所有音视频内容的集中存储管理和音视频分离、视频分帧等语料细化操作，并以每个音视频文件为单位将细化后的语料生成任务分配给人工智能分析模块的各个子模块进行人工智能分析；人工智能处理模块负责获得预处理模块分发的任务，并对于不同的输入语料进行不同的人工智能分析并返回不同的结果，例如，人脸特征提取模块需要获取视频分帧后的图片文件，从图片中提取肖像的特征并生成高维特征向量，供高维检索引擎生成索引，文字识别模块负责从图片中提取文本内容，信息供 ES 生成文本索引，语音识别模块负责从音频内容中识别人声内容并形成文本语言内容供 ES 生成文本索引；建立索引模块负责接收上述人工智能处理模块的输出产物并建立相应的索引信息。

3. 展示层

展示层使用 Web 前端界面作为与音视频内容审核人员交互的工具。为了音视频内容检索人员可以进行针对性的目标搜索，展示层提供了输入文本、语音、图片这三种检索方式，并且音视频内容审核人员可以根据自己的需要进行时间范围和检索结果内容的约束。整个界面设计保持了简单整洁的风格。前端页面通过 Restful 接口进行后台数据调用，实现了完全的前后端分离，降低了模块之间的耦合性，提高了可复用性。

接下来介绍基于人工智能分析的音视频内容检索系统的技术架构。这里同样分为三层，分别是数据层、服务层、展示层，三层技术内容自上而下构成了本系统的技术架构。

数据层包括了系统数据库的实现和搜索引擎的搭建。系统使用 MySQL 作为主要的结构化数据库，在使用中采取主从模式的数据库关系，最大限度避免读写冲突，增强系统的稳定性，减少单节点宕机对整体运行的影响；文本索引构建由 ES 这一工具实现，随着索引数量的增长，ES 集群可以通过配置进行扩容，通过添加服务接点的方式应对更高级别数据量的索引写入和并发检索查询；高维向量检索构建通过 Faiss 实现，Faiss 在建立索引时会以向量或矩阵的形式准备好高维向量空间，然后构建高维特征索引并将特征数据映射至索引中，这样在检索时，就可以快速通过索引得到标签，具有高效快速的优势。Faiss 还支持 flask 的调用检索方式，对于支持前端页面的 Restful 接口也提供了更便携的支持。

服务层包括了音视频采集模块、音视频预处理模块人工智能分析模块以及索引构建模块。服务层的研发基于 Python 和 Anaconda。Anaconda 是一个集成了各种数据科学工具的开源 Python 发行版本。截至目前，Python 还是使用

Tensorflow、Keras 等一系列深度学习框架最便携的语言。上述深度学习框架是实现人工智能分析模块的最主要工具，由 Tensorflow 实现的 InsightFace 为人工智能分析模块提供了人脸特征提取的核心功能，由 Keras 实现的 YOLO 以及 CRNN 可以准确高效地对图片进行字符识别。服务层的各个模块都由各自的 Docker 进行封装，并通过 Kubernetes 这一容器管理工具进行统一部署、监控、维护，使得各个模块的应用部署、规划、更新、维护都实现了自动化，极大地减少了人力损耗。模块的各个程序在工作时会将各自的中间件以及中间数据存储到 Redis 中供程序自己使用，这样既减少程序开发中自行维护内存的负担，也可以避免使用结构性数据库，直接从内容读写数据，保证程序运行效率。音视频预处理模块在完成预处理过程后会将任务存放到 NSQ 中作为消息传递给人工智能模块的不同子模块，各个子模块从各自的 Topic 中获取自己的任务进行处理并产生结果。

展示层的 Web 前端页面在 Vue 框架下完成开发，该框架提供的丰富前端组件节省了大量的开发时间。支持前端界面的 Restful 接口由 Python 开发，用于调用对接数据层的数据内容，包括 MySQL 中的音视频文件信息以及文本搜索引擎、高维检索引擎中检索到的内容。

（二）功能模块设计

在上文中，我们详细分析了基于人工智能分析的音视频内容检索系统的功能需求。下面对音视频内容检索系统不同阶段的功能进行模块上的具体划分，如图 2-1 所示，主要划分为五个模块，分别是音视频采集、音视频预处理、人工智能分析、索引和可视化检索，每个功能模块又根据其内部功能的现实性需求不同而包含不同的子模块。

其中音视频采集模块主要负责从外界存储中拷贝音视频内容，并在系统内建立音视频文件的集中存储，同时建立音视频内容信息的结构化数据存储；音视频预处理模块负责对音视频文件进行音视频分离、视频分帧等处理，并将任务发布给人工智能分析的各个子模块；人工智能分析模块负责对预处理产生的各种内容进行人工智能分析，包括对视频画面进行人脸特征提取、光学字符识别，对音频内容进行语音识别等；建立索引模块负责存储人工智能分析模块生产的各种识别结果，包括人脸高维特征、光学字符识别和读者识别生产的文本信息等，供检索页面进行检索；可视化界面负责面向用户提供检索服务，同时还包括对接前端功能和分离后端接口。

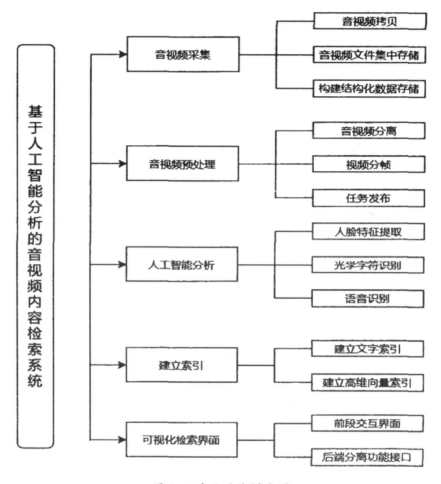

图 2-1 系统功能模块图

（三）数据库表结构设计

基于人工智能分析的音视频内容检索系统，需要在本地数据库进行存储的数据内容主要是，获取到的音视频内容的相关信息、音视频预处理中间产物的相关信息和最终的处理结果等。下文将分两部分介绍本系统的数据库表分类汇总和数据表内容细节。

1. 数据库表分类汇总

这里我们将需要存入结构化数据库的数据分为三类，分别是音视频文件信息、音视频处理中间产物、智能分析处理结果。对应三种数据，我们设计了不同的数据库表类型。如表 2-1 所示。

表 2-1 系统数据库表汇总

类别	表名	描　述
音视频文件信息	videoinfo	记录每个音视频文件的信息，包括音视频文件名称、该文件的唯一标识、所属类型（电视、互联网、自媒体等）、卫视名称、卫视编号、起止时间、该视频文件在硬盘上的路径、访问视频所需的 URL 等数据。
音视频处理中间产物	framinginfo	视频分帧后对应的帧文件压缩包的详细信息，包括视频 ID、压缩包的唯一标识、分帧压缩任务状态、该压缩包的存放的物理地址、分帧耗时、压缩耗时等信息。
	audioinfo	进行音视频分离后的音频文件的详细信息，包括该音频所属视频的 ID、音频文件的唯一标识、音视频分离成功状态、音频文件存放的物理地址、访问所需的 URL、音视频分离开始及结束时间等信息。
智能分析处理结果	faceinfo	对音视频文件进行人脸特征提取的详细信息，包括音视频文件的唯一标识、提取开始及结束时间、从该视频中提取的人脸特征的数量。
	featureinfo	提取到的特征的详细信息，包括该特征的唯一标识、具有该特征人物在画面中的坐标位置，具有该特征人物在视频中出现的帧数（帧数 /25 即为出现的时间）等。
	ocrinfo	针对一个视频文件的字符识别结果的详细信息，包括音视频文件的唯一标识、该视频识别成功状态、该识别任务的起始及结束时间等。

2. 数据表内容细节

下面将对系统中的主要数据表进行详细介绍，以表格的形式展示表中的主要字段含义。

（1）音视频内容信息表

音视频内容采集模块获取到视频后创建的用于记录音视频信息的数据库表结构设计如表 2-2 所示。其中 updatetime 和 videostatus 会在视频完成的某个阶段的处理后更新，表示出最近的更新时间和当前已经处理到了哪个阶段。

表 2-2 音视频内容信息表

字段名	类型	是否主键	字段描述
ID	INT	是	视频唯一标识
datesource	VARCHAR	否	视频内容来源
createtime	DATETIME	否	该条记录的创建时间
updatetime	DATETIME	否	该条记录最近一次的更新时间
channum	VARCHAR	否	视频所属电视台
channame	VARCHAR	否	所属电视台名称
videourl	VARCHAR	否	观看此视频所需的 URL
videopath	VARCHAR	否	该视频文件的物理地址
videostatus	VARCHAR	否	用于表示该视频在系统中已经处理到了哪个步骤

（2）视频分帧信息表

视频分帧信息表主要为音视频预处理模块中的视频分帧子模块使用，视频分帧子模块接收到一个视频文件的分帧任务后，在表中插入信息内容，如表 2-3 所示的数据记录。并在分帧过程中不断更新该条记录的具体内容，实施记录每个分帧任务的处理状态，并记录分帧结果文件的信息。

表 2-3 视频分帧信息表

字段名	类型	是否主键	字段描述
ID	INT	是	要分帧视频的唯一标识
videourl	VARCHAR	否	获取该视频需要使用的 URL
framedir	VARCHAR	否	视频分帧时存放帧文件的物理地址
framezip	VARCHAR	否	分帧完成后压缩包的存放路径
zipurl	VARCHAR	否	人工智能识别模块获取帧文件压缩包所需的 URL
createtime	TIMESTAMP	否	该分帧任务创建的时间
endtime	Timestamp	否	该分帧任务结束的时间

（3）音视频分离信息表

音视频分离信息表的内容与分帧信息表大致相似，如表2-4所示。不过音频文件不需要进行压缩就可以进行传输，所以没有压缩文件这一步骤，而且音频文件只为语音识别模块这一个下游模块生产语料。此表的建表命令与分帧信息表内容大致相似，此处不再罗列。

表2-4 音视频分离信息表

字段名	类型	是否主键	字段描述
ID	INT	是	音视频分离的音视频文件唯一标识
videourl	VARCHAR	否	获取该音视频文件需要使用的 URL
audiodir	VARCHAR	否	音视频分离完成后存放音频文件的物理地址
audiourl	VARCHAR	否	语音识别模块获取音频文件所需的 URL
createtime	TIMESTAMP	否	该音视频分离任务创建的时间
endtime	TIMESTAMP	否	该音视频分离任务结束的时间

（4）人脸特征提取结果表

人脸特征提取表用于记录从某张图片中提取到的一条人脸特征。具体信息包括该特征的唯一标识ID，在 Faiss 中对应的编号，该特征出现的视频、帧号和图像中的坐标等具体信息。人脸特征提取结果表的结构设计如表2-5所示。

表2-5 人脸特征提取结果表

字段名	类型	是否主键	字段描述
ID	INT	是	某个特征向量的唯一标识
ID faiss	INT	否	该条高维特征在 Faiss 中的唯一标识
ID video	INT	否	该特征所在视频的唯一标识
framenum	INT	否	该视频出现的帧数（可以通过帧数计算时间）
location	VARCHAR	否	该特征对应的肖像在图像中的位置
channum	VARCHAR	否	该特征所在视频所属频道的 ID

（四）接口设计

音视频内容检索系统使用者在使用界面进行音视频内容检索并与系统发生交互时，会根据用户的输入内容不同和请求结果不同而访问后端不同的接口。所以后端接口功能根据上述不同进行了详细的划分。

下面介绍所有经划分的后端接口的具体工作流程。

若输入信息为文本信息，要求输出结果为特定人物。此时需要判断输入的文本信息是否是热点人物，如果是热点人物，则可以在 MySQL 中查找已经识别到的该人物出现的事件记录，并根据事件记录的详细内容返回事件中的视频文件和确切时间点给前端页面，以便前端页面直接播放该视频片段。

若输入信息为文本信息，要求输出结果为文本出现的视频画面。此时需要后端接口访问 ES 对输入的文本信息进行检索，然后在字符识别结果的数据库中查找检索结果所对应的音视频文件和具体出现时间返回给前端页面，以便前端页面直接播放该视频片段。

若输入信息为文本信息，要求返回声音中包含输入文本信息内容的音视频画面。此时需要后端接口访问 ES 对输入的文本信息进行检索，然后在语音识别结果的数据库中查找检索结果所对应的音视频文件和具体出现时间返回给前端页面，以便前端页面直接播放该视频片段。

若输入信息为音频信息，要求返回特定人物肖像。此时需要后端接口将输入音频内容发送给语音识别模块，得到语音识别的文本结果，然后判断文本信息是否是热点人物，如果是热点人物，则可以在 MySQL 中查找已经识别到的该人物出现的记录，并根据记录的详细内容返回视频文件和确切时间点给前端页面，以便前端页面直接播放该视频片段。

若输入信息为音频信息，要求返回包含音频内容中出现的文字内容的音视频内容画面。此时需要后端接口将输入音频内容发送给语音识别模块，得到语音识别的文本结果，然后访问 ES 对识别到的文本结果进行检索，在字符识别结果的数据库中查找检索结果所对应的音视频文件和具体出现时间返回给前端页面，以便前端页面直接播放该视频片段。

若输入信息为音频信息，要求返回包含音频内容中出现的文字内容的音视频画面。此时需要后端接口将输入音频内容发送给语音识别模块，得到语音识别的文本结果，然后访问 ES 对输入的文本信息进行检索，在语音识别结果的数据库中查找检索结果所对应的音视频文件和具体出现时间返回给前端页面，以便前端页面直接播放该视频片段。

对于输入图像的返回请求，系统根据交互常识逻辑，只提供肖像检测，也就是只可以返回画面中出现输入图像中人物的音视频内容。此时后端接口需要将输入图片发送给人脸特征提取模块，获得输入图像中的人脸的高维特征索引，然后在高维检索引擎中检索邻近特征，并查看特征数据库，得到该特征对应肖像出现的视频与具体时间返回给前端页面，以便前端页面直接播放该视频片段。

上述接口在实现方式上基本一致，均为 HTTP 接口，使用 Post 和 Get 的方式传递或者获取信息，只是接口传输的具体信息不同。表 2-6 为上述接口的部分清单和接口说明。

表 2-6 前后端分离接口设计表

接口名称	请求方法	接口核心功能
get feature	Post	将包含人脸肖像的图片发送至人脸特征提取模块提供的接口，获得智能识别返回的高维特征。
get video by name	Post	根据人名从数据库中获得已存储的对应人物的高维特征，使用该特征在高维检索引擎中检索得到目标视频的信息，联合数据库查询返回该视频片段。
get video by face	Post	先试用 getfeature 接口获取图片中人物的高维特征，使用该特征在高维检索引擎中检索得到目标视频的信息，联合数据库查询返回该视频片段。
get video by words	Post	使用用户上传的文本内容在 ES 中做文本检索，得到该文本的相关信息，联合数据库查询返回画面或者声音中出现了该文本信息的视频片段。

（五）前端界面设计

基于人工智能分析的音视频内容检索系统的前端页面设计包括两个部分，分别是前端展示界面功能介绍与接口设计。在基于人工智能分析的音视频内容检索系统实现中，需要为音视频内容检索人员设计搜索前端网页来检索已经生成的所有待检索信息。此搜索功能逻辑简单、直接，主要包括上传文本、音频和图像等内容进行检索的动作和通过选中来约束检索条件两方面，所以这一部分的内容较为简洁。

四、音视频内容检索系统详细设计和实现

（一）音视频采集模块详细设计和实现

音视频采集模块是系统的数据源头模块，为整个系统获取处理所需的音视频内容数据，它将这些音视频内容存放在系统的集中硬盘存储空间中的同时还要构建结构化的数据库信息存储。

音视频内容的来源主要由音视频内容监管平台提供，包括全国 2000 多个卫视每天播出的电视节目内容、某几家自媒体平台接受音视频内容监管平台监管的部分自媒体视频内容以及国内十家持证音视频内容门户网站接受音视频内容监管平台监管的部分音视频内容。其中 2000 多个卫视中约有 1000 个卫视每天的电视节目时长只有 12 小时左右，其余时间均为黑屏或者无节目播出。这里从视频源头对卫视及平台的音视频内容进行敏感程度分级，分为极其敏感、较为敏感、普通三个等级，以便人工智能分析模块对不同重要程度的音视频内容动态分配智能识别资源。

其中最为重要的音视频内容类型包括中央电视台的所有卫视频道、全国 31 个省级电视台的综合卫视频道以及自媒体平台和持证音视频门户网站的音视频内容；重要的音视频内容类型包括全国 31 个省级电视台的所有卫视频道和全国所有地级市电视台的综合卫视频道中的音视频播放内容；剩余的卫视视频被分作一般类别。

1. 音视频内容采集

图 2-2 中的内容表示了音视频采集模块从外界的 Oracle 视频数据库同步视频内容信息，并在系统内部建立的 MySQL 数据库中插入此条视频信息记录的全过程。在读取 Oracle 的某条数据记录时，音视频采集模块会首先判断是否已经将此条视频的信息记录同步，再进行下一步操作，以免重复同步。然后通过数据记录中的音视频信息中的 URL 下载外界视频文件存储中的音视频文件。下载完成后，需要在数据库中记录该视频文件存放的具体地址，包括服务器 IP、磁盘绝

对路径，还要对该视频建立 URL 代理，以便下游获取该视频并进行接下来的处理。完成上述流程后，程序会循环采集新的数据记录，如果暂时没有可采集的数据记录，程序会休眠十分钟后重新开始采集。整个采集程序封装在 Docker 中，由 Kubernetes 自动化部署运行，在整个服务器集群中约有 10 台服务器音视频采集模块的工作。

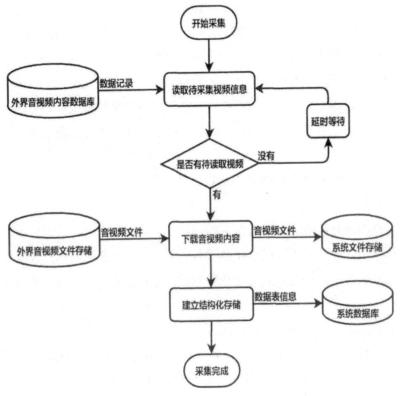

图 2-2 音视频采集模块流程图

2. 音视频内容采集功能

音视频内容采集功能主要负责从音视频内容池中获取音视频内容，在程序运行的集群网络内建立本地硬盘存储和结构化数据内容给下游模块使用，同时监控每个音视频内容的使用和处理情况，根据监控结果定期删除已经处理完毕的音视频文件内容。

Video Administrator 类用于初始化音视频文件管理过程中所需创建的主要类，它获取待下载的音视频文件信息给这些类进行下载、监控等。例如 Video Get 类被创建时，会获得待下载的音视频文件的信息，根据具体情况的不同，系统使用该类中的 Copy Video 或者 Download Video 方法将信息中包含的音视频文件内容拷贝或下载到系统本地，建立数据库存储后将音视频内容信息发送给音视频预处理模块 Video Processor，音视频预处理模块通过 Get Video Frame 和 Get Audio 等操作获得帧文件和音频文件，并在数据库中修改音视频处理状态。完成上述的处理后，Video Monitor 会根据音视频处理状态来判断每条数据记录对应的音视频文件是否需要删除。

（二）音视频预处理模块的详细设计和实现

人工智能分析模块进行人工智能分析的语料只能是图片内容或者音频内容这样单一的输入，整体的音视频内容并不能直接被使用，所以需要音视频预处理模块将音视频内容分解成音频文件和视频帧图片，再分配给各个人工智能分析的子模块进行人工智能分析。其中，人脸特征提取模块和字符识别模块需要图片内容来进行分析识别，语音识别模块需要音频文件信息进行语音内容识别。在经过音视频预处理后，使用 NSQ 这一消息队列组件，将不同的任务发送至不同的 Topic 中供识别模块使用，这样既解决了任务发放的问题，又避免了多服务器重复识别的问题。

1. 音视频预处理模块工作流程

音视频预处理模块的流程设计如图 2-2 所示。首先音视频预处理模块从系统音视频信息数据库中获得采集模块已经生成好且未经过预处理的音视频文件的记录信息；然后根据记录信息中的 URL 从音视频存储地点下载音视频文件内容到服务器本地；之后使用 FFMpeg 这一工具对音视频文件先后进行音视频分离和视频分帧，并对帧文件进行打包，将音频文件和压缩包都放到系统指定的存储地点并设计 URL 代理，供下游下载使用；最后将下游三个分析识别模块各自的任务信息分别存放至该模块对应的 Topic 中，供下游取走识别任务。

2. 音视频预处理模块功能详述

音视频预处理模块功能。其中 Video Processor 类用于初始化音视频文件预处理所用到的主要类，包括 Audio Getor 和 Frame Getor，其中 Audio Getor 负责从原始音视频文件中提取音频信息，Frame Getor 负责从原始音视频文件中提取帧文件信息，然后由 Task Announcer 获取上述语料信息形成识别任务，分别给 Face Recognizer、Word Recognizer 和 Voice Recognizer 做人脸识别、文字识别和语音识别并将结果使用各自的 Writer 方法储存到对应的搜索引擎当中。这里的类图中已经介绍了人工智能识别模块的大致功能，所以不再对功能和类图进行赘述。

3. NSQ 消息队列存取实现

使用 Docker 部署 NSQ 消息队列服务，同样由 Kubernetes 进行部署与维护。NSQ 服务启动后可以通过其自带的前端视图工具监视不同消息队列中各自的详细数据。Python 提供了成熟的 NSQ 工具包来进行消息队列的内容读写。同时 NSQ 还解决了可能存在的消息重复访问问题，并且 NSQ 还提供了不同频道和不同主题的消息传递情况的监控界面。

（三）人工智能分析模块详细设计和实现

人工智能分析模块是音视频内容检索系统的核心模块之一。人工智能分析模块的三个子模块都使用了极为成熟的深度学习模型，其在百万级别的开源数据集上进行过多轮次的训练。

接下来首先介绍人工智能分析模块的整体工作流程，再分别详细介绍三个子模块的深度学习模型的工作原理和具体训练过程。

1. 模块流程设计

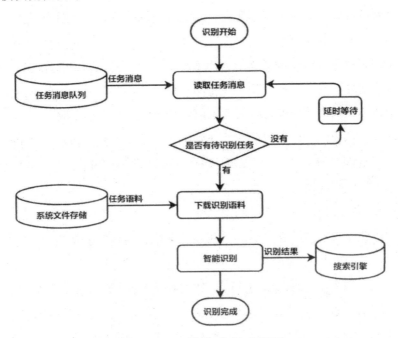

图 2-3 人工智能分析流程图

如图 2-3 所示，系统核心分析模块的三个子模块分别是人脸特征提取模块、字符识别模块和语音识别模块。三个子模块从各自的任务消息队列中获得分析任务的具体信息，通过其中的 URL 等信息获取要处理的任务文件内容，进行识别分析后将分析结果存储到相应的搜索引擎当中，供检索使用。

2. 人脸特征提取模型详解

人脸特征提取一共分为两个步骤：首先要识别到图片内容中的肖像部分并落实成横纵坐标，这一步骤称为目标检测；然后再针对坐标范围内的肖像部分进行人脸特征提取。这两部分需要不同的神经网络模型来完成。在目标检测部分，InsightFace 从一开始使用 MT-CNN(Multi-task-Convolutional Neural Network）现在使用 RetainFace，后者在速度和精度上都有比较大的提升，在大角度（倒转、侧脸、仰俯）变换下人脸下坐标的准确性表现都更加出色。该算法增加了一个自监督网格解码器分支与现有的受控分支并行的预测像素三维形状的面部信息，从而更好地针对人脸的凹凸特征进行目标检测。在特征提取方面，InsightFace 相较于之前的人脸识别算法最大的进步是使用了 ArcFace 作为损失函数。ArcFace 对特征向量和权重进行归一化，使得肖像的相似程度与特征在高维空间内的距离关系更加紧密，而且 ArcFace 的损失计算公式并不复杂，在实际应用到神经网络的训练时不会降低性能，且易于编程实现，对提升训练效率有较好的作用。

3. 字符识别模型详解

字符识别也和人脸识别一样分为两个步骤：首先要识别到图片内容中的文字部分并落实成横纵坐标，这一步骤被称为目标检测；然后对坐标范围内的图像内容进行字符识别提取。这两部分需要不同的神经网络模型来完成。

目前，目标检测的发展已经相当成熟。无论是人脸特征提取还是字符识别，都需要使用目标检测手段，前者需要检测待提取特征的人脸肖像，后者需要检测待识别的文字内容区域。

目标检测算法提取到图像中的文本框后，就需要字符识别算法从框出来的图像内容中提取文本信息。在基于人工智能的音视频内容检索系统中，使用 CRNN 这一神经网络结构对图像中的文字内容进行特征提取并将其一维化，之后使用 CTC 对 CRNN 输出的一维结果进行文字内容序列的预测。由于字符识别的任务是将二维图像中的字符信息提取出来，这一任务既适合使用计算机视觉常用的 CNN(Convolutional Neural Network）卷积神经网络模型进行特征提取，又适合使用自然语言处理常用的 RNN(Recurrent Neural Network）循环神经网络模型进行语义关联分析，所以 CRNN 这一神经网络结构应运而生，成为字符识别常用的神经网络结构。CRNN 的 CNN 结构采用的是 VGG 的结构，并且对 VGG 网络做了一些微调，因为 CNN 部分最终的训练结果需要导入 RNN 部分，所以要求 CNN 部分的输出必须是一维的，故将 VGG 原本后两个最大池化层的池化大小从 2×2 修改

为 2×1 来增加特征图的宽度。

在 CNN 部分结束后，特征图被一维化，传输到 RNN 部分。为了防止 RNN 部分在训练过程中出现梯度弥散，CRNN 采用了 LSTM128J 这种变形的 RNN 结构。

4.语音识别模块

本文介绍的语言识别模型版本为微信智聆语音识别系统。智聆语音识别系统提供了语音识别的核心功能：向识别服务提供的接口发送一段语音文件，接口返回语音内容中的文本信息。

在这一核心内容的基础上，微信智能语音识别系统使用 Python 开发了语音识别模块的其他功能，包括从消息队列中读取任务、将音频内容发送给识别接口、接受识别结果并存入搜索引擎等功能。

（四）搜索引擎模块的详细设计与实现

1. ES（Elastic Search）详细技术实现

ES 这一文本检索引擎的实现文本内容检索和核心原理是倒排索引。倒排索引已成为现代搜索引擎核心技术的基石，其在极短的时间内，把目标内容从海量文本中查找出来，是文本内容检索的核心技术。利用上述技术，就可以实现与原始待检索文本数量大小基本无关的检索，这一点对搜索引擎技术是至关重要的。

ES 之所以能快速建立索引和进行检索还因为它的 Lucene 内核。Lucene 是由阿帕奇公司开发的开源全文检索引擎工具架构。这一搜索引擎架构提供多种索引方式，其中包括基于索引构建的内容查询技术和基于文本内容的查询方式。之前的文本搜索引擎实现较为简单，只使用了传统的语言文本内容去建立索引，完成检索过程。Lucene 增加了内容上的分区索引，对每一个需要建立索引的文本文件都进行细化分区，对于每一个分块都建立更小的文件索引。同时，Lucene 还实现了上述索引方式与一般的索引方式的联合检索。上述技术既解决了大规模文本内容检索中的低效率问题，又在一定程度上实现了检索的准确。同时，Lucene 还设计了基于 HTTP 的接口，最大程度上开放了访问方式的便利性，支持了各种端的使用，使用者也可以通过调用文本分析的接口来开发其对各种新的语言和文件格式的支持。基于以上原因，ES 实现了海量内容的快速检索。

为了便于部署和集中管理，我们对于 ES 工具的使用进行了镜像化处理，编写了 Dockerfile 来进行 Docker 版本的 ES 自动部署。这样就使得该工具可以像系统中其他模块一样享受 Kubernetes 的集中部署和统一管理。

我们使用 ES 作为文本检索引擎，向人工智能模块提供构建索引的功能，在得到语音识别结果和文字识别结果后，将识别得到的文本信息作为资料输入 ES 中构建文本索引，供前端页面检索使用；同时，ES 为前端页面提供检索服务，前端页面可以通过输入文本信息调用 ES 提供的接口来从索引库中检索相关文本信息，并配合数据库返回该文本信息所出现的具体语境以及该文本在原始视频中出现的具体时间段。

3.Faiss 详细技术实现

Faiss 之所以能够进行高效率的高维向量检索，主要是因为其对一些基础算法提供了十分高效的实现，其中包括 K-meams 聚类算法 1301、PCA 降维算法。Faiss 在进行高维向量检索过程中，最常用的组件有索引 Index、PCA 降维。下面对 Faiss 的常用模块的工作原理进行详细介绍。

（1）索引组件

Faiss 中有两个基础索引类 Index、IndexBinary。针对不同的检索具体场景，Faiss 提供了不同的 Index 封装类，以满足不同场景的检索需求并提高检索效率。

其中 IndexFaltL2 负责进行欧氏距离的暴露穷举检索，是最原始的索引搜索方式，通常也作为其他索引搜索的效率对比基线。IndexFlatIP 在搜索方式上与前者相同，但是负责点积计算，而不是欧式距离计算。

IndexPQ 负责量化，对总体样本进行转化为子空间中心的距离计算。IndexScalarQuantizer 是前者的标准量化方式。

IndexHNSWFlat 实现了分层索引搜索，在小数据集上有着优秀的性能表现。核心原理是使索引搜索的 ID 和 idmap 相关联，实现分层索引搜索。

IndexIVFFlat 则是通过对高维向量空间中的高维向量进行聚类并使用 nllist 划分搜索空间来实现索引的精确检验。IndexIVFPQ 在 IndexIVF 的基础上增加了聚类和量化，一般用大数据集的索引搜索。IndexIVFScalarQuantizer 在前者基础上进行了标准量化。IndexIVFPQR 是 IndexIVFPQ 的优化版本。

（2）PCA 降维组件

PCA 通过降维进行数据压缩，减少内存或者硬盘的占用，同时提高检索速度。为了减少在降维过程中出现的信息丢失，其在降维过程前对原始高维向量进行维度转换。

基于上述的 Faiss 功能组件，我们使用 Faiss 对人脸识别模块构建索引的接口，在人脸识别模块识别得到高维特征向量时，可以通过该接口将向量存放到

Faiss 构建的高维空间并进行特定的处理以便提高检索效率；同时，Faiss 为前端页面提供检索服务，前端页面可以通过输入人物名称、肖像来获取特定人物肖像的高维特征并通过调用 Faiss 提供的接口来从索引库中匹配相似的特征，配合数据库返回该人物出现的具体视频段。

（五）前端展示模块

1.前端展示模块的功能介绍

基于人工智能分析的音视频内容检索系统与人交互的部分全部由前端页面展示来承担，主要功能是输入文本、图像、语音信息输入到相应的搜索引擎中查找搜索结果并展示出来。

其中第一部分首先由用户发起的搜索请求，该请求会经过多次转发后到达 Http 服务器进行匹配 Action，获取实际的 RestAction 处理请求。

第二部分主要是解析 Search 请求的参数，封装成 Search Request 对象后调用搜索客户端执行 Search；然后根据 search type 提供的搜索类型信息向搜索引擎匹配最佳的检索方式；最后通过 Transport Search Type Actiom 调用子类的 execute 方法执行已经选择好的具体的搜索逻辑，完成后将搜索结果返回给用户。

第三章　互联网时代的传播

第一节 互联网背景下的新型国家传播方式

一、互联网信息传播特点

传播是一种社会行为，主要是由人传递、交流信息的一种方式，本质是通过传递社会信息，确保社会信息系统的持续运行，其主要涉及四方面内容，分别是人与人的内向传播、人际传播、组织传播和大众传播。随着社会的快速发展，信息传播效率也在不断提高，尤其在获取和使用信息的同时，人类社会取得了很大进步，在文字诞生后，生活经验和相关文化得以有效传承和保存。例如，人类通过甲骨文能够更好地了解远古时期的人类文明，通过竹简能够减少文字载体成本的有效投入，在春秋战国时期出现学富五车、满腹经纶之后，大家对这一时期的历史有了更加深刻的了解。另外，在造纸术出现之后，飞鸽传书诞生，纸张为人类阅读和传播书籍提供了很大便利。20世纪90年代初，互联网在美国得以发展，这标志着人类文明进入新的发展时期。互联网传播不同于传统的媒体传播模式，它的传播开拓了人类信息传播的崭新空间。具体而言，互联网传播具有如下基本特征。

（一）兼容性

在以前的信息传播过程中，人际传播和大众传播是有所不同的，具有一定的局限性，例如，电话属于人际交往媒介、电视属于大众传播媒介。人际传播的互动性比较强，是点对点传播的方式；大众传播是单向发送的，很难及时反馈实际信息，是点对面传播的方式。互联网技术将不同的传播模式进行了有效融合，实现了人际传播和大众传播之间的有效结合，大家不仅可以通过电子邮件、QQ进行一对一的交流，还可以在遇到重大事件的情况下，通过网络平台进行信息互动。因此，互联网属于信息传播工具，使人际传播和大众传播之间的界限更加模糊，并为提供了广阔、自由的信息交流平台。

（二）数字化

在过去的信息传播工作中，面对面交流、两地之间的电话和书信，以及文字图片、声音和图像都采用模拟形式，各个信息形式之间很难进行相互转变，但是，通过计算机技术，网络传播的信息都具有数字化特点，各个信息形式都能够进行有效转化。将数字技术应用到信息采集、传送、制作、发布、管理和查询全过程中，在很大程度上提高了工作的整体效率。另外，很多现代化技术设备，如电脑、数码相机、数码摄像机和音频工作站等能够改变传统的媒体工作形式，大家可以通过互联网及时发布信息，为信息传送和存储提供了便利，提高了信息传播的整体效率。

（三）交互性

在互联网传播过程中，交互性是主要特征之一，突出了网络传播和传统大众传播的本质区别。在过去的大众传播工作中，人们普遍通过少数人获取信息来源，但在媒体制作的过程中，信息会不断向公众进行传播。信息流向具有单向性特点，往往会由媒介单独掌控主动权，受众也可以反馈，但反馈内容不够充分，反馈效率不高。与传媒发送的庞大信息流进行对比，受众反馈微乎其微。由于传播具有单向性特点，导致传媒的强势地位和受众之间的矛盾更加突出，这时受众极易受到传媒的操控，必须通过网络技术改善这一不平衡的现象，为受众提供更多平等传播的渠道，这样受众就可以更好地接受、传播和发布有关信息。在互联网中，很多职业传播人员会借助论坛等方式，在文章的最后设置讨论区，大家可以对文章内容进行探讨，这样既能够实现媒体和受众之间的有效交流，还可以确保受众信息的交流和传播。这种方式和传统媒体相比有所不同，其中的传播者和受众者、受众者和受众者之间的交流更加及时、充分、广泛，受众者既能够自主获取信息，又可以积极参与创造信息的活动，在双向互动的同时，信息形态是由传播者和受众者双方共同决定的。但是，在这一情况下，受众者这一词汇会比较可疑，其主要原因是传统受众相对分散，具有个性化特点，且受众者会变成传播者，双方在交互过程中无法判断谁是主动方、谁是被动方。因此，大家更加喜欢通过网民这种词汇代替传统的受众者这种词汇。

（四）多媒体

从传播方式角度进行分析，传统的媒体传播方式是单一的媒体形式，而互联网传播方式是多媒体形式。很多书信、传真和报纸等会以文字、图片方式传递信息，电话和广播会以声音形式传递信息，电视将声音、影像进行了融合，但无法进行定格、回放和重播，而在互联网中，用户不仅可以获取文字报道的时事新闻，还可以看到很多生动的摄像图片，不仅可以边工作，边听广播，还可以观看精彩的视频画面，多种媒体形式结合用户需求进行自由转换，并随时随地完成定格、回放和打印等，在这一过程中受众者自由决定接受信息的形式，网络传播为大家带来了很多自由。

（五）时效性

在网络传播过程中，时效性特点具体体现在以下两方面：第一，及时性。在过去的媒体行业发展过程中，媒介受出版周期、播出时段等局限性的影响，很难确保信息传播的时效性。过去的新闻指的是针对新近发生的事实进行报道，但在互联网时代，新闻的定义是针对正在发生的事实进行报道，通过数字化传播手段能够实时发布网络信息，无需繁杂的内容制作过程，可以即时传送、随时刷新这些信息。第二，即时性。在网络传播过程中，相关人员会将即时性叫作延时性，正如电话留言、录像机对人的解放一样，互联网传播不会强迫用户在指定时间接受信息，用户可以根据自己的时间通过互联网检查邮箱和留言等信息，还可以在网上查询、阅读时事新闻。信息会在网上等候用户，只有当用户需要的时候，它们才来到用户面前。和传统媒介顺序播出、过时不候的传送方式相比，显然，传播权再次从传播者手中转移到了接受者手中。

（六）大容量

从传播容量角度进行分析，传统媒介传播内容具有一定的局限性，即使在报纸扩版、广播电视增加频道的基础上，承载的内容也有限，且扩版和增加频道都会受到资金等因素的影响。但是，在互联网时代，互联网中的资源和信息能够共享，充斥着海量信息，这些丰富的信息是传统媒介很难比拟的。例如，在互联网中输入关键词就能够搜索出成千上万条信息。因此，在现代社会的发展过程中，信息匮乏已转变成信息过剩。

（七）联想性

在过去的媒体发展中，信息是相互独立存在的，信息和信息之间的联系不够密切，大家很难做到单纯通过一篇报道查询与主题相关的报道，一般版面和版面、节目和节目之间的联系都具有物理性、线性等特点。但互联网传播的信息往往会被精心结构化，信息和信息之间有一定的逻辑关系，结合信息之间的联系，可以通过超链接构建成信息网络，各个信息都是网络中的节点，结合任何一个节点都可以获取与之相关的其他节点，这就使信息和信息之间的联系日益密切，为更好地挖掘信息提供了支持。从某种意义上说，网络信息的这种结构方式也改变了人们看待事物的方式，让人们更多地从联系的观点、全面的观点出发来看问题。

（八）个性化

从传播对象角度进行分析，过去媒介会被同一化的大众影响，但互联网面对的是单个的独立个体，传统媒介结合编辑的意见，能够针对信息的生产和发送进行合理安排，受众是统计学中意义中的数字，受众的兴趣爱好和个性特点都会被有效整合、忽视和隐匿。在互联网时代，个体被重视，大众传媒的本质是发送和接受耕读个性化信息，个性化交流已成为一种发展潮流，受者不仅是媒介，直接决定着哪些内容是重要的、哪些内容是不重要的，还可以决定在任何时间通过何种方式接收更多不同类型的信息，传播者可以结合用户的兴趣和实际需求，将信息制作成个性化报纸，按时发送到用户的电子邮箱中。并且，在视频点播的过程中，用户不会受电视节目播出时间的影响，可以随时随地打开电脑观看电视、点播节目，还可以随时暂停、回放和复制这些内容。在生产信息的过程中，受者的兴趣爱好和个性特点会得到一定的关注，传播者通过网络可以结合受众的实际情况播放更多满足其要求的信息。并且，互联网提供的个性化服务，创设了多元化空间，这是传统媒体整合难以达到的目标。

（九）全球性

从传播空间范围角度进行分析，传统媒介极易受技术条件的影响，这些影响具有区域性特点，而互联网能够不受空间的影响，在全球范围内实现互动、交流。在大众传播的发展过程中，相关人员的研究重点普遍是突破传播空间，促使信息向更深入的方向进行传播，但报纸的纸张载体具有一定的局限性，广播电视受发射频率的影响，传播空间很难从根本上得以突破。在卫星电视时代，为了促进电视节目的全球传播，必须深入分析政府部门从安全角度对信号落地等因素进行考虑，但在互联网时代，大家发布的信息都能够快速到达联网的电脑终端，实现了地球村的目标。在传统媒介的发展过程中，中央政府、省级政府和地市级政府部门的划分缺乏一定意义，从理论角度进行分析，信息发布者是平等的，很多声誉好、可信度高的媒体都能够得到受众的广泛欢迎，其影响力会持续扩大和增强。在人际交往的过程中，互联网促使大家的交往空间不断拓展，通过互联网能够实现和物理空间以外的人进行交往，赋予了大家更多宏观思路和开放眼光。

（十）开放性

在过去的社会发展中，只有少部分精英具有一定的话语权，普通老百姓往往会被排除在话语权之外，受众处于被动位置。传统媒介极易受利益集团的影响，传播内容具有一定的局限性。但是，在互联网时代，互联网中的各个节点都能够通向其他节点，具有无数条路径。通过分析现代互联网信息，会涉及各个领域的各种信息，这些信息不仅有国际贸易方面的，还有私人交往方面的，等等。但是，互联网很难针对隐蔽的传播者进行有效管理和限制，导致互联网逐渐发展成大家畅所欲言的"自由市场"，为大家说话提供了更多自由发挥的空间，在这一背景下受众会接收到一些接近事实的真相，但也会有人滥用传播自由，传递很多不良信息，为大家获取信息带来了更多的难题和更多的成本。

二、互联网信息传播的方式

在互联网时代的信息传播过程中，传播速度很快、所需成本相对较低，还能够实现远距离传输、信息保存时间比较长的目标，与过去的传播媒介有所不同，下面重点介绍互联网信息传播方式。

（一）门户网站

20世纪90年代初期，互联网信息主要通过网页形式进行传播，如新闻网站和企业宣传页等。1994年4月，杨致远在美国创办了雅虎互联网导航指南网站，随后雅虎门户网站逐渐做强做大，这一网站模式在全球各个地区得到了广泛发展，如我国的新浪、搜狐等网站应运而生，并取得了良好的成果。这些网站中的门户信息内容是经过精挑细选的，过去的媒体和机构中的优质信息在门户网站中被越来越多的用户阅读，形成了品牌效应，用户可以一站式得到很多信息服务，比如，新闻资讯、电子邮件、网站导航、搜索、博客等服务和产品。门户网站的成功与个人电脑时代密切相关，能满足人们大部分信息交流和获取的需求，门户网站主要是一种大众传播。

（二）搜索引擎

在互联网时代，海量信息充斥着我们的生活，大家从海量信息中快速获取有用信息的难度在持续增加，这就促使搜索引擎应运而生。搜索引擎通过引用页面内容，计算网页的重要度，为用户推荐更多高质量的网页，如网络爬虫技术、检索排序技术、网页处理技术等都能够为用户提供相对精准的内容，大家通过搜索引擎获取信息，能够减少时间和成本的投入，其在查找知识、获取信息、学习研究过程中发挥着重要作用，使用户能够快速获取相关领域的知识，这样大家就无需记忆更多的知识，可以将搜索引擎作为拓展自身智力的关键内容，改变传统的重复脑力劳动的弊端，大家只需要通过简单的搜索就可以获取更多信息，在很大程度上提高了获取信息的效率，为信息的有效传播提供支持。

（三）社交媒体

在 Facebook 出现以后，互联网在社交媒体中的作用逐渐显现出来，微博和微信等应运而生，大家关注公众号可以获取更多信息，信息传播方式也呈现出多样化的特点。用户通过微博能够直接获取信息，还可以通过微信公众号直接获取推送的信息，社交关系的信任度不断提高，大家之间的联系也更加密切。在社群中，大家沟通和传播消息的效率在不断提高，人们通过感兴趣的社交方式，能够实时获取自己关注的信息。例如，微博是我国新闻事件发酵时间最快、传播最迅速的媒介方式之一，涌现了很多自媒体，在一定程度上减少了传播成本的投入，让很多"大V"名人，方便快捷地发布信息，被社会关注，跟"粉丝"方便交流沟通。用户在微博上认识志同道合的朋友，跟志趣相投的朋友一起讨论学习。微博在中国有着很高的社会价值，大大方便了人与人之间的沟通交流。

（四）垂直化社区或媒体

随着社会的快速发展，社会分工日益细化，大家对信息内容的质量提出了更高的要求。在垂直化社区、媒体或专业人服务领域，信息价值传播越来越快，如知乎、虎扑等，信息获取和服务消费是同时存在的，信息变现方式更加直接。知乎作为垂直知识问答平台，其 CEO（首席执行官）在某对话节目中说过，知乎最重要的是沉淀知识。垂直化社区或媒体在很大程度上满足了用户的个性化需求，能够提供更多精准服务，所以在互联网信息传播领域起着越来越重要的作用。

（五）推荐引擎

目前，今日头条、抖音等平台的用户数量持续增加，这些平台自身不会生产内容，其主要通过吸引大量优质创作者，通过算法、数据挖掘技术的应用，为用户提供精准的内容，结合用户的地理位置、兴趣爱好等，借助大量数据和机器学习算法实现精准推荐的预期目标。例如，今日头条与创作者的广告利益分享计划，在很大程度上激发了创作者的创作积极性，通过高水平的创作和运营管理，创作者创作出优质的精品内容，这些内容在推荐引擎的基础上推动着今日头条和抖音的发展，同时很多"草根""网红"也在这些平台中得到了发展，并向用户传播了大量的知识和正能量内容，促使社会活力和创造力得到了不断激发。平日通过推荐引擎方式有助于用户更好地获取信息和内容，尤其在海量内容时代，推荐引擎有很大的优势，用户不用费时费力挑选，只用观看和欣赏就行，在娱乐、碎片时间消费等领域，推荐引擎有着很强的优势。

三、基于互联网的新型国家传播方式应用的意义

（一）互联网带来传播格局变化

18世纪以来，人类经历了三次工业革命，每次工业革命都会推动社会的进步和发展，并针对现有的信息传播进行优化、改革。第一次工业革命的发展标志是发明了蒸汽机，蒸汽直接推动着蒸汽印刷机的出现，报纸印刷效率也得到了进一步提高，人类进入大众化报纸时代；第二次工业革命的发展标志是发明了电，电力促使广播和电视的出现，使传播格局发生了很大变化；第三次工业革命的发展标志是电子计算机的发明，尤其在互联网发展过程中，第三次工业革命开始进入发展高潮，互联网直接影响着报刊、广播和电视的发展，在很大程度上优化了人类信息生产、信息流通和信息接收等方式。

在互联网时代，传媒行业发生了很大的改变，具体体现在以下方面：第一，传播主体呈现出大众化、多元化的特点。在传统的媒体发展过程中，信息主要由政府部门、社会团体和企事业单位提供，职业新闻工作人员和准新闻工作通信人员采集并发布新闻信息。在社会化媒体发展过程中，信息传播主体和信源结构是持续变化的，人民群众不仅能够接收信息，还可以提供和发布更多信息。第二，传播渠道呈现出双向互动性特点，用户能够及时反馈传播者的相关行为。第三，用户呈现出参与性和分享性特点。用户直接参与内容的生产，大家针对相关内容进行互动和分享。第四，在互联网时代，互联网技术已在人民群众的日常生活中得到了广泛应用，尤其是移动互联网已逐渐融入大家生产、生活的各个方面，随时随地使用互联网应用逐渐发展成现代人习惯的主要生活方式。

（二）创新国家传播理念

在互联网时代，为了适应传播格局的变化情况，我们必须及时优化并创新传播理念，重点是保持思想的敏锐性和开放性，改变过去的思维定式，用新型思想认识国家传播理念。在传媒行业的长期发展过程中，报刊、广播和电视作为传统媒体，为党和政府与人民群众沟通和交流信息提供了重要支持。但是，在网络时代，国家应该改变传统思维定式，加强对互联网传播平台的应用，及时优化并调整传播价值，促使传播模式由权力型向权利型转变。因此，在现代社会的发展中，国家传播应将公权力作为基础，应认识到大家都是现代社会的传播者，传播主体逐渐由权本位向民本位转型，相关部门应注重受众的感受，更加尊重受众的知情权、表达权和监督权，为信息更好地进行传播提供支持。

（三）优化传播方式方法

现代国家在传播过程中，不仅要及时创新传播理念，又要引进更多现代化的传播方式和方法，如通过讲故事的方式，从根本上提高传播的整体效果。在移动互联网快速发展的过程中，碎片化信息充斥着人民群众的生活，其中会涉及很多枯燥、乏味的信息内容，大家在接收这些内容时会感觉比较枯燥，这时国家传播可以通过生动、趣味性的故事，吸引大家的注意力，尤其是很多地区、种族、意识形态的群体都存在很大差异，通过讲故事的方式能够使国家和群众建立起更好的联系，使大家的心灵距离越来越近。例如，在国家对外传播过程中，通过讲故事的形式，讲述国与国交往的故事，能够吸引受众，使其产生情感共鸣，促进信息传播的有效性。因此，为了讲好中国故事、传播中国声音，必须实事求是，更好地应用中国话语，从中国视角出发，以广阔的世界眼光，呈现出真实、多元、立体、全面的中国。在现代互联网发展过程中，传统主流媒体的相关体制机制在不断优化、创新，创新和新媒体内容、渠道、平台、经营和管理的有效融合，直接推动着国家传播能力的不断提高。

在新媒体的发展过程中，相关人员需要及时优化并创新媒体传播方式，通过应用新技术推动传播格局的变化，尤其在新形势下，国家传播必须与时俱进，更好地应用新技术。第一，严格遵循移动优先原则。传统主流媒体通过移动传播平台，将舆论引导、思想引领、文化传承和服务人民作为信息传播的制高点。目前，互联网传播呈现出移动化、社交化和视频化的发展趋势，国家传播应结合这一变化，通过移动策略深入社交平台，将文字、视频和音频进行融合，构建现代化传播模式，为用户提供更多直观的信息内容，使用户更好地使用信息。第二，在新闻采集、生产、分发、接收和反馈全过程中，应该充分应用人工智能技术，更好地传播各项信息。在互联网时代，人工智能得到了快速发展，直接推动着第四次工业革命的发展，人工智能技术在很多领域都得到了有效应用，尤其在新一代信息技术、新能源和新交通技术等方面发挥着重要作用，因而，新一代信息技术与未来传播领域的发展息息相关。现阶段，在信息传播的过程中，人工智能技术重点通过大数据、云计算和算法等技术，为信息采集、新闻写作和新闻分发提供支持。总体来说，在社会管理和控制的过程中，国家传播具有重要作用，在社会和谐稳定方面发挥着重要作用。互联网的发展不仅改变了过去的传播格局，还为传统传播方式带来了更多的挑战，国家传播必须针对传播理念、传播方式进行优化，不断强化互联网思维，促进媒体融合的深度发展，更好地适应智能化媒体时代的发展，改善用户的信息接收方式，突出用户在信息传播中的主体地位，为实现中华民族伟大复兴的中国梦提供精神支持和舆论支持。

第二节 "互联网"时代的传播规制

与发达国家相比，我国互联网发展起步相对较晚，互联网规制的研究和实施时间是从 20 世纪 90 年代末开始的，发展时间还比较短。在现代社会发展过程中，国家和政府部门将发展重点放在了构建服务型政府、管理型政府方面，尤其在互联网技术的应用和发展过程中，经济发展、政府体制受到了一定的影响，互联网技术在社会变革方面发挥着重要作用，必须采取有效措施不断提高网络管理水平。在多年的努力和探索过程中，我国构建了以立法为主、自律和技术为辅的网络管理格局，国家结合互联网管理制定的相关法律法规、司法解释和规范性文件已有 80 多部，为互联网的健康发展提供了法律依据。

一、 互联网管理理念

（一）重视互联网对社会带来的影响

目前，互联网在人民群众日常生活、生产中的重要性逐渐显现出来，党和国家领导人很早就认识到了互联网在社会发展中的影响。2004 年十六届四中全会通过了《中共中央关于加强党的执政能力建设的决定》，并提出要加强对互联网等新型媒体为社会舆论影响的重视，从法律、行政、行业、技术等方面建立有效保障，构建完善的管理制度，积极建设高素质的互联网宣传队伍，提高网络正面舆论的整体水平。中共中央于 2007 年 4 月 23 日召开了相关会议，会议重点是青少年体育和网络文化建设，大力建设网络文化，进一步强化网络文化建设和管理力度，充分发挥出互联网在社会主义文化建设中的关键作用，全面提高思想道德素养和科学文化素质。因此，党和国家领导人深入分析了互联网对社会带来的深刻影响，尤其是舆论影响，具体体现在国家文化建设、民族道德素养和科学素养等方面。但是，我们也要深入分析互联网带来的负面影响，必须加强对网络舆论的重视和引导，突出互联网在社会舆论中的关键作用。

（二）我国对互联网的管理做法是国际通行做法

在意识到互联网对国家、社会发展产生的巨大影响的同时，党和国家领导人也越来越重视网络管理工作，并针对网络文化建设和管理提出了以下要求：第一，坚持社会主义先进文化的发展方向；第二，注重网络文化产品和服务的有效供给，确保网络文化产业发展的规模化、专业化；第三，强化网络思想舆论阵地建设力度；第四，构建良好的网络环境，倡导人民群众文明上网、文明办网；第五，强化管理的合法性、科学性和有效性。在互联网管理过程中，党和国家领导人进行了准确定位，既要以自我管理作为主导，又要吸取发达国家的经验，我国的管理模式完全符合现代国际的通行做法，其在明确国家规制政策和模式方面发挥着重要作用。总体来说，我国的网络管理和国际互联网管理之间的联系十分密切，满足了网络发展规律和实际要求。政府部门在管理互联网的过程中，必须注重网民声音构成的舆论和政府监督，从而实现依法管理、科学管理和有效管理的预期目标。

二、法治管理框架

我国互联网管理的主要规制是利用网络立法进行管理，由于互联网对社会发展带来了深刻的影响，国家针对互联网构建的相关法律法规也在持续增加。在我国互联网立法过程中，立法主体具体体现在三大层面：第一层面是全国人民代表大会及其常务委员会制定并通过的法律，这是位阶最高的立法；第二层面是国务院制定并通过的行政法规，此类法规也具有相当的约束力；第三层面是有关业务主管部门制定的行政规章，比如公安部、国家卫生健康委员会、国家广播电视总局出台的规章制度。与前两个层面进行比较我们发现，第三个层面制定了具有行业性和针对性的内容，但国家还未制定较为完善、专业的互联网规制法律，普遍通过制定单项法律和行政法规的形式调整互联网的运行。目前，我国出台和发布的互联网法律法规和政策越来越多，涉及互联网发展的很多领域，并构成了互联网规制的法治框架。

（一）对网络登载内容的管理

在互联网发展之初，网民的人数远没有现在这么多，互联网的应用也没有现在这样多元，主要以新闻网站、BBS 和聊天室为主，因此，对互联网的内容管理也主要针对这几项应用。2000 年 9 月 25 日，国务院出台了《互联网信息服务管理办法》；同年 11 月 6 日，信息产业部出台了《互联网电子公告服务管理规定》；同样在 11 月 6 日，国务院新闻办公室和信息产业部出台了《互联网站从事登载新闻业务管理暂行规定》。这"两规一办法"为我国互联网发展初期的内容管理打下了基础，构成了网络内容管理的基本法规框架。

1.《互联网信息服务管理办法》（以下简称《办法》）

《办法》中，把互联网信息服务分为经营性和非经营性两类，《办法》主要规定了对经营性互联网信息服务实行许可制度，对非经营性互联网信息服务实行备案制度。

2.《互联网电子公告服务管理规定》（以下简称《规定》）

《规定》于 2000 年 11 月 6 日由信息产业部发布，主要是为了规范 BBS 论坛、聊天室、网络空间。《规定》将电子公告定义为互联网上的电子布告牌、电子白板、电子论坛、网络聊天室、留言板等，该规定比较全面地概括了当时的主要电子公告类别。

3.《互联网站从事登载新闻业务管理暂行规定》（以下简称《规定》）

该《规定》由国新办和信息产业部联合发布，该《规定》是重点针对互联网新闻业务的开展而制定的，可以说，该《规定》是真正把互联网当作一种新闻媒体看待和治理的体现。此处的"登载"包括互联网新闻发布和转载两种行为。同时明确规定，国务院新闻办公室负责全国互联网站从事登载新闻业务的管理工作。

《规定》首先对从事互联网新闻业务的主体资格进行了确立，"中央新闻单位、中央国家机关各部门新闻单位以及省、自治区、直辖市和省、自治区人民政府所在地的市直属新闻单位依法建立的互联网站，经批准可以从事登载新闻业务"。

4.《互联网新闻信息服务管理规定》（以下简称《规定》）

2005 年 9 月 25 日，在《互联网站从事登载新闻业务管理暂行规定》的基础上，国务院新闻办和信息产业部再次联合发布了《互联网新闻信息服务管理规定》。之所以重新出台这样一个《规定》，一方面是因为互联网的快速发展已经使原有的《规定》不能适应新的时代，另一方面是在几年的实践中总结了大量的经验，将其更好地纳入互联网管理中成为必要之举。

（二）网络著作权保护

在互联网传播中，知识产权和人格权是数量最多、频率最高的侵权对象。我国很早就关注到了侵犯网络著作权的问题，截止到目前，我国已经发布了一系列的规章，以保护著作权人的合法权利，形成了我国网络著作权保护的基本框架。

在已经制定的法规中，主要包括《计算机软件著作权登记办法》《国家版权局关于不得使用非法复制的计算机软件的通知》《关于制作数字化制品的著作权规定》《互联网站从事登载新闻业务管理暂行规定》《互联网文化管理暂行规定》《信息网络传播权保护条例》《电子出版物管理规定》《互联网著作权行政保护办法》等。

（三）对互联网音视频内容的管理

随着信息技术的发展，音视频已经成为互联网应用的主要功能。根据 2011 年 1 月 CNNIC 发布的互联网调查统计报告，"网络音乐"和"网络视频"的用户规模分别达到 3.6 亿和 2.8 亿，使用率分别达到 79.2% 和 62.1%，在使用率排名中分别位列第 2 和第 7 位。因此，对于音视频内容进行管理是网络发展的重要一项。我国在不同时期针对网络视听节目出台了一系列政策法规，对于加强音视频内容的管理有重要法律意义。

这些法律法规主要包括《关于加强通过信息网络向公众传播广播电影电视类节目管理的通告》《信息网络传播广播电影电视类节目监督管理暂行办法》《互联网等信息网络传播视听节目管理办法》《互联网视听节目服务管理规定》等。国家广播电视总局是互联网音视频类节目内容的主管部门之一，因此，它所制定的部门规章具有承前启后作用，反映出互联网音视频的发展轨迹，也体现了音视频法规管理的成熟履程。

（四）关于网络隐私权

至今，我国的法律体系中还没有把隐私权作为人格权的一项予以明确的规定，但在相关法律条款中却体现了保护公民隐私权的法律精神。比如，我国宪法第 39 条和 40 条规定，公民的住宅不受侵犯，通信自由和通信秘密受法律保护等。《民法》《刑法》《诉讼法》以及《妇女权益保护法》等法规中都可以看出我国对于公民隐私权保护的重视。在具体的司法实践中，最高人民法院颁布的《关于贯彻执行〈中华人民共和国民法通则〉若干问题的意见（试行）》《关于审理名誉权案件若干问题的解答》《关于确定民事侵权精神损害赔偿责任若干问题的解释》等司法解释，是我国处理隐私权纠纷的主要法律依据。

在这种情况下，我国的互联网隐私权保护很难上升到更高的立法层面，既没有专门的互联网隐私权立法，也很难从既有的法律中寻找到更多的依据。当然，我国目前制定的一些法律和部门规章仍然对于保护公民的网络隐私做出了相应的规定。比如，在 2000 年 1 月《全国人大常委会关于维护互联网安全的决定》中指出，利用互联网侮辱他人或捏造事实诽谤他人及非法截获、篡改、删除他人的电子邮件或者其他数据资料，侵犯公民通信自由和通信秘密的，可以构成犯罪，依法追究刑事责任。

但是类似于此条款的规定，基本都是从比较宏观的层面进行了规定，一旦进入司法程序，尚需要更多、更细致的法律条款。随着互联网的进一步发展，侵权数量的不断增加，加大对公民网络隐私权保护的力度已经刻不容缓，无论是从法律层面，还是从行业自律层面，都需要制定出切实有力的规制措施。

（五）关于未成年人保护

1. 两院发布的两个《解释》

2010 年 2 月 2 日，最高人民法院和最高人民检察院联合发布《关于办理利用互联网、移动通信终端、声讯台制作、复制、出版、贩卖、传播淫秽电子信息刑事案件具体应用法律若干问题的解释（二）》，其中第 1 条即规定，利用互联网、移动通信终端制作、复制、出版、贩卖、传播内容含有不满十四周岁未成年人的淫秽电子信息，依照刑法第三百六十三条第一款的规定，以制作、复制、出版、贩卖、传播淫秽物品牟利罪定罪处罚。并对定罪量刑标准做了具体规定，比如，制作、复制、出版、贩卖、传播淫秽电影、表演、动画等视频文件十个以上的或音频文件五十个以上等情形，依照《刑法》第三百六十三条第一款规定定罪处罚。

同 2004 年两院发布的《关于办理利用互联网、移动通信终端、声讯台制作、复制、出版、贩卖、传播淫秽电子信息刑事案件具体应用法律若干问题的解释》相比，定罪量刑标准显示出加大惩处力度的趋势。比如，在 2004 年的《解释》中规定，制作、复制、出版、贩卖、传播淫秽电影、表演、动画等视频文件二十个以上或音频文件一百个以上的情形，依照《刑法》第三百六十三条第一款的规定定罪处罚。在对定罪标准上，2010 年的《解释》中规定的传播色情信息数量比 2004 年下降了一半，显示出我国加大了对未成年人合法权益的保护力度。这两个《解释》对于打击网络淫秽色情信息的传播也具有一定作用，具有较强的实践性和可操作性，解决了执法过程中遇到的一些问题。

2.《未成年人保护法》的修订

2006 年 12 月 29 日，十届全国人大常委会第二十五次会议审议通过了《中华人民共和国未成年人保护法（修订草案）》，修订后的《未成年人保护法》自 2007 年 6 月 1 日起正式施行。这是该法自 1992 年 1 月 1 日实施以来，我国立法机关首次对其进行修订。在这次修订法律的背景原因中，互联网对青少年产生的巨大影响是其中之一。通过这些条款我们可以看到，国家越来越重视互联网对青少年产生的影响，并力图出台有力举措保护其健康成长。但是互联网的发展是迅速的，互联网对青少年产生的负面影响也越来越大，我国不论是在立法步伐还是自律建设上，对于青少年的保护举措依然有很大不足，比如对于未成年人隐私权的保护等，需要在立法中予以明确规定和细化，以不断提高对青少年的互联网使用保护效果。

三、网络自律

自律机制和立法规制、政府规制有所不同，这一机制无需投入大量成本作为支持，具有良好的应用效果，在媒体机制发展中具有重要作用。我国有关部门结合媒体管理的实际发展情况，构建了完善的媒体自律机制，有关部门主要通过分析行业自律、媒体自律和个体自律情况，建立了相应的机制。在过去的媒体管理过程中，我国多个相关的媒体自律组织形成了相应的团体组织，这些组织的官方色彩和行政色彩都比较强，但通过相关机构进行媒体自律很难达到和立法、政府管理相同的效果，目前，互联网发展十分迅速，直接关系着人民群众的日常生活和思维方式，政府部门的互联网发展理念逐渐转变成加强管理、趋利避害，这就说明单纯通过法律和政府很难有效管理网络发展，必须通过网络自律达到预期目标，尤其在社会发展过程中，政府部门越来越重视互联网自律建设工作，但行业组织和相关规制构建仍处于不断探索和研究的阶段。

（一）自律性行业协会及论坛

1. 中国互联网协会

在现代互联网行业的发展过程中，中国互联网协会是其中的关键行业组织，工业和信息化部是其主管单位。中国互联网协会的发起成立者有互联网行业相关的网络运营商、服务提供商、设备制造商、系统集成商和教育机构等部门，其主要宗旨是要保护网络用户的合法权益，加强企业、团体和政府部门的合作，以促进互联网的健康发展；其主要任务是结合互联网行业的发展情况，制定相应的自律规制和公约，这是涉及我国网络行业自律的一项实质性工作。

自 2001 年 5 月 25 日成立以来，该协会已经发展了 140 多个团体会员单位，主要包括从事互联网活动的企事业单位、研究院所、学术协会等。2002 年 3 月

26 日，中国互联网协会在北京发布了《中国互联网行业自律公约》，对我国互联网行业的信息服务、网络用户权益保护以及解决争议的自律机制等做出规定，这个公约对于建立我国网络行业的规范和准则做出了贡献。

该协会每年召开一次互联网行业大会，并确定一个讨论主题，以不断促进中国互联网的积极、健康发展。自 2002 年以来，先后确立的主题有："互联网的应用——呼唤创新"（2002 年）、"构建繁荣、诚信的互联网"（2004 年）、"融合促进发展，渗透创造价值"（2008 年）、"危机·转机·契机——金融危机下的中国互联网力量与信心"（2009 年）等。

同时，基于互联网的开放性和国际性，中国互联网协会积极和国外有关机构和论坛联系，参与国际研讨会，以共同寻找网络健康发展的自律之路。该协会为我国的行业自律做出了不少探索，同时也是我国网络行业自律组织中的典型。

2. 中国网络媒体论坛

在搜索网络行业自律的工程中，中国网络媒体论坛是主要的组织形式之一，其是在国务院新闻办公室引导下，由相关单位，如人民网、新华网、中国网、央视网等共同合作举办的，并于 2001 年首次召开论坛。该论坛是我国目前层次最高、规模最大的关于互联网发展的研讨论坛，每一届论坛的召开主题都有所不同，为政府、业界和学界搭建了一个良好的互动平台。自 2001 年以来，论坛的主题有"网络媒体与信息产业""网络媒体发展趋势及内容建设""中国网络媒体的社会责任""营造健康向上的网络环境""网络媒体与和谐社会""网络媒体发展与和谐网络建设""国家文化软实力与网络媒体新发展""落实科学发展观、建设诚信互联网""同筑安全互联网，共建和谐 e 世界""转变发展方式、提升传播能力"等。通过这些主题，我们可以看到，每一年主题的确立都与当年我国网络发展态势密切相关，所有的主题都围绕着我国互联网的健康发展和管理。

（二）自律公约

1.《中国互联网行业自律公约》

该公约共有 4 章 31 条，虽然公约的推出早在 2002 年，那时我国互联网的发展尚在起步阶段，但其中的一些条款仍然对我们有重要意义。其中第 3 条首先确定了我国互联网行业自律的基本原则是爱国、守法、公平和诚信，这四项基本原则实际上确立了我国互联网行业自律机制的整体基调。爱国和守法体现了自律机制应有的角色，那就是要做好政府和社会之间沟通的桥梁，维护国家安全和利益，遵守国家相关的法律法规是互联网发展之首要；公平具体体现在行业内部之间的公平竞争方面，相关法律法规提出必须加强对行业竞争合法性、公平性和有序性的大力支持；诚信主要是针对不同的主体提出的，为了有效减少网络不法行为和不道德行为的出现，企业、团体和用户必须树立诚信意识，提高道德素养和媒介素养。

该公约首次提出了成员要接受社会各界监督的条款，这对于自律机制的建立具有重要价值。如果能够逐步建立起社会监督机制，无论对于政府管理还是行业管理来讲，都是具有莫大帮助和意义的事情。良性的社会监督机制无疑对于处理各种网络非法行为和不道德行为具有重要作用，能够大大节省政府和行业组织的运行成本。在网络环境下，网络用户就像一个个"点"，政府和行业却相当于一个"面"，让一个"面"去监督那么多的"点"，是不可能实现的。社会监督机制的建立则实现了"点"对"点"的管理模式，无疑是具有较高效率的。

公约中还规定了争议解决机制，提出当公约成员之间发生争议时，"争议各方应本着互谅互让的原则争取以协商的方式解决争议，也可以请求公约执行机构进行调解，自觉维护行业团结，维护行业整体利益"。该条款虽然规定得比较简单，但能够认识到争议解决机制在其中的重要性是具有洞察力的。行业组织不同于法律和政府，不具有强制性权力，因此，建立良好的争议解决机制具有重要意义。

2.《互联网新闻信息服务自律公约》

2003 年 12 月 8 日，人民网、新华网、中国网、新浪网、搜狐网、网易等 30 多家互联网新闻信息服务单位共同签署了《互联网新闻信息服务自律公约》。这是继《中国互联网行业自律公约》之后又一部具有重要意义的自律公约，该公约具体到网络新闻信息的传播，标志着网络新闻传播行业开始建立行业自律机制。该公约只有十个条款，其中提出了"不制作和传播危害国家安全和社会稳定、违反法律法规以及淫秽、色情、迷信等有害的信息，坚决抵制与中华优秀传统文化和道德规范相违背的信息内容"。这是对网络新闻信息传播的一个自律性规定。

3.《中国互联网版权自律公约》

2005 年 9 月 3 日，中国互联网协会发布了《中国互联网版权自律公约》，人民网、新华网、中国网、中国日报网以及中国网通、中国联通等 40 家单位联合签署该公约，在国内网络版权自律领域迈出了重要的一步。根据该公约，中国互联网协会成立了"网络版权联盟"，作为公约的执行机构。该版权公约体现出了发展和制衡的思想，其中第 1 条就指出，"维护网络著作权，规范互联网从业者行为，促进网络信息资源开发利用，推动互联网信息行业发展"。

从这个条款中我们可以看出，规范网络著作权的目的仍然在于促进网络信息资源的开发，只有规范了不法行为和不道德行为，才能让网络处于有序的状态。值得注意的是，该公约首次提出了通知和反通知的规定。其中第 11 条规定，"联盟设立秘书处，根据公约成员授权受理'通知'和'反通知'，具体办法另行规定"。该规定没有细化，但通过这个条款我们可以看出，它借鉴了一些国家对于网络知识产权保护的方法，比如美国的《数字千年版权法》。具体的做法是网络服务商在接到著作权人的侵权通知后立刻做出反应，如果确属侵权行为，应该立刻删除相关侵权内容，但如果认为不属于侵权行为，则可向协会发出"反通知"，以证明自己行为的正当性。

同时，公约提出成立网络版权纠纷调解中心，负责公约成员之间网络版权纠纷的调解，具体办法仍然另行规定。从这个条款中我们可以看到，我国行业自律以及公约制定正逐步走向成熟，建立类似于仲裁机构的调解中心，建立调解机制，是化解矛盾、有效沟通的重要手段。该条款具有可操作性，但是仍需要逐步探索，寻找适合我国的模式。

4.《博客服务自律公约》

2007 年 8 月 21 日，中国互联网协会在北京正式发布了《博客服务自律公约》。该公约的宗旨是为了规范博客的有序发展，人民网、新浪、网易、腾讯、MSN 中国、博客天下、天极网、中国雅虎、华声在线等 10 多家知名博客服务提供商共同签署了该公约。《博客服务自律公约》的出台充分体现了协商民主的精神，协会在 3 月份拟定草稿之后，分别于 4 月 26 日、5 月 10 日和 5 月 18 日多次组织召开研讨会，征求业界专家和企业代表的意见，最终才出台了定稿，其间收到社会的反馈意见近千条。

博客是我国前些年来发展迅速的一种互联网应用形式。自 2002 年以来，博客用户规模迅速扩大，在互联网应用中的排名也不断向前。根据 CNNIC 的统计数据，博客在 2010 年的网络应用中排名第 6，在网民中的使用率达到 64.4%。而且，博客用户关注社会热点、参与公共事务讨论的比例大幅增加。在这种背景下，出台《博客服务自律公约》是适时的，也是恰当的。

公约中的亮点是对"博客实名制"的鼓励，提出"鼓励博客服务提供者对博客用户实行实名注册，注册信息应当包括用户真实姓名、通信地址、联系电话、邮箱等"规定，"博客服务提供者应制定有效的实名博客用户信息安全管理制度，保护博客用户资料。未经实名博客用户本人允许，不公开或向第三方提供用户注册信息及其存储在网站上的非公开博客内容，法律、法规另有规定的除外"。

公约对博客服务商与博客用户之间的协议做出了详细的规定，比如"博客用户保证不传播侵害他人知识产权的信息"等。

《博客服务自律公约》虽然具有及时性和开拓性，但是却缺乏可执行性，大多数规定浅尝辄止，流于表面，成为一种"摆设"。比如实名制，由于公约不具有强制性，除了华声在线等少数几家网站实施了实名制外，大多数网站仍然实行匿名制。对于公约中的第9条，详细规定了博客服务商与博客用户之间需要签订的6条协议，更是形同虚设。实际上，只要用户在网页上点击同意，根本不用看协议内容就可以注册博客。当真正发生侵权行为或不道德行为时，谁来追究责任，又由谁来担负责任，这些实质性的问题没有在公约中得到一点体现。

5.《中国互联网视听节目服务自律公约》

该公约是继国家广播电视总局、工业和信息化部推出的《互联网视听节目服务管理规定》之后，由中国网、央视网、人民网、新华网、国际在线、中国青年网、中国经济网、央广网8家网络媒体携手签署。《互联网视听节目服务管理规定》于2008年1月31日正式实施，而《中国互联网视听节目服务自律公约》于同年2月22日即在北京签署，时隔不到一个月。

该公约的签署反映了两个方面的问题。第一，我国的行业自律是紧密配合法治管理和政府管理的，这也正是一套良好的管理机制运转所需要的。第二，视听节目的网络管理的确是刻不容缓，对于音视频内容的管理难度已经超越了普通的文本信息，相比而言，由于音视频内容的传播特点，声像并茂，更容易对国家、社会和个人尤其是未成年人产生影响。

公约重点针对的自律对象是淫秽色情、暴力低俗的视听节目和侵权盗版视听节目，提倡的是"传播健康有益、符合社会主义道德规范、体现时代发展和社会进步、弘扬民族优秀文化传统的互联网视听节目"。

公约提出要建立互联网视听节目信息的行业共享互助机制，保持信息的有效沟通。这对于签约单位之间共享优秀音视频节目，建立自律的行业性和组织性框架具有开拓意义。

（三）隐私权及色情信息规范

1.关于隐私权的自律

对于隐私权的行业保护，当前在我国并不完善，但我们仍然可以发现一些自律公约中的相关条款。比如《中国互联网行业自律公约》第 8 条规定，"自觉维护消费者的合法权益，保守用户信息秘密；不利用用户提供的信息从事任何与向用户做出的承诺无关的活动，不利用技术或其他优势侵犯消费者或用户的合法权益"。

2004 年 12 月，由中国电子商务协会牵头制定的《中国电子商务诚信公约》第 2 条规定，"加强消费者隐私权管理，确保消费者各种信息和资料得到安全保护"。

此外，除了行业组织制定的隐私权保护条款外，很多网站都自行采取了隐私权保护自律行为，新浪、搜狐等门户网站都在首页贴出了关于隐私保护的声明。比如，新浪网就做出这样的声明，"每当您提供给我们敏感信息时，我们将采取合理的步骤保护您的敏感信息，我们也将采取合理的安全手段保护已存储的个人信息。除非根据法律或政府的强制性规定，在未得到您的许可之前，我们不会把您的任何个人信息提供给无关的第三方"。

通过当前我国自律组织对隐私权的规定可以看出，我国网站对于隐私权的自律保护实际上处在非常初级的阶段，规定的条款过于笼统，基本采用象征性的语言，完全没有可操作性和执行性。虽然一些大的网站有自己的隐私权保护条款，但是基本都处于网页最下端等不显眼的位置。在这一点上与美国要求网站必须在显著位置张贴隐私权保护声明或标志的行为形成鲜明对比。即便如此，相关调查数据显示，国内网站张贴隐私权保护声明的比例仍然偏低。

我国当前的行业自律中之所以出现隐私权保护薄弱的问题，和很多因素都有关系。首先，我国的法治传统和理念不如西方悠久和根深蒂固，尤其对于隐私权的认识程度也相差悬殊，公民对于隐私权的认识比较薄弱，而对于网络隐私权的认识则更浅显。但应当看到的是，随着这几年一些案例的发生，人们开始日益注重网络隐私权的保护问题。其次，国内的法律对于隐私权没有完善的规定，行业自律作为法律规制和政府规制的辅助性手段，更难以在这方面有所突破。另外，相关管理机构也不重视对于公民网络隐私权的保护，没有建立相关的监管机构或监督机制，即使制定了一些管理规定，但却没有执行力，形同虚设。

2. 关于网络淫秽和色情信息

2004 年 6 月 10 日，中国互联网协会制定出台了《互联网站禁止传播淫秽、色情等不良信息自律规范》。对于淫秽和色情信息的规制在互联网诞生之初相对薄弱，因此曾经一度泛滥，尤其是一些国外色情网站大举入侵我国，对青少年的健康成长造成了危害。随着网络的发展和负面影响的加大，有关部门对于网络色情信息的规制也越来越重视，但由于网络技术的特性，想要彻底封堵是不可能实现的，因此，针对网络色情信息尤其需要建立自律机制。

在这个规范中，对于淫秽信息和色情信息做出了明确的界定，规定了 7 类内容都属于淫秽信息。对于防范色情信息的传播，规范中提出了信息来源合法机制，即"新闻信息应来源于具有向互联网站提供新闻信息资质的媒体或其他合法的内容提供商"。

规范中还对交友类频道或栏目做出了规定，要求明确说明交友类栏目的网友行为规范并公布有关法律警示等。在近几年的发展中，交友类网站大规模发展并成为互联网热门，这个规范虽然出台很早，但其有关条款仍然具有一定意义。

由于规范不具有强制性，对于不遵守规范的网站，条款中规定在劝说、警告无效的情况下，中国互联网协会下辖的新闻信息服务工作委员会将向有关政府部门投诉其违规行为，并建议取消其信息服务资质。《互联网站禁止传播淫秽、色情等不良信息自律规范》实际上是一个行业规范，但对于色情信息传播规制的技术过滤和个体自律也相当重要。很多色情网站都是从境外链接进入国内网站的，这些规范中的自律条款对于他们都是不起作用的，只有加强个体自律以及家庭自律等，才能更好地建立此类不良信息的传播防范机制。

第三节 互联网时代与整合传播

一、整合传播的基本介绍

（一）定义

传播指的是人类在传递和交流信息、观点、感情及其相关的交往活动；整合传播指的是利用不同的媒体方式传播同一种新闻事件。从广义角度进行分析，整合传播主要是结合一个企业公关事件，通过常规的媒体传播方式和非常规的媒体传播方式进行传播的一种形式。例如，在策划一场公关活动的过程中，既可以通过一些常规的媒体传播方式，如电视、报纸、广播和网络，也可以利用非常规的媒体传播方式，如手机、会议和沙龙等进行传播，这就突出了现代整合传播的概念。在这一概念下，关键因素是多元化的媒体传播方式，以及不同传播方式的有效整合，在满足这两点要求后传播才能够被称为整合传播。

（二）驱动整合传播的三要素

在传播的联播发展过程中，经历了印刷媒体时代、电子媒体时代、数字化网络化的新媒体时代，在这一过程中传播技术直接影响着传播形态的变化。相关学者提出，真正的传播革命要求的不仅是信息传播方式的变化，受众注意力在媒介分布中的改变才是最直接的驱动力，这就突出了传播技术的重要性。技术在整合传播新型媒体传播形态中具有重要作用，但是，技术的本质是支持力。通过技术应用能够有效进行传播整合，为了探索整合传播的产生，我们还需要深入分析受众消费需求、新闻传播机构和市场商家等内容。

1. 传媒受众的信息诉求

现代社会处于信息技术改革的关键时期，在这一时期，信息技术直接关系着社会各个领域的发展情况。在信息技术持续发展过程中，社会文明不断进步，社会各界对信息、咨询、娱乐等媒体的消费需求持续增加，必须通过整合传播，才能够为受众提供更多有针对性的内容，有效满足受众的信息消费需求。

2. 新闻传播机构的需要

在新媒体时代，媒体传播方式、传播规律都呈现出多元化的发展特点，单一的信息接受方式很难满足受众的实际需求，大家都希望快速、便利地接受信息服务，这就需要探索一种不受时间、空间影响的服务方式，且很多受众都希望参与新闻制作、信息传播等消息生产的全过程中，但独立、孤立的媒体很难实现这一要求。因此，在时代的发展过程中，我们必须做好媒体整合传播工作，尤其在受众改变信息需求的过程中，新闻传播机构应该结合受众需求进行改变，将传播媒体和新媒体进行融合，合理应用相关的传播方式和传播手段。例如，电视是一种经典的传统媒体，其逐渐开始借鉴新媒体的互动功能，不再单纯遵循过去的电视传播规律，很多电视娱乐节目可以以手机媒体现场连线的方式，加强和观众之间的交流和互动；还有一些现场访谈节目借助网络媒体和网友进行交流，如"朝闻天下"能够及时和读报节目进行整合，通过和传统纸媒内容进行整合，加强了视听节目和报纸之间的互动。除此之外，网络媒体针对传统媒体的传播形式进行了有效整合，很多视频网站将广播节目和电视节目搬上互联网，用户可以通过点击收听、收看。

3.市场需要

现阶段，商家和企业的策划宣传想要吸引更多人关注自己的产品，但他们很难单纯通过传统媒体进行传播实现这一目标。商家和企业策划必须通过多媒体传播方式完成传播，才能够增强信息的分量，吸引更多受众的关注，还需要注重整合传播，为受众提供多元化的媒体信息，通过多样性的组合投放方式，突出媒体产品和服务的高效性、人性化，提高整合的传播效果。

二、整合传播时代到来

过去的媒体传播时代被称为传统媒体时代或单媒体时代，目前社会已进入互联网时代，表现为是媒体结合自身的传播规律、受众能够接受的方式进行传播，各个媒体都具有一定的独立性，现已出现了整合传播的雏形。例如，电视、报纸和广播等媒体在传播同一新闻事件时，其内容、形式等都具有独立性特点，但在一定程度上满足了媒体整合传播的实际需求。互联网兴起后的媒体传播时代被称为新媒体时代或多媒体时代，在这一时代，很多媒体在传播过程中是分工、融合的关系，各个媒体之间都是息息相关、相互融合的，具体体现在以下方面。

（一）手段的融合

在互联网时代，新媒体普遍应用互动方式传播信息，同时现代传统媒体也逐渐开始借鉴新媒体的互动手段，如在交通广播电台广播节目的过程中，通过短信方式进行互动，还有一些电视节目通过网络方式进行互动。网络媒体也和传统媒体的传播方式进行了融合，如通过视频网站和网络电台传播信息。

（二）效果的融合

目前，在发生同一事件时，新媒体往往和传统媒体共同进行报道，报道效果不断向融合的方向发展。例如，在两会报道过程中，中文国际频道和《人民日报》海外版、中国国际广播电台、中国新闻社、人民网、新浪网等共同报道，实现了电视、广播、纸媒、通信社和网络媒体优势的有效融合。中文国际频道和合作伙伴共同选题、写稿，通过合作明确了发稿步骤，在现场形成了呼应的舆论场。同时，央广网、人民网、国际在线和中国新闻网等，将 CCTV-4 报道的两会新闻视频和文字进行融合，通过新媒体和传统媒体的有效协调，达到了理想的报道效果。在新媒体时代，媒体竞争既要从自身的传播内容上进行优化、创新，还需要将传播内容定位在多媒体渠道中，实现传播内容和传播渠道的有效整合，为受众带来更多全新的体验，更好地满足受众的信息消费需求，实现整合传播的持续、稳定发展。

三、整合传播时代网络媒体的发展

与其他媒体相比，网络媒体具有很多优势，如信息量大、时效性强、不受时间和空间的影响、互动性强等，为人民群众的生活带来了很大便利。但是，网络媒体也存在很多问题，如缺乏权威性和正向影响力。在整合传播时代，网络媒体应该及时优化、创新，结合自身的核心竞争力，对不同的媒体形式进行整合、应用，为网络媒体现代化发展提供支持。

（一）报网互动

不同媒体的特点是由自身特性决定的，都具有一定的优缺点，必须将不同媒体多元化融合，才能够达到更好的传播效果。网络是现代社会发展中的主要媒体形式之一，其传播能力非常强，现已得到社会各界的高度重视。报网互动既能够促使网络媒体权威性得到进一步提升，又能够不断拓展纸媒的传播渠道，构建立体的传播方式，保障传统媒体和新媒体的融合发展。例如，《纽约时报》是美国最大的报纸品牌，现已有 1600 万用户注册了网络的《纽约时报》，其网络版在现代市场竞争中占据着重要地位，既受其品牌影响力的影响，又受管理人员的影响，该报管理人员的网络运营思路和自身特色，在很大程度上推动着网站的发展。

（二）网网互动

为了适应整合传播时代的发展，网络媒体既要注重和传统纸媒之间的合作、互动，又要加强和视听媒体之间的合作。在新时代的网络媒体中，媒体和媒体之间的互动性很强，网站和网站之间的合作和互动形式日益增加，不同媒体之间的互动能够进一步提升网站自身的影响力。例如，2022 年 9 月 5 日，中央广播电视台在湘经营平台——央广交通传媒（湖南）有限公司正式对外宣布：在湖南总台的统筹指导下，将总台新媒体矩阵作为基础和重点，将其和其他央媒进行有效融合，促进湖南产业、湖南企业和湖南品牌的进一步发展，将其向全国，甚至全球进行整合传播，让越来越多的人了解湖南故事。在举办相关活动的过程中，湖南总台的领导干部肯定了央广传媒的成就，并提出湖南总台针对在湘机构和在湘平台进行了有效整合，在发挥总台传播能力的基础上，充分展示湖南经济社会发展的新变化和成就。

第四节 移动互联网时代场景传播新模式

一、移动互联时代的场景与场景传播

"场景"是人们与所处环境产生关系的整体，如用户地理位置、时空关系、用户心理和社交氛围都属于场景，这是移动互联网时代的关键内容。移动媒体的代表是智能手机，其在人民群众的生活、生产中发挥着重要作用，大家的言行举止、行动轨迹和位置信息等数据都会被记录下来，甚至大家的睡眠情况也能够通过可穿戴设备的传感器录入手机，由此我们将其作为大家所在场景的判断标准，认为场景逐渐发展成现代移动互联网发展的根本内容。场景是指特定的情境，具有必然性和偶然性特点。其中，必然性特点的具体体现是特定时间和人群在人为创造场景中随机发生；偶然性特点指的是在日常生活和生产过程中，特定时间和人群在这一情境中会随机发生，但场景应用和移动互联网发展是紧密相关的，场景传播逐渐成为互联网时代构建商业新模式的关键方法之一。在移动互联网时代，场景作为变量，发挥着十分重要的作用，结合场景的差异性、用户的实际需求，为用户定制个性化服务，成为移动媒体生产工作的新内容。总体来说，互联网时代的发展关键是流量，移动互联网时代的发展关键是场景。

二、移动互联网驱动场景的构建

（一）从流量到场景的变迁

目前，互联网已经由web1.0发展到了web3.0。在web1.0发展过程中，企业主要是在用户点击率和网站流量基础上得以发展的，入口和流量是这一时期企业发展的关键内容，这就促使新浪和搜狐等门户网站应运而生。在web2.0发展过程中，社交媒体处于快速发展时期，促使微信和微博等应运而生，社交媒体为用户之间的密切联系提供了平台并构成了相应的社交圈子，这一特点为媒体平台和社交平台带来了很多的流量红利，推动着"粉丝"经济的发展。在 web3.0 发展过程中，场景细分的重要性不断显现出来，尤其在移动互联网技术、大数据和云计算技术兴起的背景下，场景生产速度越来越快，为了满足用户的实际需求，企业应该从线上、线下两种渠道出发，而场景细分时代具有移动化、碎片化的特点。企业通过客户端和用户进行有效联系，将服务用户作为基础和关键内容，再通过地理信息位置共享，能为用户带来更多精准化和个性化服务。因此，在移动互联网时代，用户场景是十分重要的，企业通过用户场景能够为用户提供更多优质服务。

（二）平台思维到场景思维的变迁

现阶段，用户对信息的获取要求有所不同，用户的需求具体体现在情感诉求、圈层交流和主动参与等方面。在过去的平台思维中，其关键是平台开发。为了获取更多用户，场景思维和平台思维存在很大差异，场景思维将用户作为重点，以用户场景为基础，满足服务用户场景的实际需求。基于场景化思维的场景传播，能够结合用户的实际需求进行准确定位，结合场景的差异性为用户提供个性化服务，并为用户带来更加深刻的体验。

三、场景传播新"5W 模式"

在场景时代，信息传播是持续变化的，相关学者结合这一变化情况，提出了传播学领域的经典模式——5W 模式，也就是现代社会发展中的传播者、传播内容、传播渠道、传播媒介、传播对象和传播效果。在移动互联网的发展过程中，企业可以通过 5W 模式积极探索场景传播的新模式。

（一）传播主体的多元化

现阶段，场景作为一种关键因素，逐渐融入人民群众的日常生活中，人、物和场景之间的关系日益密切，在很大程度上优化了过去的传播方式。移动互联网呈现出开放性、分享性等特点，用户借助媒体平台能够进行信息、情感之间的交流。1996 年，尼葛洛庞帝曾指出，信息将不再被单向推送给消费者，人们将主动获取所需信息，并积极参与信息的创造。因此，在移动互联网时代，信息生产者和信息接受者之间的界限越来越模糊，在信息传播过程中，大家都具有主体地位。在过去的传播机制中，信息内容生产者是 producer，传播内容接受者为 consumer，而在场景传播过程中，大家都属于传播行为的主体，都可以生产和消费信息内容，具有多重传播身份，成为产消者 prosumer。

（二）内容生产产品化

在移动互联网时代，产品的重要性逐渐显现出来，结合用户实际明确需要开发的产品，以及通过什么变现方式实施产品策略，促使相关部门构建了"信息＋体验＋场景"的模式，为用户带来更加优质的产品体验。例如，在微信小程序中，媒介使用逻辑是在满足用户使用场景、使用需求的基础上开发的界面，这种小程序不需要进行安装，这就满足了很多用户的需求，尤其在遇到低频使用的 App 时，正好通过这一小程序特性适应应用场景，这就说明了微信小程序和 App 的角色和应用场景之间的区别。另外，微信小程序将线上和线下模式进行了有效融合，形成了一定的界面连接，将人与人、人与物、物与物进行了密切联系。微信小程序属于一种新型应用媒介，具有场景化、社交化特点，用户可以结合自身的需求打开小程序，这为用户带来了更好的使用体验，为微信应用场景的扩容提供了支持。

（三）媒介渠道平台化、生态化

在内容传播的过程中，场景化作为一种全面的体验平台，能够在不同的场景中提供更多的信息供给和信息服务，其将多元化的功能进行了有效整合，能够有效满足用户不同的需求，用户无需再通过其他平台获得有关内容。目前，很多平台都将场景作为基础，为用户提供更多优质的服务体验，并加强构建平台生态，形成以用户为中心的生态化闭环。例如，美团的团购功能、周边服务功能等，其借助用户的地理位置信息，将线下商家和用户进行有效连接，形成一定的消费服务模式。美团通过用户使用场景，构建起相应的生态入口。另外，微信和支付宝等平台也在构建相应的生态，如布局移动支付场景，通过场景体验平台，平台能够为用户提供不同场景下的周边服务，满足用户多元化、个性化的需求。

（四）传播对象个性化

受众结合自身的实际需求和动机有效应用媒介，这就是所谓的使用与满足理论。场景传播有效满足了受众的个人需求。在场景传播的过程中，用户都希望自身的需求得到满足，这种需求具有针对性、个性化特点，平台结合用户的位置可以明确用户所在的场景，通过挖掘用户的相关数据，为其建立用户画像，并通过相关算法结合用户的兴趣爱好，为其提供有针对性的个性化服务。例如，今日头条、网易云音乐等通过数据挖掘、数据分析等方式，结合用户的需求为其提供更多优质服务。在互联网时代，场景传播能够提供更多有针对性的分发内容，提高传播的整体速度和效果，为用户提供现代化的信息传播方式。

（五）传播效果智能化

相关学者结合场景传播内容提出了媒介即信息的理论，这一理论主要说明了每种新型媒介的产生都能够创造新型的社会生活方式和社会行为方式，且媒介在社会发展中的重要性不断显现出来，能够针对不同的社会形态进行区分，媒介的本质是某一时代的信息。目前，很多新型媒介技术，如 VR、AR、激光投影和人工智能等技术，为人民群众带来了很多新型传播方式和内容，这些技术能够为大家带来更多真实的视觉体验和听觉体验，构建起沉浸式传播模式，尤其在智能技术应用的过程中，人工智能为用户带来特定场景下的优质体验，促进内容传播的有效进行。

四、场景传播的技术支撑与应用

（一）技术支撑

在现代科技的背景之下，"场景"成了一个集合概念，它主要包括以下几个方面。

1. 移动设备

通常情况下，移动设备指的是智能手机和移动终端，如 iPad 和可穿戴设备，但对大家影响最深的移动设备还是智能手机。随着社会的发展，移动终端的可穿戴设备也在持续变化。近年来，很多手机品牌商得到了快速发展，这就促使可穿戴设备不断涌现出来，甚至有些高校、高科技企业都加大了对可穿戴设备的研究力度，在未来社会的发展中可穿戴设备会在人民群众的日常生活中发挥着更加重要的作用。

2. 社交媒体

在体验场景传播过程中，移动设备具有载体作用，社交媒体为用户在场景传播获取更多个性化内容提供了支持。新媒体在发展过程中，呈现出社交化趋势，现已得到学界和业界的高度重视，全球有 15 亿用户在使用社交媒体脸书和推特。在我国，微信作为社交媒体的代表，其发展速度非常惊人，直接改变着人民群众的日常生活。

3. 大数据

人民群众在网络中关注的任何内容及其需求都来源于数据。在场景传播过程中，数据充斥着人民群众的日常生活，存在于任何场景。场景传播在连接网的情况下都会收集很多数据，如时间、位置上网的位置、浏览的内容、对话的内容等，大数据都会针对这些内容进行数据收集和分析。总体来说，只要你上网，大数据就会做出分析，并结合实际需求提供更多个性化的服务。

4. 传感器

传感器相当于人的感觉系统，不仅可以听、看，还能够满足人的很多需求。2007 年 1 月，乔布斯发明了苹果手机，在这一背景下传感器逐渐发展成场景传播的原动力之一，手机屏幕中会有微小的传感器，还有一些手机有加速度传感器，在手机掉落、丢失的情况下能够提供更好的保护。现阶段，智能手机中一般都有 7 个或以上的传感器，这些传感器不受时间、空间局限性的影响，能够有效获取手机使用者的位置、运动状态、温度和身体技能等。在遇到自然灾害的情况下，传感器的重要性将不断显现出来，其能够提前发出一定的预警，人在接受预警后进行自我防护，通过这种方式能够挽救很多人的生命。

5. 定位系统

随着社会的发展，百度地图受到了广泛青睐，在开车从一个地方到另一个不熟悉的地方时，可以通过百度地图寻求帮助，驾驶员通过输入出发点和目的地，百度地图就能够设置出不同的路线供人选择，并结合实时路况进行播报。例如，在普通道路上行驶的过程中，每经过 500 米的路程，百度地图就会发出提醒，告知下一交叉路口的距离、道路的实时状况等，这就突出了定位服务的作用，我们应正确认识移动定位系统在场景传播时代的关键作用。在互联网时代，场景传播借助智能手机能够获取使用者的各种信息，在未来的场景时代，其能够在更多场景中提供更多优质的信息和服务。

（二）实际应用

在场景的应用过程中，用户对时空环境的需求是有所不同的，能够结合用户的实际需求，为用户提供更多个性化、及时化的服务，如在设计、营销产品和服务的过程中，场景传播能够提高用户的体验感，引导用户更好地学习和创造，提高用户的本体意识。另外，在实际生活中，场景传播的应用实例数不胜数，如谷歌收购了 songzalive 音乐服务，这项服务是在脚本的基础上开发的音乐编辑器，其能够结合时间、地点和情况等，为用户制定相应的播放列表，在很大程度上满足了移动语境中用户的信息需求和服务需求。它可以为消费者提供不同情境中所需要的音乐，如在约会的时候提供轻音乐、在悲伤的环境中提供放松音乐、在晚上睡觉时提供催眠音乐等，在很大程度上保障人民群众在提出需求后能够享受到应有的体验和服务。

中国的音乐网站，如百度音乐手机应用，也有专门的电台，用户可以根据自己的行为和心理状态，选择适合自己的时间和空间的音乐。百度音乐在分类过程中，主要的依据是活动、主题、天气、心情、音乐风格和城市，等等，活动类别的选项也有很多，主要有公路、运动、聚会、开车、工作，等等。其中，主题类音乐又分成不同的类别，如校园歌曲、老歌，等等。目前，百度音乐的移动数字编辑、分发等内容还需要进一步优化完善，还无法结合用户的实际需求推送合适的音乐，但探索这种分类方式的应用前景比较广阔，在未来能够进行直接投放。产品想要买得好，就必然要符合市场需求。但需求具有不稳定性、不确切性特点，为了更好地满足市场需求，企业必须不断提高商品的竞争力，这就需要有效处理需求和市场之间的关系，通过场景创造需求，并通过需求衍生场景。企业具有向顾客创设具有体验感的场景，才能够激发和促进顾客购买东西的需求，但在实际中，虽然在线客服很完美，但在线电商代替实体商店的购物体验，如拼多多、淘宝等平台都在不断通过实体公司专注开网店的形式，为用户带来更好的体验。例如，亚马逊图书出版公司在发展的过程中，既大力推动大型网店的发展，又要在首都西雅图开设书店，重点销售电子书和纸质书，其与传统书店有所不同，能够为顾客带来一定的特殊体验，形成高端的图书品牌效应。

在互联网时代，每天有海量信息充斥着人们的日常生活，稀缺资源和信息的丰富性有所不同，人们的注意力是十分重要的，如注意力经济是将卖家作为重点的经济范式，卖家借助广告能够吸引一大批消费者，引导消费者进行消费，但注意力经济的广告内容在不断恶化，其主要原因是：第一，广告和零售商越来越多，很难提供有针对性的内容，且需要投入的成本很高，无法在短时间内实现预期的效果；第二，消费者比较反感轰炸式的广告，在遇到广告轰炸的情况下，大家很难对其产生兴趣，直接影响广告变现的整体效果。另外，意向指向性经济是将消费意向作为关键内容开展的一项经济活动，其本质是关注实际需求、不追求经济效益的经济活动，其核心思想是针对传统的广告形式和广告观念进行优化、改革。意向经济理论被提出后，很多人持怀疑的态度，并认为意向性经济这一词并不新鲜，比较明显的实例是租车和二手车"比赛"式的分类广告。这些事例只是预谋经济的雏形，是预谋时代的特殊案例，但在互联网发展过程中，意向经济的大规模逐渐形成，所需的通信成本在持续减少，企业利用互联网投放更多的广告和意向，但由于传统媒体节约的门槛相对较高，很难改善广告成本投入高的问题。

第五节 以人工智能为驱动的四种新闻报道形式

一、人工智能与智能新闻

现今媒体的发展趋势是从"互联网+"到"人工智能+"，"人工智能"是发展的重心。人工智能参与生产的新闻通常被称为智能新闻。目前智能新闻被大量应用于新闻领域，如英国卫报建立数字新闻部、美联社组建数据新闻团队、华盛顿邮报的写作机器人Meliograf、美联社的写作机器人Wordsmith等。

人工智能技术渗透到新闻采写、新闻编辑、新闻分发、评论管理等环节，催生了全新的新闻形态的出现，创新了新闻业的发展思维，带给受众不同的体验。

二、人工智能技术下新闻传播的新闻报道方式

人工智能技术对新闻传播产生变革主要体现在信息采集、新闻制作、新闻认知、内容推送四个生产环节，催生了传感器新闻、机器新闻、算法新闻、VR新闻四种全新的新闻生产模式。

（一）传感器新闻

1.定义

传感器新闻指的是新闻媒体机构利用传感器对信息、数据进行收集、利用并报道的一种新闻生产方式。其中，传感器新闻不是单独存在的新闻类型，传感器属于播报工具之一，其本质是新闻报道在客户的过程中利用传感器收集各种数据。在未来的社会发展中，传感器种类和应用领域将日益丰富，传感器属于连接器，能够将各项数据传送给媒体，促使新闻生产思路、空间得到进一步拓展。在传感器新闻中，传感器技术是基础，其定义是通过传感器生产、搜集各项数据，针对这些数据进行可视化分析，利用数据为新闻报道提供支持。结合传感器新闻定义，报道中应用的可视化数据来源于传感器的新闻属于传感器新闻。传感器技术为新闻行业的发展提供了数据支持，很多新闻从业人员呈现新闻的方式、采用

新闻类型都是由不同场景决定的，且社会场景选择也是根据媒介技术的差异性进行决定的。

2. 传感器新闻产生的主要原因

传感器新闻的产生是由新闻领域对数据的强需求决定的。我们现处于数据爆炸式增长的时代，每天有海量数据和信息充斥着我们的生活，数据来源呈现出多样性特点。很多政府部门在采集、公开各项信息，如很多平台中的用户数据、手机地理位置信息等，这些数据和信息构成了人们日常生活中的数据洪流。数据和传感器新闻是息息相关的，数据信息的产生能够更好地适应大数据时代的发展，很多数据的需求促使传感器新闻应运而生。除此之外，在大数据时代，很多传感器设备在传感器新闻的发展中发挥出一定的作用。传感器的主要优势是它能量化很多抽象的内容，过去新闻报道主要通过记者观察、感受进行表达，但结果缺乏一定的准确性，这就要利用传感器通过数据将新闻报道的抽象化内容转变成准确、具体的内容。

3. 传感器新闻的应用

传感器新闻的应用途径具体体现在以下方面。

（1）定制

在社会的长期发展中，很多官方数据是由数据新闻生产的，传感器在新闻领域的应用日益广泛，新闻数据采集逐渐转变成特定传感器、自制传感器自行生产。例如，在调查性新闻中，新闻媒体人从定制传感器中获取的数据信息，这些数据和信息与来自政府部门、企业、专家等更多权威性组织或个人的数据源进行比较，在保证报道信息权威性的基础上，增强了报道的说服力。

（2）众筹

在公民参与式新闻中，群众力量为专业媒体机构、记者收集更多数据提供了大力支持，新闻生产不仅是记者一个人的工作，还需要很多人的支持。因此，很多媒体借助简易传感器，在网络中构建传感器数据分享平台，通过招募、组织更多的志愿者，共同完成数据采集和报道等工作，这样制作的新闻和群众之间的联系更加密切。例如，美国肯塔基州调查报道中心和路易斯维尔电台通过合作，共同完成了以众包传感器为基础的新闻项目，其主要工作内容是采集这一区域居民长时间佩戴传感器腕带的健康数据，在数据持续积累的情况下，相关新闻报道更加便利。

（3）布网

在新闻行业的发展中，单纯通过记者收集数据的力量是微乎其微的，且众筹获取的数据和信息缺乏一定的可靠性，这时政府部门和有实力的机构带头建设的传感器网络能够实时监控特定区域，从而获取更多真实、有效的数据和信息，记者可以充分利用相关数据和信息打造信息，有效地解决现实生活中的有关问题。并且，媒体可以通过传感器更好地获取、利用和挖掘更多的环境数据，将其转变成人们关注的环境新闻产品。例如，2014 年 8 月，美国公民新闻网站通过利用NASA 卫星的传感系统，针对美国海岸的检测图像和数据进行了深入分析，利用可视化新闻方式报道了 1922 年到 2014 年路易斯安那州海岸线萎缩和水土流失的情况。

（4）传感器新闻与机器人新闻相结合

传感器能够和机器人记者配合，传感器在获取相关数据后，将数据传递给机器人记者，从而生成数据新闻。例如，在美国加州地震中，《洛杉矶时报》的机器人记者迅速从美国地质勘探局的传感器系统中获取了地震数据，并利用这些数据发布了相关新闻，整个过程只用了 3 分钟。

4. 传感器新闻的数据来源

目前，传感器新闻获取数据的来源路径具有多样性特点，如通过公共设施获取有关的传感数据、利用众包方式获取传感数据、从政府机构获取更多传感数据、利用无人机收集大量传感数据等。

5. 传感器新闻的优势

（1）拓展感知能力，获取信息采集新方法

传感器具有重要作用，能够代替人的眼睛、耳朵探测和感知更多的信息，与人的能力进行比较，传感器在感知深度、广度和准确度等方面的优势十分明显。目前，智能传感器在很多环境、物体和人的身上广泛存在，其能够改变传统人力难以获取数据的弊端，能够快速、准确获取更多数据和信息，有助于媒体从全新角度对新闻事实进行描述。

（2）为预测性报道提供支持，准确探测未来的发展动向

在传统的媒体行业发展过程中，媒体缺乏预知未来的能力，通过媒体人或专家智慧预测未来的方式具有一定的局限性，预测内容不够准确。但是，在社会发展的过程中，很多决策都需要大量数据作为支持，这些数据为管理人员和媒体更好地预知未来提供了支持。

（3）结合个体需求进行传播，提供更多定制化信息服务

传感器将用户和媒体进行了有效连接，为用户获取定制化信息服务提供了支持。在未来社会的发展中，人的空间位置、身体状态、运动状态和心理反应都能够以传感器或相关智能设备进行探测和描述，将其作为个人获取即时场景信息的依据。

6. 传感器新闻的特点

目前，我国传感器新闻在制作和应用的过程中，呈现出以下特点：第一，缺乏复杂、专业的传感设备，尤其是利用自建传感器和传感数据分析系统的传统媒体很少；第二，传感器新闻报道领域不够广泛，主要是反映民生变化的报道，这些报道具有一定的解释性，很少有调查性的深度报道；第三，与过去的媒体相比，新兴媒体或融媒体平台应用的传感数据很少，传统媒体的数字化转型还需要进一步发展；第四，与美国传感器新闻制作的众包模式相比，我国传感器新闻的受众参与度仍需要不断提高。通过对这些特点进行分析，我国的传感器新闻在实践应用方面仍有很大的发展潜力，在实现常态化传感器新闻生产的同时，仍需要克服很多困难。

7. 传感器新闻面临的问题

在出现传感器新闻后，新闻理念和新闻实践领域都发生了一定的变革。传感器新闻在实现公众广泛参与、打破数据垄断等方面呈现出很多技术优势，但在我国传媒行业的发展过程中，传感器新闻的生产仍面临着很多问题和挑战。

（1）数据资源较为单一，报道模式化问题突出

现阶段，在我国媒体制作领域，传感器新闻获取的原始传感数据主要是通过社交媒体和网络搜索引擎获取的，在处理这些数据的同时，需要利用相关网络的云计算服务，但传感器很难获取有关公共部门的传感数据，尤其是自建自采的传感系统和数据分析系统很少。由于数据源相对单一导致报道自身呈现出模块化问题，且现实解释和趋势描述等问题比较多，缺乏深入观察、预测和意义引申等内容。另外，在社交媒体和搜索引擎获取数据外，很多政府部门都构建了完善的传感系统，如公共安全部门的电子眼、气象环保部门的监测器等都能够更好地采集、挖掘更多的数据，通过应用有关传感设备，能够进一步拓展传感器新闻的报道范围，并提供更多趣味性强的数据新闻。

（2）结构无法适应传感器新闻的技术特性

在制作传感器新闻的过程中，相关人员应该将重点放在收集和分析传感数

据方面，这就对传感器新闻生产小组提出了更高的要求，需要引进更多经验丰富的专业记者，以及懂社会学、统计学、互动设计、数据分析和绘图等方面的优秀人才，但很多传统媒体工作人员无法满足这一要求。在媒介融合的大背景下，跨媒体领域的传感器新闻制作对传统媒体工作人员结构提出了更大的挑战，还重新定义了记者的角色，记者需要掌握有关技术的应用方法，从而更好地挖掘新闻信息。

（3）人民群众和非专业新闻生产人员未树立新闻职业化理念

在传感器新闻生产时代下，传播者应该及时更新自身的理念，改变过去单一的信息掌控方式，优化以传播者为中心的新闻生产方式，在收集和分析各项信息的过程中，必须通过众包方式，确保传播者和受众之间对话、信息共享的平等性。但是，很多专业记者和媒体都坚持专业语境，大家在这些方面存在一些认知冲突，具体体现在以下方面：第一，有些公众和非专业新闻生产者未参与到专业的职业训练，其专业性有待考核；第二，公众采集的传感器数据缺乏一定的准确性，这就对新闻的客观性、可信度产生了不利影响。因此，公众和非专业新闻生产者与职业新闻人的理念存在很大冲突，直接影响着传感器新闻的有效应用。

（4）收集和利用个人信息影响公众的隐私权

传感器新闻在制作的过程中，需要收集大量信息，尤其在考察公共事务的过程中，往往需要将传感器安装在公园、商场、广场、路口和街角等公共场所，甚至需要记者在公共部门采集更多监测数据，这些内容会涉及普通公民信息、影像和个人生存情况。公民在不了解这些信息的情况下，很难阻止自身的信息被采集和利用，公民的隐私权遭到侵犯。为了有效解决这一问题，在制作传感器新闻的过程中，专业人员需要深入分析相关的法律和安全问题，并明确隐私权保护的义务和标准，规范公民信息的使用方法和使用范围。

8.传感器新闻带来的机遇

在5G时代，物联网和人联网发展十分迅速，传感器新闻为媒体融合发展提供了重要支持，为我国媒体变革带来很大的发展机遇。

（1）重塑媒体采编流程、优化生产模式

在传感器新闻方面，新闻媒体能够增强用户意识，构建新型的传播平台，针对新闻采编流程进行优化。在生成传感器新闻的过程中，过去以新闻编辑室为中心的方式、集中式新闻生产空间已不再适用，在传感器众包项目中，新闻记者和群众分散在空间场域中，分散在传感器采集网中的不同点，他们无需固定的办公场所，只需要利用网络技术将数据传输到数据新闻控制中心，通过定制化的新闻机器人、专业记者完成新闻作品。随着社会的快速发展，新闻采集功能逐渐被取代，过去的新闻编辑部逐渐转变成了编辑部门，其本质是针对碎片化数据进行编辑、归类，从细节出发挖掘更多新闻选题，最后通过文字、图片和视频描述新闻事件。

（2）为县级融媒体中心建设贡献新思路

2018年，我国建设起县级融媒体中心，这是国家媒体融合战略向基层的有效延伸。在这一背景下，媒体的引导力、传播力和影响力日益强化，政府部门的公信力更加凝聚，并成为国家县域社会治理中的关键内容，但在实际建设中仍存在一些问题，如深度融合不到位、受众需求和媒体传播不适应等，而传感器新闻具有技术导向和以受众为中心等特点，从一定程度上改善了这些问题。传感器能够针对个人信息进行感知和采集，受众通过这一平台更好地传递信息，将信息和媒体进行分享。在遇到突发事件时，传感器新闻为受众带来了更好的社交体验和新闻体验，确保了传播的双向性、互动性和流动性，为县级融媒体中心建设和社会治理的有效融合提供了支持。在过去的媒体行业发展中，信息采集主要依靠人力，而在人工智能时代，传感器技术主要利用大数据处理技术，为新闻源的优化及发展提供保障，在一定程度上拓展了新闻记者获取真实数据的有效方式，为信息采集提供了更多新思路。从时间维度方面进行分析，传感器获取信息能针对现在、未来进行描述和预测；从空间维度方面进行分析，传感器获取的信息不局限在某一区域，而是能够扩展到更广阔的范围，在突发事件直播、灾难性报道等新闻中发挥着越来越重要的作用。

（二）机器人新闻

1. 机器人新闻的定义

在现代新闻产业的发展中，人工智能技术得到了有效应用，促使新闻机器人应运而生，其重点是机器通过计算机技术获取更多数据信息，随机生成新闻文本，现已在财经、体育和天气等新闻报道中得到了广泛应用。最初，机器人新闻在体育报道中得到了有效应用。2010年，美国西北大学开发出 Stats Monkey 软件，这一软件能够自动从网页中获取更多比赛数据和信息，在接收信息后能够迅速生成新闻标题，将相关数据填入相应模板中。法国《世界报》等媒体通过这一软件报道了体育新闻，但受技术局限性的影响，该软件只能够针对全球发展进行报道。机器人新闻和最初的信息收集、抓取程序有所不同，其主要是在收集和处理各项信息的基础上自动生成的完整的新闻样式，机器人新闻是在特定计算机程序系统上，获取、分析各项信息内容，构成完整的新闻报道，这是一种新的生产方式，机器人新闻成果报道比较完整，其最大特征是新闻生成的自动化，在技术研发之后，人工参与不会直接影响新闻生成。

2. 机器人新闻对传统新闻生产的影响

（1）新闻信息来源的变化

新闻机器人生产模式是在互联网数据基础上获取断点式信息自动生成文本。新闻机器人的信息来源主要是互联网数据，如第三方信息推送、社交网络传感新闻、信息搜索强度和频度的统计分析。在出现机器人写手新闻以后，物联网中传感器采集数据的范围十分广泛，如移动互联网的地理位置数据、社会化媒体的用户生产内容、新媒体中的用户数据等，新闻信息不再局限于记者等人力资源的主动搜集，而是直接抓取更多数据信息，在这一过程中记者的角色不断弱化，新闻信息自动化采集所占比重持续增加。

（2）新闻生产主体的人机转变

自然人是过去新闻生产中的关键，发挥着主体作用，但在机器人新闻中，计算机程序占据主体地位，其具有一定的特殊性，在前期技术开发、后期确认发布全过程中发挥着重要作用，人不会过多地参与新闻生产过程中。在新闻生产主体转变的过程中，记者无需在烦琐的信息中收集更多数据，且记者不仅需要提供信息，还需要深入挖掘、解析各项信息。在计算机技术的发展过程中，机器人新闻应用越广泛，为新闻媒体和记者带来了更大的挑战。

（3）新闻生产速度的提高

时效性是新闻发展的关键，具体体现在新和快两方面。其中，新指的是新鲜、新颖和新生；快指的是写稿速度和发稿速度快，利用计算机软件生成机器人新闻，是人工抓取信息、生成文本不能比拟的，也为媒体更快地抢占新闻资源提供了支持，还减少了人力资源的投入。

（4）新闻生产流程的减少

在信息时代，机器人写手将传统新闻生产的采、写、编和排进行了有效融合，将复杂的内容简单化，构成由数据抓取到文稿生成的新的新闻生产方式，改善了过去新闻生产流程的烦琐性，促使新闻生产体系更加优化。在抓取各项信息的过程中，计算机利用特定抓取程序能够更加高效、快速地收集更多信息，节省了人工检索、收集、阅读和裁定等程序，直接解放了人的双手，节省了大量人力资源。

（5）新闻报道方式和内容的转变

机器人写手新闻和传统的新闻报道有所不同，其主要靠在固定文本模板中嵌入更多的数据信息，结合标准报道模式特定区域的信息进行报道。从报道方式进行分析，机器人新闻具有固定化、模块化等特点。另外，从报道内容角度进行分析，机器人新闻的报道内容更加广泛、全面，其重点是提供更多信息，而不是解释和说明事件背后的意义。

3. 机器人新闻存在的问题

（1）新闻写作的模式化

机器人新闻将缺少具体数据的新闻目标作为重点，但受技术的影响，代码编程系统和软件只能够提供固定的新闻目标，单纯按照固定套路生产新闻，导致新闻写作呈现出固定化、模式化的特点，从而使机器人新闻只能在体育、财经、灾难事件报道中得到有效应用，很难用于深度报道中。除此之外，机器人新闻主要由确定的模板、变动的数据构成，其在快速生产的同时会出现新闻生产批量化和同质化等问题，主要体现在一般同种类型的新闻报道文本类似，其主要变化是新闻中的数据。

（2）缺失新闻敏感度

机器人新闻普遍存在新闻敏感度缺失的问题，其主要原因是这种新闻生产方式主要借助机器完成。虽然美联社提出机器人写作软件能够根据程序使用不同的语气，但新闻是由机器人完成的，无法深入挖掘、观察新闻线索，很难决断新闻事件，这就突出了机器人新闻敏感度不足的问题。

（3）冰冷的新闻温度

新闻机器人自身无法针对情绪进行判断，只能够从数据库中获取相关的形容词，无法判断这些形容词用法的准确与否。尤其在与手工打造的新闻稿进行比较后，我们发现，机器人传递的新闻虽然新鲜，但缺乏新闻温度，只能够传达出冰冷的新闻内容。

（4）数据收集对个人隐私的侵犯

新闻机器人主要利用互联网、物联网等技术收集更多的数据，从而生成相关新闻，在隐私保护方面会存在很多问题。并且，如果网络监管工作不到位，新闻机器人通过物联网技术获取信息，尤其在社会化媒体中遇到用户生产内容、新媒体用户数据时，会存在个人因素问题，相关行业需要积极探索控制新闻报道所需资源与个人隐私之间界限的方法，为新媒体行业的发展提供支持。

（5）新闻报道不平等的加剧

在应用机器人写手的过程中，需要大量资金、技术作为支持，但很多媒体机构很难在短期内利用机器人报道新闻。具备这一先进技术的媒体机构可以事先享受这一技术变革带来的便利性，能够节省很多人力资源、物力资源，为媒体的发展提供支持，但应用不平等会导致媒体和媒体之间产生恶性竞争，为媒体的变革和发展带来阻力。除此之外，很多国家和地区的发展水平不一，大家的收入也存在一定的差异，导致很多地区存在新闻报道不平等的现象。最初，机器人新闻是在欧美发达国家得到有效应用的，这一地区的经济实力和技术比较强。这些地区更快、更好、更早地应用了新型报道方式，导致国家和区域之间的新闻报道不平等问题更加突出。

（三）算法新闻

1. 算法新闻的定义

算法新闻又被成为机器人新闻、自动化新闻和计算新闻，其主要利用计算机算法工具，自动生产、推送新闻，实现运营商业化，其主要内容是算法新闻写作、编辑、算法推荐机制、平台聚合分发机制及营销等业务的自动化新闻生产流程。算法新闻是利用智能算法工具自动生产新闻，并将其通过商业化方式进行运营的一种过程、方法和系统，其重点是实现新闻信息采集、存储、编辑、展示和数据分析的自动化。从广义角度进行分析，算法新闻主要是在生产和分发过程中应用算法，在生产过程中借助算法工具能够生成新闻内容，在分发过程中应用推荐算法，在销售过程中确保传播者、受众和消费者之间的融合，从而构建起更加完善的业务链条。这一过程更加清晰，在很大程度上提高了作品的整体销量，明确了销售目标，减少了成本的投入。

2. 算法新闻的特征

（1）算法软件的引领性

在新闻行业的发展过程中，算法是影响机器人新闻、数据驱动新闻、机器生产新闻发展的主要因素之一，在算法技术日益完善的过程中，机器写作能力逐渐向人类常规水平靠近。算法新闻通过生产更多可读性高的新闻，能够得到群众的广泛关注。

（2）数据资源的基础性

算法新闻对数据资源环境的依赖性很强，尤其是高质量的数据资源，如结构特征明显的数据、精准的行业数据、真实的最新数据等。因此，算法新闻在天气预报、股票市场和体育赛事等方面发挥着重要作用。

（3）智能操作的自主性

现阶段，算法新闻技术能够在前期程序设计中发挥重要作用，并在无人干预或较少人干预的基础上自动生产新闻，实现信息数据采集和分析、新闻写作、新闻发布和推广等流程的自动化。新闻专业人员通过利用大数据技术和算法软件，能够确保算法新闻生产的高效性，实现即时生产、实时发表的预期目标，保证数据分析运行的准确性，减少成本的投入。总体来说，算法程序是算法新闻运作的核心内容，数据资源为其提供了基础保障，能够实现操作的智能化、自动化。

（4）对传统产业链的颠覆性

算法新闻利用算法程序重塑了整个新闻传播产业链，构建起新型新闻传播业态。在新闻的生产过程中，算法工具能够代替过去的人力劳动，实现新闻编辑、生产工作的自动化，并且，在新闻发行过程中，智能技术能够代替传统的物流分发流程，自动发行并营销新闻。

3.算法新闻的现状

在现代新媒体行业的发展过程中，算法新闻在很多国家得到了广泛应用，逐渐由体育类、财经类新闻报道向时政新闻、地震新闻和市场营销新闻等方面进行扩展。例如，《华盛顿邮报》研发的 TruthTeller 智能算法能够针对时政新闻进行自动化获取、编辑。《洛杉矶时报》记者 Ken Schwencke（肯·施文克）研发的智能机器人 Quakebot 成为地震报道智能化的开端。在我国，腾讯公司、今日头条、新华社分别开发出了 Dream-writer、快笔小新、Xiaomingbot 等智能机器人写作程序并投入使用。总体来说，算法新闻在世界范围已经成为新闻媒介发展的趋势，并且技术逐渐走向成熟。

4.算法新闻的优势

（1）新闻生产自动化

算法新闻的应用能够实现新闻生产的自动化，算法工程师在完成新闻生产和分发工作时，将算法融入新闻生产过程中，能够实现新闻信息采集、数据分析、新闻写作和编辑等行为的自动化。与过去的新闻采写活动相比，算法新闻无需投入更多的劳动力，新闻工作者逐渐成为幕后工作者。在智能新闻产业的发展过程中，工业自动化在生产性服务业领域日益深化，以算法为基础的新闻呈现出市场细分、商业个性化的发展趋势，通过构建现代生产流水线，为新闻生产工作提供支持，再通过将人民群众最感兴趣和最需要的新闻元素聚集于一个平台加以结构化，极大地提高了新闻数据处理的广度和速度，并解决了传统新闻生产批量化就难以个性化、个性化就难以批量化的矛盾，使新闻生产按照人类预设的方向批量化、个性化地生产，极大地满足了公众日益多样的信息需求。

（2）对用户需求的强大穿透力

在新闻分发的过程中，环节算法能够结合群众的兴趣爱好、习惯和体验等内容，构成精准、高效的目标进行投放。算法新闻构建起个性化推荐机制的原理：第一，过去的排行榜推荐依据主要是新闻阅读量、点击量、转发量、评论数和点赞人数，通过针对新闻的主要内容进行分类、排序，将其推荐给相关用户；第二，通过分析相似阅读和购买行为的群体，利用相关关联物，对这一群体的兴趣爱好进行分析、预测，为其推荐更多相关的新闻内容；第三，内容精准推荐。通过分析用户的行为、历史记录数据等，绘制兴趣图谱，将和用户画像适应的新闻内容准确地推送给用户。总的来说，过去的新闻分发方式是媒体通过调研和预测受众的需求，主观认定受众喜欢的新闻内容，这种新闻分发方式就像超市一样，媒体结合受众市场确定相关的新闻内容供受众选用，这种方式具有盲目性，但智能分发通过大数据、智能追踪技术，对受众的兴趣画像进行分析，能够提供更多准确、有针对性的新闻。另外，在媒体中会涉及很多难以满足所有受众的信息需求，媒体和受众的关联性相对较差，这时可以通过算法新闻，为目标用户推送更多满足受众需求的信息，其能够准确地了解服务对象的信息需求变化情况，更换媒体推送内容，通过全程追踪服务方式，促使媒体和用户之间的关系更加密切。

（3）依赖大数据资源提高新闻报道的预测性

在大数据时代，算法具有模拟、预测等功能，能通过全面分析全样本的相关性，在不了解因果关系的基础上进行准确预测和推论，大数据系统主要通过相互关系了解接下来会发生的事情。与传统的新闻小数据相比，大数据强调用户数据的完整性和混杂性，这有助于新媒体行业获取更多接近事实真相的内容，精准推测受众喜爱的新闻。在过去的新闻生产过程中，获取新闻内容的进程比较滞后，往往在发生新闻事件之后，媒体才能够启动新闻生产程序，且在新闻作品在发表之后往往会变成大家共同讨论的旧闻。在自媒体时代，大家都是记者，过去的媒体生产新闻流程劣势会不断被放大，媒体甚至会缺席很多重要的新闻事件报道。在大数据时代，利用大数据技术进行预测，新闻报道不仅建立在人的经验判断上，还可以利用大数据掌握受众感兴趣的内容，明确受众的价值取向，以此为基础进行策划、选题和采写，从而报道出更多有针对性、有效的新闻。例如，在分析某公众人物逃税案的过程中，依据过去经验，媒体很难明确受众对逃税的态度，普遍认为公众对逃税案的态度是反对逃税的，但大数据显示，很多公众了解到《刑法》条款已进行了修改，首次逃税被查可以通过补缴税款而不受刑事处分，通过媒体分析公众对逃税处分意见分裂的情况，比单一视角和判断标准的报道更容易获得成功。

5. 算法新闻的意义

在出现算法新闻以后，新闻生产模式发生了很大变化，并对新闻传播领域的发展产生了深远影响。从新闻生产方面进行分析，算法新闻改变了传统新闻传播业中信息采集的烦琐环节，能够针对很多信息内容进行高效处理，既能够减少劳动成本的投入，又可以提高产品的整体销量。从新闻分发方面进行分析，算法新闻能够自动收集、分类用户的信息，并推送更多精准的内容，为用户提供个性化的定制信息。从新闻覆盖范围进行分析，算法的本质是人的新延伸，将其融入信息产销全过程中，利用计算机在大量信息中获取相关话题，直接拓展了人民群众的视野，并带来了更大范围的报道内容。总而言之，在新闻的生产过程中，算法发挥着信息枢纽的作用，能够将用户和大量信息进行密切联系，消除了新闻内容生产环节和分发环节的边界，并通过智能技术构建了高效的新型新闻生产模式。

6. 算法新闻对新闻传播业的影响

（1）优化传统新闻的生产及运营模式

从生产和盈利角度进行分析，算法新闻具有明显优势，能够从根本上减少成本的投入。算法新闻既对过去的新闻生产和运营模式进行代替和补充，具体体现在新闻报道、新闻写作、新闻编辑和发布等方面，它能够高效、快速处理海量信息，自动完成文章写作，并为受众推荐精准的新闻内容。但是，在数据积累量少、需要高度创造性写作的领域，算法新闻很难发挥出应有的作用。

（2）对记者职业的替代

目前，关于算法新闻能否完全代替记者职业的说法不一，具体体现在以下两方面：第一，算法新闻能够代替记者职业。在过去的媒体运营工作中，需要投入大量成本作为支持，媒体行业都希望利用算法新闻减少劳动成本的投入，而机器记者具有无酬劳动或低酬劳动的优势，这时记者职业将会被代替；第二，折中论或互补论。机器写作新闻和人写新闻各有优势，机器记者能够准确、快捷、迅速、简洁地完成新闻写作，人类记者能够针对新闻内容进行分析，提供个性化的写作内容，写出更具创新性的内容，还可以撰写一些复杂句子和精品新闻。在日常工作自动化运行的情况下，记者可以投入更多的时间用于深度报道，确保人机的高度协作性，但在传统媒体发展中，未来媒体的生态场景将呈现出混合、多面的特点，需要将报纸和算法新闻融入实际发展过程中，并在未来的媒体行业得以长期发展。

（3）传统新闻的价值理念、理论规范和法律法规带来新的挑战

算法新闻会受人为情感、价值判断等因素的影响，这就说明机器新闻更加真实吗？算法新闻能够结合受众的实际需求，为其提供更多个性化的信息需求，但怎样才能更突出媒体的社会责任和舆论引导功能呢？在算法新闻时代，如何利用机器控制新闻的生产和运营，有效保障新闻的自由，保证算法新闻的透明度。在大数据时代，机器新闻写作质量持续提升，机写新闻和人写新闻之间的差距越来越小，但很多媒体机构利用算法新闻技术，随意混淆两者，极易出现机器人冒充人类记者的问题，从而欺骗受众。

（四）临场化新闻

1.临场化新闻的定义

临场化新闻是通过第一人称报道新闻的形式，临场指的是进入现场，其通过3D游戏和虚拟现实技术，为使用者带来存在感，使其有亲身经历新闻报道事件的一种感受。临场化新闻技术融入人民群众生活后，大家可以沉浸于现场。大家对现场的认知是由用户观察角度决定的，这一角度是完全自主的。但是，在临场化新闻进入新闻领域后，会面临很多问题，如技术普及、人类生理限制，以及对新闻伦理带来的新挑战等，这些都是值得继续思考的问题。

2.临场化新闻的形式

在过去的社会发展中，临场化新闻通过电视直播形式为大家传达具有现场感的内容，但观众都是通过二维动画观看现场内容的。利用新技术能够创造媒体用户和现场的新关系，这就是临场，这一新技术从不同角度促使新闻用户在观看新闻事件的过程中，产生一种临场感和进入感，下面重点介绍临场化新闻的形式。

（1）临场化新闻方式之一：网络视频直播

网络视频直播能够为当事人和观看者创造面对面的画面，使观看者有一种身临其境的感觉，还可以将当事人的体验传达给观看者。在网络视频直播过程中，通过应用可穿戴设备，观看者能够获得真实的第一人称视觉。网络视频直播和电视直播有所不同，具体体现在直播主体、直播题材、直播方式和直播体验等方面，往往会以 PGC+UGC 的方式进行突破。目前，很多网络视频比较火，但在未来的发展中可能会出现降温，但网络视频直播的应用空间相对广泛，不仅可以进

行新闻直播，还可以在个人、商业等领域进行应用、创新。

（2）临场化新闻方式之二：VR/AR 新闻

VR/AR 能够为用户带来更加直观的体验，使用户在三维空间中有身临其境的感觉，可以 360 度沉浸在现场，实现所见即所得的目标。因此，用户可以从自身主观视角出发，在现场获取更多感兴趣的内容。这种方式不受传统电视直播中摄像、导播等视角局限性的影响，用户对现场的理解和认识，就是用户在现场观察的过程中获取的信息。

（3）临场化新闻方式之三：VR/AR 直播

在大型活动和体育赛事报道过程中，直播 +VR/AR 将成为主要的临场化新闻方式之一。现阶段，很多体育赛事都在使用 VR 进行直播。例如，在 2015 年 10 月，CNN 和 Next VR 进行合作，第一次通过 VR 形式直播了民主党电视辩论；2016 年 3 月，我国有两大网站通过 VR 形式直播了两会报道；2016 年 9 月，NBC 与 Altspace VR 公司合作，直播了 2016 美国大选第一次总统候选人电视辩论。VR/AR 直播在很多大型活动中得到了有效应用，但 VR/AR 和直播的结合需要很多技术和想象力作为支持，导致其在发展中会遇到一些问题。第一，VR/AR 设备普及问题。VR/AR 设备的普及还需要一段时间，现阶段的 VR/AR 新闻普遍通过 360 度照片方式进行展现，直接影响了展现效果，甚至会对用户的热情带来一定影响。第二，用户生理局限性。部分用户在观看 VR/AR 的过程中，会产生一定的眩晕感，导致用户体验过程中遇到很多问题，在未来的社会发展中还需要优化这一问题，为 VR/AR 技术的应用提供支持。第三，用 VR/AR 观看直播和用手机观看直播有所不同，其带来的体验具有排他性特点。用户无法将生理带宽完全交给 VR/AR，这就对 VR/AR 的应用前景带来了一定的影响。第四，互动的创新。VR/AR 需要新型互动模式作为支持，想象力和创新能力会对 VR/AR 新闻的发展带来一定的影响。第五，新闻真实性与伦理。VR/AR 新闻会对新闻内容的真实性带来一定的影响，在遇到刺激场景的情况下，需要考虑是否适合通过 VR/AR 进行表现，这是新闻行业发展面临的新型伦理问题。

4. 临场化新闻的制约因素

（1）临场化新闻的内容价值缺失

第一，移动直播。目前，网络视频直播主要以移动直播形式开展，新闻视频直播呈现出泛娱乐化倾向，媒体必须结合受众的碎片化阅读习惯、互动传播体验，更好地呈现新闻视频直播内容，突出浅层化特征。第二，VR/AR 新闻。不同受众的文化、理解水平存在很大差异，通过全景式无引导场景展示，会促使部分受众产生情绪化的感官体验，无法对新闻的内容价值有正确的认知。

（2）临场化新闻让受众错失关键的新闻内容

第一，受众碎片化直播视角和虚拟主观视角产生冲突，传统的视听语言结构和连续的叙事生态受到不利影响；第二，受众自由选择观看视角，很难确保新闻叙事展开的确定性，尤其是全景的主观视点，会使受众沉迷于没有景别、景深的画面信息中，从而错过关键的新闻内容。目前，临场化新闻技术还处于发展过程中，但传统的新闻生产模式已经发生了很大变革，衍生了传播生态，在未来的发展中，临场化新闻会在智能科技的支持下，为受众带来更多真实、现场感的体验。临场新闻就是创造用户和新闻现场的新关系，让用户进入新闻发生的现场，VR/AR 新闻是其中的一种，它让用户不再像过去那样利用二维平面把握新闻，而是真正做到"所见即所得"。用户可以依据自己的判断来认知新闻事件，而媒体需要做的就是把现场呈现给用户。

三、以人工智能为驱动的四种新闻报道形式的反思

人工智能技术与新闻传播的结合，实质上是技术发展新背景下新闻传播行业的变革。这种变革对新闻传播来说是有价值的，但基于现阶段人工智能的发展，我们也不能忽略隐藏在变革背后的种种弊端和问题。

（一）人工智能技术发展不完善

人工智能技术丰富、便捷了我们的生活，但我们仍然要认识到，现阶段人工智能技术的发展还处于第一阶段，我们必须重视由于技术发展不完善造成的负面影响。由于现阶段的人工智能技术对于信息的过滤、筛选和修正能力不足，加上缺少价值判断的能力，使得网络上的负面反馈很容易被其"学习"和"接收"，进而污染网络环境。

（二）算法使用户深陷"信息茧房"

分发平台能够结合受众的行为和画像，对用户的阅读倾向进行推测，将符合这一喜好的信息反复推送，做到精准推送，但在这一过程中，也不断重复和强化了用户的固有偏见和喜好，使得用户陷入了算法制造的"信息茧房"中，长久下来，会造成用户信息匮乏，视野狭窄。

（三）新闻伦理失范现象增多

由于技术、管理、法律、监管等方面的原因，人工智能技术很容易触及新闻伦理底线，主要表现在新闻真实性受到冲击、公众隐私权得不到保障、舆论监督功能被削弱等。

与传统新闻不同，机器人新闻更强调新闻的时效性而非真实性，导致假新闻泛滥。此外，人工智能技术介入新闻传播的大前提是海量的数据，算法分发是基于用户让渡部分隐私的前提下的，而人工智能新闻过度深挖用户的信息，是对公众隐私权的侵害。机器人可以代替记者去写作却不能去监督，但长时间通过机器人生产新闻，群众会对媒体产生不信任感，并对新闻媒体的监督带来不利影响。在未来社会发展的过程中，"智能+"或将取代"互联网+"，我们应该把握技术发展的方向和尺度，从个人、国家、制度、法律等层面做好应对，更好地应对人工智能技术带来的改变和冲击。

第四章　数据新闻可视化

第一节 数据新闻

一、数据新闻的发展历程

数据新闻又称数据驱动新闻，它是一种以数据为基础的，对数据进行抓取、挖掘、统计、分析以及可视化的新闻报道方式。随着大数据时代的到来，数据新闻发生了质的变化，大数据技术也将驱动着新闻朝着另外一个方向发展，将会在很大程度上改变传传统新闻的生产流程。

最早的数据新闻可以追溯到 1821 年 5 月，出自卫报发行的史上第一份头版新闻，统计了曼彻斯特的在校小学生平均消费情况，如今这份数据依旧可以从卫报的网络上进行下载。

数据新闻不是凭空产生的，它源于计算机辅助报道。20 世纪 50 年代，美国媒体记者就开始利用计算机来分析政府提供的数据信息，从而更好地进行新闻报道。对于政府以及企业等发布的有限数据的信息，新闻记者在经过计算机的深度分析和挖掘后，可以从中发现更多的数据信息，进而佐证新闻内容。与当时相比，现如今，记者能够利用网络大数据获取的信息量是那时的无数倍。

数据新闻与精确新闻、数字新闻之间存在较大的差异。精确新闻是 20 世纪 60 年代由美国学者、新闻记者菲利普·迈耶提出的，他指出，精确新闻是指在采访新闻时运用调查、实验和内容分析等一系列的社会科学研究方法来搜集资料，并进行的新闻报道。这类新闻报道方式在 20 世纪 70 年代的美国比较流行，20 世纪 80 年代传入中国，中国新闻界开始了这种新闻报道方式的应用。这种新闻更倾向于具体事件的调查、实验以及内容分析，其主要作用是用具体的数据来取代主观的、人为的分析，这样可以最大化地避免错误。数字新闻则是以数字、公式的方式来进行新闻报道。而如今的大数据新闻，则是利用大数据技术对复杂的信息、图片以及视频进行分析之后，再呈现的内容新闻报道。

二、数据新闻的两个模式

（一）利基模式

利基模式的创立者是澳大利亚广播公司（ABC），其也是数据新闻的先行者。利基模式是根据受众的不同对数据进行过深入的挖掘、筛选以及分析，进而满足受众的不同需求，同时，这种模式还可以借助新媒体平台以更加直观、便捷的方式与受众进行互动。

（二）类比模式

类比模式，顾名思义，主要作用是方便用户对信息进行类比，通过量化和质化的方式，根据报道主题的内容，选取其中的变量因素，将其从不同层面进行分析，从而使受众能够从不同角度来进行信息的类比，促使受众对信息进行理性的分析，避免其出现标签化的臆断或是坐井观天式的偏见。类比模式的目的是为了改善公民的媒介素养，使公民能够准确、全面地分析新闻信息。

三、数据新闻的基本特征

（一）以服务公众利益为目的

服务公众利益是数据新闻的目的，也是其出发点。

（二）以公开的数据为基础

公开数据是数据新闻的基础，也是数据新闻存在的前提，如果没有公开数据做依据，那数据新闻也难以推行下去。

（三）依靠软件程序为技术保障

数据新闻以数据驱动技术为依托，借助于特殊的软件对数据进行处理，这样更容易深入挖掘数据背后的价值，这也是数据新闻区别于普通新闻的核心所在。

（四）以形象、互动的可视化方式呈现新闻

受益于可视化的发展，数据新闻的展现方式更加个性化。借助数据技术，数据新闻可以将复杂、抽象的内容转化为更加生动、具体的新闻报道。

四、数据新闻的实践与创新

（一）以数据为核心驱动力，丰富内容生产

数据新闻的核心是数据驱动，借助数据驱动技术，更多的开放数据可以作为数据新闻的基本要素，为新闻报道提供素材。数据新闻改变了传统的新闻模式，使新闻内容变得更加立体化，进而使孤立的"新闻事件"延伸为"情景报道"，从而增加新闻报道的说服力。

（二）以可视化为主要呈现方式，创新报道形式

传统的新闻报道中冗杂的数据信息不利于受众的消化与理解，数据新闻通过可视化的方式对数据信息进行处理，使信息以形象、生动的方式呈现出来，这样更利于用户的理解，同时也为了用户带来交互式体验。

（三）以移动端为主的多渠道传播，拓宽传播途径

随着一系列互联网技术的发展，可使用的信息技术也越来越多，数据新闻在移动端的开发也更加便捷，进而拓宽了新闻平台，使得新闻传播的途径也越来越广泛。

（四）以独特视角跟踪社会热点，引导舆论走向

数据新闻是以数据为基础的，在海量数据的支撑下，数据新闻才可以更加高效地传递，由此，真实、客观的数据也成为数据新闻的基石。数据新闻因为快速性、便捷性成为各个媒体在新闻报道中为抢占独家报道而经常使用的重要方式，并且其在新闻舆论监督方面也发挥着重要的作用。

五、数据新闻的问题与对策

（一）数据新闻的问题与局限

1.数据源开放程度低，数据监管不力

数据是数据新闻的基础，只有基于大量且真实的数据，数据新闻才能够更好地传播，然而在数据的开放性方面，国内的数据新闻还存在一定的局限性。国外的政府、企业、媒体大多都有自己的数据库，且对记者和公众免费开放，但我国政府的数据源的开放程度相对来说比较低，对于一些重要的数据信息，并不对外开放，即便是已经开放的数据，其类型也比较单一，分布也并不均衡，这对于数据新闻的发展来说也是不利的。此外，与国外媒体主动获取信息不同，在获取数据信息方面，国内的媒体还是比较被动的，且各媒体间的竞争也比较激烈，这也导致了数据库难以全面开放。同时，由于数据的监管不到位，数据资源的真实性也难以把控，在数据筛选方面，各媒体还需要谨慎。

2.新闻从业者数据素养偏低，数据处理能力有限

撰写数据新闻对新闻从业者也有着较高的要求，新闻从业者必须具备较高的数据素养以及数据敏感性。数据素养是指针对数据所必须具备的获取、分析以及相应的知识、方法和技能。而数据敏感性则要求新闻从业者能够从冗杂的数据信

息中，准备提取相应的信息内容。就目前的新闻从业者的现状来看，新闻从业者数据敏感性、热点性等方面的能力还有待提升。由于专业技能的局限性，很多新闻从业者对数据的解读仍停留在表面，对于数据的分析能力还远远不够。

3. 可视化技术滥用问题突出

可视化技术是数据新闻的优势，但同时也存在可视化技术滥用的问题，部分新闻从业者对数据新闻的理解不够透彻，在数据新闻报道中过于追求"大而全"，这不仅使得新闻报道的实用性和价值存在局限性，还使得数据新闻失去了它应有的作用。许多数据新闻仅仅是披着"数据新闻的外衣"，而失去了数据新闻的内在。数据技术的使用要注重适当性，过于依赖技术，可能导致内容流于形式，失去了新闻的核心思想，而技术应用较少，也有可能使数据新闻报道不到位，因此，对于技术的使用要把握好一个度。

4. 专业化数据新闻团队建设有待加强

数据新闻是目前新闻发展的趋势，国外已成立了很多专业化的数据新闻平台。随着数据新闻外部环境的发展，受众对于数据新闻的要求也越来越高，专业的数据新闻队伍是不可或缺的，但就目前国内的情况来看，数据新闻的专业化程度仍是比较低的，尽管起步较早的数据新闻媒体早已成立了专业的数据新闻团队，但从整体来看，还有很大的提升空间。

（二）数据新闻的解决对策

1. 海量数据收集与整合

数据是数据新闻的基础，为此，新闻工作者需要从多渠道收集大量的数据信息，数据渠道不仅限于政府、企业以及媒体机构，各种公开的数据库均可以作为收集渠道。获取信息后，新闻工作者需要从这些海量的信息中，对数据进行整合和处理，最后将有价值的信息整合成新闻报道内容。以"百度人口迁徙"为例，百度借助相应的数据资料库，可以将人们购票的时间、地点、性别、年龄、出发站、终点站等信息进行统计，进而形成人口迁徙数据库，这一数据库不仅可以供新闻工作者使用，其他的机构和部门也可以借助这些数据来创造价值。数据的收集与整理是数据新闻的基础，对数据新闻也是一项挑战，只有从海量的数据信息中挖掘出有用的信息，才可以创造出更大的价值，进而做出深度报道。

2. 凸显把关人的重要性

面对海量的数据信息，新闻工作者不仅要具备一定的数据筛选整合的技术水平，更重要的是要有一双慧眼，能够准确把握数据的真实性，同时，还要能够从中选出重要的数据进行报道，进而为受众提供更加精准的新闻。在信息爆炸的时代，数据把关是非常重要的一个方面，只有确保数据的真实性，才能避免大量假新闻的传播。

3. 提高新闻工作者媒体素养

数据新闻作为一门新兴学科，其不仅具备传统新闻的特点，而且具备大数据时代的特征，因此，它也给新闻工作者带来了挑战，新闻工作者除了需要具备传统新闻的采写编评技能外，还要能够适应大数据时代下的新闻创作，并能够熟练使用大数据技术。主要从以下几个方面来分析新闻工作者应具备的素养。

（1）熟练运用计算机能力

如今已进入到互联网时代，人们的日常生活已经离不开互联网，新闻工作也是如此。只有紧跟时代的发展，媒体才能更好地生存下去。在互联网时代，摆在新闻工作者面前的是大量的数据信息，而传统的计算机已然无法处理大量的数据，必须通过云计算来进行数据信息的处理与分析，这也就对新闻工作者提出了更高的要求，其必须熟练掌握计算机技术，才能够利用计算机处理各种数据信息。

（2）分析处理数据能力

与传统的文字图片不同，数据新闻是以数据为依托的，通过数据可以发现问题、提出问题，有了问题之后，还需要进行数据的搜集。在对大量的数据整合、分析、处理后，将不需要或者不相关的数据剔除，剩余数据则可以用来进行新闻分析。以美国德勤公司为例，美国华盛顿德勤公司在招聘数据记者时，其中最主要的要求便是具备较强的数据分析能力，较强的数据分析和处理能力是胜任这项工作的关键。

（3）可视化平面设计能力

可视化为数据新闻的发展带来了新的活力，借助可视化可以将复杂的数据简单化，从而使受众更易于理解，为此，新闻工作者应掌握可视化技术，将不同的时间和空间联系到仪器，从而使数据新闻更具希望与活力。

六、数据新闻的发展趋势

（一）提高数据素养，消除数据偏见

数据素养是大数据时代新闻工作者所需要具备的基本素养。结合武汉大学王琼教授的看法，我们可将数据素养细分成以下几个方面：对数据的收集、分析处理以及利用数据决策的能力；对数据的敏感性；对数据的批判性思维。数据新闻的生产需要经过"搜集数据—获取数据—处理数据—分析数据—展示数据—与公众交流—讲述数据包含的故障"几个方面，新闻工作者需要从这几个方面来全面开展工作。

面对海量的新闻数据以及复杂多样的数据来源，新闻工作者必须具备批判性思维，要能够准确提炼出数据中的有用信息，并对数据进行详细的处理，同时，还要学会对数据存疑，不可唯数据论，避免产生偏见。

（二）提供数据共享，加强数据监管

数据共享是大数据媒体发展的关键，数据共享有助于实现媒体间的互利共赢，但数据共享也存在一定的风险，为此，实施数据监管是非常有必要的，只有对数据进行层层把关，为记者和受众提供真实、可靠的共享数据，才更能展示更加优秀的报道。在数据监管方面，中国还有很大的进步空间，还需要不断借鉴国外媒体的优秀经验。首先国内媒体要转换自身的思维观念，在网络共享时代，媒体要不断提升数据的开放性和交互性，及时分享自身数据。同时，还需要做好数据监管工作，确保数据的真实性和可靠性。

（三）提升数据专业主义，打造个性化、定制化、游戏化数据产品

数据新闻在国外的发展比中国要早，并且其在突发性事件、财经报道以及调查性报道等方面积累了丰富的经验。在大量的数据支撑下，新闻报道的专业性、可读性更高，而且其呈现方式也更加多元化。为此，我们也需要不断加快数据新闻的发展，不断提升数据新闻的专业性，进而推动数据新闻快速发展。数据新闻是以受众需求为基础的，受众的满意度决定了数据新闻的受欢迎度，只有更加契合受众的需求，新闻数据才能朝着长远的发展方向迈进。受众通过与数据新闻的互动，更容易与新闻中的事件产生共鸣。数据新闻在生产的过程中还需要注重产品的交互性、个性化、多元化、可视化，数据信息越多样化、全面化，数据新闻也会越多样化，从而越容易满足受众的个性化需求。此外，游戏化也将是未来数据新闻发展的一大趋势，游戏化的新闻更容易给受众带来新奇的体验和感受，也有利于受众接收，在数据产品开发环节，媒体还要注重数据新闻的游戏化开发。

（四）注重数据新闻理论体系建构，创新人才培养模式

实践离不开理论，数据新闻在发展的过程中还需要不断完善理论体系，注重从多学科、多视角来研究新闻，从而使数据新闻朝着更加专业化、全面化的方向

发展。数据新闻对从业者的要求也比较高，传统的新闻从业者难以适应数据新闻的发展，为此，还需要加强人才的培养和创新。今后的新闻教育也要立足于数据培养，从学生阶段就开始重视学生的数据分析能力，培养多学科的复合型人才，这样，学生在步入工作岗位后，才能快速适应。此外，由于技术的更新迭代较快，新闻工作者的学习还需要与时俱进，不能单纯地局限于教材内容，还需要结合时代技术的发展，不断学习新的技术手段，这样才能始终走在技术发展前列。

第二节 数据新闻可视化

一、数据新闻的呈现之道：可视化

（一）可视化定义

可视化是指借助计算机技术将抽象的数据表现为直观的图形或图像的方式。可视化涉及多学科领域，其所涵盖的应用也较为广泛。最早的可视化案例可以追溯到 1686 年，英国科学家哈雷制作了世界信风地图，从这张图中我们能够清晰地看到全球信风的分布。随着技术的发展，可视化的领域也逐渐过渡到教育、金融、医疗卫生等。就学科领域来看，可视化主要可以划分为：数据可视化、信息可视化、知识可视化和科学可视化。

（二）可视化在其他学科的应用

尽管可视化涉及不同的学科，但其仍具有一定的共同点，以下主要从三个方面来分析。

其一，研究对象相同，无论是哪个学科的可视化，其研究的对象都是相同的，都是对数据进行研究；其二，研究目的相同，都是对数据进行研究，并将复杂、抽象的数据具体化、简单化；其三，依托手段相同，无论哪种可视化方式，都离不开计算机图形技术。新闻学作为一门专门的学科，可视化是否也可以作为一种重要的新闻媒介或工作，进而来帮助人们思考新闻背后的意义呢？

表 4-1 可视化在其他学科的应用

学科领域	研究对象及特点	研究目的	主要学科技术	可视化主要类型
科学可视化	物理、化学、地理、医学、生物学等学科数据	帮助人们理解错综复杂的数字，呈现可视化的科学概念和结果	计算机图形学	地图、气象图、CT 等
信息可视化	抽象的、非结构化的、非几何的抽象数据	将抽象、非结构化的数据信息转换为有效帮助人们理解的可视化形式，挖掘数据的深层含义	计算机图形学、认知心理学、视觉设计、人机交互	EXCEL 中的饼图、柱状图等
知识可视化	需要加工、整合和处理的知识结构	建构、传达和表示复杂知识的图形图像手段，传输、重构、记忆和应用知识	计算机技术或人工手绘图	概念图、知识语义图、因果图
数据可视化	非空间数据领域如自然科学、商业数据	将无意义的数据以图像图形的形式展现，便于人们发现未知信息、挖掘事件发展规律	计算机图形、科学可视化、统计图形	以上形式的综合

二、数据新闻可视化的概念

数据新闻可视化是将数据新闻以可视化的方式呈现出来的手段，借助网络计算机技术和图像处理技术，抽象的数据新闻可用图像的方式展现出来，这样，媒体就可以以可视化的方式来传递数据新闻。对于数据新闻可视化，不同的学者有不同的看法，主要体现在以下几个方面。

（一）数据是核心

狭义的"数据"仅包含数字，而在数据新闻中"数据"不单单是数字，还包含新闻中所涉及的文本、图像、音频、视频等内容。如今新闻报道也不再局限于对"最近发生的事件"的报道，更多的是对新闻内容的深度报道，或者是对新闻事件的预测，这样的报道形式不仅可以使新闻内容更加立体、全面，而且可以使新闻更加专业，但这种报道方式对新闻从业者的要求也更高。数据新闻也是如此，不再是简单地堆砌数字，而是要结合选题搜集数据、处理数据、挖掘数据中的有用信息。对于数据新闻来说，数据是核心，那"新闻"又从何而来呢？数据新闻是借助数据陈述事实，新闻源自数据，脱离了数据，也就失去了新闻，因此，想要利用数据来讲故事，就要保证数据的价值，在数据处理的任何一个阶段，新闻工作者都需要不断问自己，这些数据的价值在何处，如何利用这些数据。只有充分挖掘数据价值，才能做好数据新闻。

（二）可视化是载体

可视化是数据信息的表现形式，借助计算机和图像处理技术，新闻工作者能够使抽象的数据转化为清晰直观的图形，使数据"活"起来、"动"起来。

在传统新闻中，图表是以新闻配图的方式出现的，文字是主要的报道方式，而图表则起到文字的补充作用。以往，大量的文字才可以将新闻事件的来龙去脉解释清楚，而随着数据新闻的发展，数据图表的作用也越来越显著，图表、数据完全可以取代文字，如直观的流程图完全可以解释事件的发生经过，人物事件关系用示意图也可以展示得非常清晰。过于复杂的内容也完全可以用一个思维导图解释清楚，甚至还可以给受众留下想象的空间。此外，柱状图、折线图、饼状图等，不同图表的侧重点也有所不同，折线图可以让人清楚看到一段时间内，事件的变化情况；柱状图可以让人清晰看出数据在不同时间段的对比情况。根据不同的需求，媒体可以选择不同的图表类型，借助可视化的方式，不需要文字，就将数据新闻清晰直观地呈现出来。

除了柱状图、折线图、饼状图外，可利用的图表形式还有雷达图、散点图、气泡图，等等。在爆炸式信息时代，大量的图表类型才能满足不同的数据新闻，借助图表的可视化方式可以将新闻事件解读得更加全面、清晰。在新闻传播中，可视化也逐渐成为传播的主要媒介。但随着技术的发展，可视化也将不再是单纯的图像化处理手段，还需要增加与用户的交互性体验，如可以向受众分享原始数据，使用交互式图表为受众报道更加复杂的新闻事件。随着需求的增加，受众对于可视化的要求也将越来越高。

（三）计算机技术是支撑

通过可视化在其他学科中的应用我们也能够看出，无论是哪一种形式的可视化，其都离不开计算机图形学相关技术。随着技术的进步与发展，计算机也发生了天翻地覆的变化，图形图像的执行者也由人变成了计算机，新闻传播范围更广泛，传播媒介也更加多元化。在当前的大数据背景下，计算机更是贯穿整个新闻传播的始终，从数据的搜集到新闻的传播，每一个步骤和环节都离不开计算机，但最终起决策作用的却不是计算机，而是人，这也就体现了人机的交互性，人需要借助计算机来进行数据的搜集、处理和删选，但搜集什么样的数据，呈现什么样的新闻却是要由人来决定，计算机技术仅起到支撑的作用。

数据新闻可视化离不开大数据技术的支持，但由于大数据的数量庞大且数据结构多元化，因此，受众能直接从中获取的信息是比较受限的。对于普通受众来说，他们更容易接收最终呈现的数据新闻，从经过处理的信息中更容易得出他们想要的信息。

数据新闻的可视化给新闻传播带来了新鲜的活力，使静态的新闻更加生动活动、更具活力。传统的新闻传播虽也具备视觉美感，但加入可视化之后，数据新闻就犹如一只振翅欲飞的蝴蝶，给人以更美的感受，令人过目不忘。

三、数据新闻可视化的生产流程

数据新闻报道的生产流程分别为收集数据、分析挖掘数据几呈现数据。

（一）收集数据

1. 收集数据的方式

传统新闻主要依靠记者的调查、采访来收集信息，从而挖掘出新闻线索来进行报道，在如今的网络时代，数据新闻的收集也发生了变化，其主要有如下几种信息收集的方式。

（1）使用政府公布的官方数据

在如今的信息共享时代，数据信息开放化、共享化的程度越来越高，大多数国家都开始认识到数据公开的意义，也在逐渐提高信息公开的程度。目前大多数的数据新闻都源自政府的公开信息。2011 年 9 月 20 日，美国、英国、印度、巴西等国家联合签署了《开放数据声明》，并成立开放政府合作伙伴计划，截至2104 年，全球已经有 63 个国家加入到这项计划中。我国的公开数据平台主要有国家统计局、国家卫生健康委员会等。

（2）企业及第三方数据库

除了政府的公开数据之外，部分企业以及第三方也建立了公开数据平台，供受众查询和使用，例如，中国的阿里研究院、淘宝指数以及 Google public data、Guardian Data Store 等。

（3）利用社交媒体平台采集的数据

人们在社交媒体平台上所上传的各种信息大多也是公开的数据信息，这些数据对于新闻报道的传播也是非常有利的。在这个人人都是"媒体人"的年代，人人都可以是信息传播者，甚至往往最新的、第一手信息资源都是来自个人，而并非专业媒体，因此，社交媒体平台上的数据信息也是非常重要的，利用好这些信息也可以做好新闻报道。

（4）互联网技术、搜索引擎搜索

互联网中有着海量的数据信息，但这些信息中能够直观呈现到受众眼前的，只是凤毛麟角，如果想要获取自己想要的信息，还需要主动地搜索，借助搜索引擎，人们需要在海量信息中筛选对自己有用的信息。

（5）传感器、全球定位系统等技术

随着技术的快速发展，可获取数据的机器设备也越来越多，很多设备自身都配备了传感器，这些设备所获取的数据往往比较单一，而且数量较少，但如果将这些数据全部都整合到一起，那数据量将是非常惊人的。例如，百度就曾借助百度地图来展示春节人口流动情况。如今，人们所使用的设备越来越智能化，且大部分人手中都不止一台电子设备。人们通过传感器、定位系统等技术可以获取各种不同类型的数据，如果能对这些单一、少量的数据整合，那将得到大量的数据。在大数据时代，学会信息的整合是非常必要的，新闻工作者应学会通过整合信息，发现新闻视角，做独家新闻。

2.困难和障碍

数据新闻最为关键也是最为重要的两个问题是数据的真实性和开放性。

（1）从新闻的公开性来看

在数据的开放性方面，中国还有很大的进步空间，其数据开放程度还远远不到位。美国比较善于进行数据处理，所以他们重视一切数据的收集工作，并根据所收集的这些信息来处理问题。但是从我国的公开数据来看，这方面做得还不是很到位，科研人员想要研究某一个问题，却缺少大量的数据支撑，从而导致问题的研究存在较大的困难。如科研人员想要通过大数据来治理雾霾，需要了解环境污染数据、汽车尾气排放数据、汽车行驶数据、高耗能企业数量、高耗能企业生产规模等大量的数据，但这些数据并非都是公开透明的，只有拿到一手的公开数据才能继续开展研究。数据搜集、处理、挖掘均属于技术层面的问题，但数据的公开与否是态度问题，只有勇敢迈出数据公开这一大步，才能更好地开展数据新闻。

（2）从收集数据的真实性来看

数据新闻是基于对数据的分析、判断而得出的新闻，为此，数据的真实性是非常必要的，只有在保证真实性的基础上，才能够确保其真实。然而在新闻报道中，新闻工作者不可避免地会掺杂自己的主观判断和个人臆断，从而导致新闻报道有失真实。

（二）分析挖掘数据

在大数据时代，数据是海量的，匮乏的是数据信息的分析、处理能力。数据新闻并非是对大量数据的堆砌，而是要能够从海量的数据信息中选取有价值的信息，即"发生了什么""为什么发生"等。对于受众而言，大量的数据信息对他们是没有价值的，受众也不关心这些数据的实际意义，他们更关心这些数据背后的故事，因此，新闻工作者要不断提升自身的数据处理能力，挖掘数据背后的故事和意义。正如麻省理工学院教授克劳福德所指出的那样：大数据的研究更多的是统计事情发生的频率和相关性，而无法得出因果关系。只有将大数据策略和小数据研究相结合才是更科学的科研途径。为此，新闻工作者需要强化自身的数据分析能力，要能够准确判断数据，确保数据的时效性、真实性、准确性。

数据的前期处理是非常重要的一项工作，其会对后期的信息挖掘产生一定的影响。前期数据处理到位有助于提升后期的工作效率，也能够帮助新闻工作者及时发现数据背后隐藏的规律，从而做出准确、科学的预测。在数据的挖掘分析中，还需要新闻工作者具备数据建模能力、数据统计能力、数据库建设能力等，要能够正确处理数据结构和数据的关系，以及灵活使用各种数据分析软件。借助软件，新闻工作者可以快速地对数据进行处理，从而加快新闻写作的步伐。市面上的数据分析软件是比较多的，且大部分软件的使用方法都比较简单，不用专业培训，就可以快速上手，然而不同的分析软件也有所不同，新闻工作者要熟悉软件间的不同，要做到即便是更换软件，也能快速处理数据。

（三）呈现数据

新闻的最终结果是呈现新闻内容，为此，数据新闻在对大量的数据信息进行处理之后，还需要将最终的结果以可视化的方式呈现出来。在呈现方式上，形象、直观的可视化方式更容易给受众留下深刻的印象，简单的图表就能够将繁杂的新闻事件清晰地展现出来，尤其新闻工作者要学会使用交互式的设计。可视化的常见方式主要有关系图、时间线图、词频图等，通过 Google ChartAPI、Tangle、phpMyAdmin 等软件能够对新闻进行可视化处理。除了使用可视化方式和软件之外，在数据新闻的呈现上也需要掌握一定的技巧，要学会使用一些图形基础和视觉设计的方式，注重数据结果和设计的韵律、色彩等，这样可以使数据新闻以更美观的方式呈现出来。可视化是区别于传统文字报道的一大重要特点，以及有效传播的关键环节。

四、数据新闻可视化对新闻生产的影响

（一）新闻内容的转变

传统新闻注重微观的表达，更侧重于对内容细节的描述，多以文字的形式来呈现，但文字表达往往比较主观。而大数据下的数据新闻则是基于客观数据的基础上来进行报道的。由于新闻表现形式的转变，因此，对新闻工作者的技能也就提出了更高的要求。除了新闻传播所必须的技能外，新闻工作者还需要掌握现代交互技术，如在数据地图中，仅通过颜色的不同、图形设计的不同就能够呈现不同的变化。在报道中既要能够实现宏观的新闻报道，也要能够捕捉内容细节，这样才可以更加全面地报道新闻。

不同的新闻形式，新闻的重点和"主配角"也有所不同，传统新闻以文字为主，图表、图片则处于辅助地位，而数据新闻则是图表、图片占主角地位，文字占配角地位。尽管可视化在数据新闻中占有较高的地位，但数据新闻和传统新闻的本质是相同的，都是还原新闻现场，讲好新闻故事，只不过两者的表达方式不同。英国《卫报》的数据新闻编辑 Simon Roger 曾说过："数据新闻只不过是借用可视化的方式来更好地讲述新闻故事。"可视化只是新闻传播的一种媒介手段而已。在数据新闻的生产中，新闻工作者要充分结合数据新闻以及可视化的特点，合理利用可视化手段。

（二）新闻价值的深度挖掘

大数据时代，人人都可以是信息的传播者，社交平台上的任何一条信息也都有成为新闻的可能，然而大部分这样的信息都是"昙花一现"，没有价值。尽管当前新闻工作者可挖掘的信息渠道更加宽泛，但也不乏大量的浅层信息，缺乏新闻价值。为此，如何挖掘有价值的新闻信息成为当前新闻工作者需要重点关注的问题。新闻记者每天面临着数万条的新闻及选题，如何从中挖掘出受众喜欢且有价值的信息，是非常关键的。传统新闻借助发行量、收视率、收听率等指标来衡量新闻的受欢迎度，数据新闻也可以利用网络技术来了解受众的需求偏好，从而

对受众的阅读习惯、阅读偏好进行分析，进而总结用户的需求，为用户推送其可能感兴趣的新闻。受众每天接触的信息较多，且信息接收渠道也比较广泛，在这种情况下，数据新闻的竞争压力也就比较大，媒体只有精准抓住受众的需求，挖掘受众的喜好，才能吸收受众的注意力。"数据"也是数据新闻的优势，人们访问网页的频率、次数以及评论、转发、点赞等在网络上都是有迹可循的，借助这些信息就可以分析出用户的需求偏好，进而深入挖掘用户信息，结合用户需求来进行新闻的深入报道，这样更容易提高受众的满意度。此外，根据大量的数据信息还可以预测受众的行为，预测新闻事件的发展，进而提升新闻的价值。

（三）新闻叙事方式的转变

新闻叙事是新闻事实的传递，借助故事的方式，能够增强新闻的趣味性，提升新闻的可读性。在传统的新闻中叙述方式大多采用"倒金字塔"的形式，对于这种文字组合方式，新闻工作者基本都是非常熟练的。而数据新闻的叙事方式则不同于传统的新闻叙事，还需要对传统叙事方式进行深加工与处理。从形式上来看，它是将抽象的内容具体化，借助可视化的方式呈现出数据背后的含义，使其更具可读性和交互性。从内容上来看，数据新闻是对数据进行一系列处理的过程。

（四）传播效果的转变：回归受众本位

无论何种新闻类型，新闻的传播对象都是不变的。然而随着网络及智能手机的发展，受众越来越倾向于碎片化阅读，因此，数据新闻在传播过程中还需要结合时代的发展变化，更贴合受众的阅读习惯，使新闻真正回归受众本体。在视觉传播时代，人们对于接收信息的方式的要求也越来越高，这就要求新闻工作者在生产数据新闻时要条理清晰且全面，从而便于受众接收和理解。

五、数据新闻可视化的优势

（一）揭示新闻要点，挖掘数据关系，揭示深层含义

可视化提升了新闻的纵深感，是文字新闻的补充。可视化新闻通过时间与空间的交互性联系，可以使新闻内容更加立体地展现在受众面前，从而使受众对新闻有一个更加全面的认识。新闻事件往往是复杂的，单纯依靠大量的文字很难将新闻的来龙去脉描述清楚，而且文字所在的篇幅是有限的。新闻可视化就可以很好地解决这一问题，通过可视化实现时间和空间的时空交错，进而使整个庞大的

空间浓缩于视线内。

数据新闻更容易展现新闻背后的故事，借助客观的数据更容易揭示新闻要点，使整个事件更加全面地展现出来。如《卫报》报道的伦敦骚乱事件，大多数人都觉得造成骚乱的罪魁祸首是像 Facebook、twitter 一类的社交网络。社交言论自由，使部分人在社交平台上随意发布煽动性语言，进而导致骚乱。《卫报》在数据博客中发布了关于骚乱的报道，采用的就是数据新闻的方式，借助可视化的技术，以图表的形式阐述了骚乱发生的原因，通过时间轴、图形、颜色等图表形式向受众清晰地还原了整个事件，如红色代表流言、黄色代表怀疑、灰色代表中立。此外，图表还具有很强的交互性，用户点击鼠标就能清楚地看到信息的发布者以及评论、转发人数，通过可视化图形也能够看出骚乱的发生和社交媒体并没有直接的关系，而是与当地的经济状况有密切的联系，这一数据博客也为社交媒体证明了"清白"。在这一数据新闻中我们也能够看出可视化的重要性，它不仅可以使新闻内容更加直观具体，而且更容易还原新闻事件背后的深层意义。

大数据下新闻往往是多元化的、多维度的，通过多维度的数据来挖掘数据之间的关系，有助于拓宽新闻视角，使受众可以从多层次、多角度来分析新闻问题。

（二）预测新闻事件的发展趋势

数据新闻更有助于预测新闻事件的发展趋势，尽管传统新闻也具有一定的预测性，但大多都是依靠专家或者个人经验，由于专业和个人不能代表大多数人的利益，所以预测结束也往往不被大众认同。舍恩伯格曾说过"大数据的核心是预测，机器人不需要像人一样思考，但通过对海量数据的计算，更容易预测事情发生的可能性"。由于数据新闻是基于大量的数据结果分析而得到的，因此，数据新闻的预测更具科学性。然而就目前的新闻媒体来看，很多媒体还没有深入挖掘数据新闻，其预测的内容还停留在一些传统的新闻报道上。在经济、科技等领域数据新闻取得了突出的贡献，以首届世界数据新闻奖入围奖作品《预算计算器：2012 年财政预算将如何影响你？》为例，过去，财务数据对于一般受众来说往往是可望不可及的，然而在这个作品中受众可以清楚地看到财务预算，并且通过可视化的手段，受众可以了解财政预算的使用情况，清楚数据背后的意义，了解公众财务政策对居民的影响。此外，通过这个可视化的图表，受众还可以将自己的个人信息输入进去，从而得出自己 2012 年将会大致支付多少税，并以此为依托，推算出自己的生活情况。

（三）受众参与感强

新闻是为大众服务的，数据新闻也是如此。数据新闻的可视化更容易拉近受众与新闻之间的距离，从而使新闻更好地为受众服务。首先，可视化新闻使数据新闻更加生动、形象，使受众更容易感受到新闻的魅力。如今，在信息化时代，受众拥有选择权，不再被动地接收信息，而是更加主动地参与信息的传播。其次，如今的新闻工作者会充分考虑受众的感受，会结合受众的需求偏好来挖掘受众可能感兴趣的内容，进而再通过可视化的方式将新闻呈现给受众。再次，可视化的新闻内容更容易帮助受众解决自身的问题。数据新闻借助可视化的方式阐释了宏观新闻和个人的关联，从数据新闻中受众可以找到自己需要的信息，进而解决自己的问题。如购房时可以利用可视化数据新闻，点击数据新闻的数据得出房屋手续费、维护费、税费、中介费、租金等问题。

在新闻内容的制作中，数据新闻可以提升受众的参与感，在如今人人都是"媒体人"的时代，受众不再是单纯的信息接受者，也可以成为新闻的生产者。在国外，受众就可以通过"新闻众包"的方式参与新闻的制作。如《卫报》的《议员的开销》就是非常典型的采用"新闻众包"形式的数据新闻，《卫报》通过向读者开放账单，企图通过大量的账单数据信息帮助读者找到账单中存在的问题，从读者处获取了信息之后，其快速完成了"议员的开销"这一研究。这则新闻充分说明了受众的参与性，也在一定程度上弥补了媒体自身编辑人数的不足的问题。

此外，公开数据的共享性也可以在很大程度上提升受众的参与感。通常可视化的数据新闻，会在文章的末尾部分为受众提供可供下载的共享数据，受众可以结合自己的需求和情况来利用这些数据，同时还可以参与数据新闻的创作，进而帮助新闻工作者进行更多的报道。

（四）解决社会问题

大数据推动了时代的变革与发展，西方发达国家对数据的利用尤其充分。如在徐子沛的《大数据》中，就描述了美国纽约利用大数据来改善犯罪率的问题，纽约将所发生案件的地点都通过圆点的方式记录在的地图上，不同的圆点类型代表着不同的犯罪种类，如果某一区域中出现了大片的圆点，这意味着该区域的犯罪率比较高，还需要加强管理。执法者根据这个"犯罪指示灯"严格执法，能够在一定程度上降低犯罪率。此外，有关单位还将交通事故数据和犯罪数据结合在一起，结果发现事故多发地带也正是犯罪高发地，于是，此区域内的交警和治安管理警都加强管理，从而帮助此区域降低犯罪率。通过这一事件，我们能够看出可视化数据对于解决社会问题是非常有帮助的。在数据的利用上，我国也可以借鉴西方发达国家的经验，将数据引入社会管理中。如在 2015 年两会中，央视及其各大网站通过对数据的分析，挖掘出了反腐、养老、就业、收入分配等热点问题，进而为政府工作提供了更加明确具体的方向。尽管随着社会的进步和发展，我国在各方面都取得了较大的成就，但在很多问题上仍存在着不足，为此，新闻工作者要充分挖掘数据信息，提升新闻的广度与深度，同时，使受众也积极参政议政。

第三节 数据可视化的类型

一、数据新闻可视化媒介类型

如今国内的媒体也在朝着多元化的方向发展，分别有传统媒体、电视媒体、网络媒体、手机移动媒体，等等，无论是哪一种媒体都认识到了大数据变革的重要性。尽管同国外相比，国内的媒体在挖掘大数据方面还有待提升，但是其付出的努力还是值得肯定的。目前国内各大媒体也都非常重视可视化的新闻呈现方式。

（一）纸媒可视化

纸媒作为传统媒体，即便是在大数据视域下，纸媒的地位仍是不可动摇的。纸媒以文字为主，少量的图表仅是纸媒的辅助手段，尽管纸媒中也存在一些可视化的呈现方式，但其所占的比重是较小的，而且也仅仅是流于表面的，受众很难从数据中得出更深层次的含义，不利于新闻事件的预测。因此，如何增加纸媒的可读性，提升纸媒的可视化，是当前纸媒工作者需要重点关注的问题。目前，《新京报·新图纸》《京华时报·财经图解版》《南方都市报·数据版》《钱江都市报·图视绘》等纸媒都在新闻的可视化方面做出了突出的改善。

可视化的新闻能够帮助人们从繁杂的文字中脱离出来，尤其是在当前的碎片化阅读时代，人们很少有耐心和精力来仔细阅读一整版的纸媒内容，而通过可视化的方式不仅能够对纸媒的字体、版面等进行艺术设计，而且还可以利用交互式的方式将文字和数据融合到一起。但由于版面的限制，在可视化的方式呈现上纸媒同其他网络媒体还存在一定的差距。

（二）电视媒体可视化

电视媒体在可视化方面做出了很多的尝试。2014 年春运期间，央视首次推出了《"据"说春运》节目，这一节目就是将大数据与春运情况有机结合在一起的实例，百度地图利用 LBS 功能，将所有手机用户的春运迁徙图用可视化的方式展现出来，进而为受众提供整体春节期间的人口迁徙情况，也为电视进行春运报道提供了一个全新的视野。在此基础上，央视结合这一数据主题，推出了《"据"说春运》专题系列节目，给受众带来了一场全面的视觉盛宴。除了春运之外，百度还用这种方式给受众提供了更多与春节有关的热门话题。可以说这一次尝试为大数据在新闻业的应用拉开了良好的开端。借鉴这些成功经验，央视又在两会期间推出了《"据"说两会》系列节目，借助大数据整合受众比较关心的议题，并预测相关的新闻内容。大数据在两会中的成功应用，再一次展现了大数据在新闻业的实践性意义。

可视化新闻不仅使新闻内容更加生动形象，而且可以使新闻主持人眼前一亮，如在《"据"说春运》中，顾国宁和欧阳夏丹置身于三维空间中，实现与"数据"互动，还与"民众"进行互动。在这一空间中，主持人仿佛拥有的魔法，只需要轻点图表就可以让图表跟随自己的手势和动作发生变化，这种趣味性的方式不仅给人一种新奇的体验，更有助于受众接收信息。在这种方式的加持下，新闻解说词也不再是枯燥难懂，政策内容也更加易于受众接收。从《"据"说春运》到《"据"说两会》，央视不仅做出了良好的尝试，也给其他卫视树立了榜样，各卫视也应进行积极探索，不断改进自身的不足，借助大数据技术来丰富新闻内容。紧跟央视的步伐，江苏卫视推出了《大数据看迁徙》《大数据说消费》、浙江卫视推出了《大数据看出行》《大数据看春运》等。2014 年又被称为电视大数据元年，这一年，各大卫视都开始不断进行新的尝试，都开始充分利用大数据技术，力求使新闻的表现形式更加丰富，动画效果更加有趣，从而为受众提供更加有趣的新闻内容。

2012 年央视曾推出《数字十年》这档节目，这一节目主要展现了十年来中国在政治、文化、生活等方面所发生的变化、取得的成就。十年来，电视新闻也发生了显著的变化，电视新闻节目不再只有枯燥乏味的字幕和解说，而是加入了动画、图表等。借助数据的方式不仅提升了新闻传播的趣味性，而且实现了真正意义上的"靠数据说话"。

（三）网络新媒体的可视化

随着传播渠道的多元化，想要在激烈的竞争中脱颖而出，媒体也需要更具特色。如今，很多门户网站都以独立板块来进行可视化报道，比如，网易的《数读》、搜狐的《数字之道》，等等，不同的板块有其独特的定位。如《数读》的宗旨是"在这里，我们用数据说话，提供轻量化的阅读体验"。《数字之道》的定位是"深度挖掘事实，体验资讯可视化的快感"。各媒体都不断挖掘独特的、独家的新闻报道方式。如网易新闻策划了一期"十分之一的中国人"，借助一张地图向人们讲述了各省各地打工者的数据，及打工人背后的故事。十八届三中全会后，人民网借助图表以及简单的文字说明，向人们展示了如何用"一张图读懂十八届三中全会"。网络媒体的可视化程度要远远高于电视媒体和纸媒，在新闻可视化方面所做出的尝试也更加多元化。财新网还专门成立了数据新闻与可视化实验室，并且多个作品都荣获了奖项。其中，还有非专业媒体人荣获新闻奖。由此也能够看出，社会大众也在积极参与网络新闻的生产。

尽管网络媒体所取得的成绩斐然，但从其传播效果来看，网络媒体的新闻报道大多仍是以静态图形的方式来呈现的，其交互性较差。不同于纸质媒体和电视媒体，网络媒体没有固定的层次结构。在网络媒体中，任意两个节点间都可以产生多条路径，而且节点间的关系都是可变的，受众直接点击鼠标就可以从一条信息跳转到另外一条相关信息上。此外，由于网络媒体的技术优势，新闻报道的及时性也要比纸媒及电视媒体更强，受众通过搜索引擎就可以快速找到自己想要的新闻信息。为此，网络媒体要充分利用好自身的优势，不断加强受众接收信息的交互性，借助可视化方式，让受众积极参与新闻事件中，加强媒体与受众的交互性。

（四）手机等移动平台的可视化

2014年中国手机上网的人数就已经超过了电脑上网的人数，这也在很大程度上推动了手机移动媒体的发展，手机的优势在于可以为受众提供交互性更强的可视化新闻。如今的数据新闻更倾向于在移动终端呈现，随着智能手机的发展，手机的功能也更加智能化，而且其优越性也是比较突出的。例如，《纽约时报》的飓风报道，直接在手机App上受众就可以了解飓风造成的灾害情况，以及需要救助的位置等，手机的可视化为手机媒体的发展带来了很大的优势，然而由于手机屏幕较小，手机功能也存在一定的局限性，手机终端是否能够成为数据新闻的未来发展趋势，这将是数据新闻面临的又一大挑战。

在大数据时代，任何一种媒体形式都有可能被淘汰，也有可能完成华丽转变，想要在激烈的市场变化中生存下去，无论是哪一种媒体形式都需要不断结合时代发展去探索属于自己的新道路，充分利用好数据新闻可视化，进而推进媒体更好的发展。

二、常见数据新闻可视化呈现形式

同样的一组数据，不同的人会有不同的解读，不同的新闻机构在新闻生产环节也会采取不同的可视化方式，即便是同一组数据，不同的媒体也可以给出不同的解读，采用数据新闻可视化的方式足以使一个新闻题材极具吸引力。不同新闻机构在处理数据时采用的方式也有所不同，有的将其新闻数据交由专门的软件公司来进行处理，有的则要求新闻工作者掌握数据挖掘、数据分析、数据处理的能力，有的则会自己购买一些数据处理软件或者使用市场上免费的软件进行处理。

如今市面上的可视化软件是比较多样化的，不同软件工具的侧重点也有所不同，如数据地图类工具有 OpenLayers、Leaflet、Modestmaps，交互性图表类工具有 D3（Data Driven Documents）、IBM ManyEyes、SpotfiregooglechartAPl、Tableau、Flot 等。在选择可视化软件时要充分考虑自己的需求。可视化软件仅是新闻生产的使用工具，并非最终的目的，因此，在运用这些软件来进行编辑时还需要注意应将新闻的文字内容和可视化呈现放到同等重要的位置。新闻传播始终应该是内容为王的，无论采用哪种表达方式都需要注意贴合新闻内容，有的新闻内容仅使用文字就可以清晰地表现出来，而有的新闻内容则可以借助可视化的方式。可视化新闻既可以独当一面，也可以仅起辅助作用，在使用过程中不可夸大可视化效果，要合理运用。

（一）数据地图

数据地图是指在地图上进行数据标注，将整合后的数据通过图钉定位、颜色差异等方式将其在地图中标注出来，从而使人们对地图上的信息一目了然的方法。尤其在特殊复杂的情况下，数据地图是一种非常必要的方式，如自然灾害、突发公共卫生事件、战乱问题等。特殊时期人们可以通过数据地图来查看实际情况，进而做出相应的决策。如在 1854 年英国曾发生较为严重的霍乱疫情，在尚未查明霍乱原因的情况下，一名流行病专家将所有的霍乱信息搜集起来，在地图上人们就可以清楚地看到该地区霍乱患者的家庭住址，以及霍乱严重的区域，专家将该居住地的居民道路、房租住所、饮用水等情况进行了分析，最终发现是当地的供水系统传播了疫病，这一数据地图也成为当时有名的"伦敦霍乱地图"。由此可见，数据地图是非常必要的，常见的数据地图软件有：Googlemap、Googlechart、QuanumGIS、Googleearth。借助地图软件结合相应的研究主题即可得出不同的数据地图内容，数据地图可以帮助人们更好地解决问题。

数据地图的应用是非常广泛的，如《华盛顿邮报》结合社会热点问题制作了种族分布、移民、总统选举等各种数据地图。2010年，英国《卫报》制作了因伊拉克战争人员伤亡的数据地图。《卫报》根据维基解密提供的数据，将所有的人员伤亡图在地图上都标注了出来，图上的红点即代表了人员伤亡情况，用户用鼠标点击红点，人员伤亡的时间、伤亡原因等信息就可以展现出来。在这个地图中，人们可以清楚地看到战争带给人的伤害。这一数据新闻在英国上下引起了强烈的反响，也在很大程度上加快了英国从伊拉克撤军的决定，从而《卫报》的数据新闻也声名远扬。这款数据地图主要借用了谷歌免费提供的Googlefushion，用户只需要将所有搜集到的数据信息导入进去，然后再经过一定的分析与处理，即可以导出相应的数据地图。

可视化的数据地图，清晰地展现了数据和地理位置的关系，可视化地图将数据、时间、空间联系起来。

（二）时间线

如果数据地图是侧重于空间上的数据整合，那时间线则是时间顺序上的可视化表达。随着时间的推移，事件也在不断发生变化。在新闻报道中，如果事件的时间跨度非常大，且事件较为复杂，传统的报道方式就会让人感觉报道冗余，这时就需要借助时间线，将事件发生的时间、地点、原因、经过等内容信息制成表单文件，然后再借助专门的软件导出时间线，这样就可以使整个新闻事件更加清晰。在接收新闻事件的过程中，受众直接点击时间轴，就可以清楚看到这一时间节点所发生的事情，这样不仅增强了新闻的交互性，同时还可以让受众"玩转"新闻，从而体会新闻的趣味性。有关时间线的绘制，最早可以追溯到1861年米纳德绘制的拿破仑进攻俄国的地图，在这幅地图中，用户可以清楚地看到军队的数量以及进军的地理位置，甚至当时的天气变化、温度情况等信息都可以一览无遗。当然，随着时间的推移，受众还能够从地图上看到拿破仑军队从气势如虹走向灭亡的过程。借助时间线更容易看到事物在不同时间段内的发展变化，在历史长河中，时间就是答案，随着时间的发展，万事万物也在经历着不同的发展变化，将单一维度或多维度数据整合于时间线上，进而让人清楚地看到时间带来的改变。常用的时间线软件有 Xtimeline、Dipity、Timeslide、Timetoast。

（三）泡泡图

气泡图又被称为泡泡图，当目标数据维度超过两个时，我们就可以使用泡泡图来展示。泡泡图可以让冰冷的数据更加生动具体，也更有利于人们发现多维度数据的变化情况。借助气泡的方式，我们可以将不同的数据维度通过不同的颜色、形状或大小映射到坐标轴上。通常财经类新闻比较热衷于数据新闻的可视化，财经新闻更多的是"用数据来说话"，借助数据用户可以清晰地看到事件背后的发展情况。但对受众而言，财经新闻的数据也仅仅是表面上的数字，受众无法理解数据所蕴藏的深刻含义。利用可视化的方式，抽象的数据会更加直观，从而帮助受众更好地理解。

哈佛大学工程与应用科学院在进行可视化研究时指出："圆度图形相比于线性图和条形图更容易吸引人的注意力，且给人留下深刻的印象。"泡泡图相比于条形图和线性图更容易展现数据，且给人留下炫目的视觉效果。同时，泡泡图的交互性更强，有助于受众积极参与。常见的泡泡图工具有 Spotfire、Tableau、IBMManyEyes、Data-DrivenDocuments（D3.js）、Googlechart。财新网曾就中概股主题内容，做出了一组动态气泡图，其研究内容主要是中国区域在美国资本市场的发展历程，中概股在美股大约经历了"曾经风光""狂潮终止""风雨飘摇""冬去春来"这四个阶段，每一个阶段所使用的都是气泡图，点开每一个气泡图就可以得到与该气泡图所对应的信息。

（四）交互性图表

图表是可视化的一个重要特征，且图表往往也具有较强的交互性，受众点击图表不仅可以从中得到详细的新闻信息，还能够从中找到与自己相关的新闻故事，从而加强新闻与个体之间的联系，这也是传统新闻所无法比拟的。随着技术的发展，图表的交互性也会越来越强，音频、视频、动画等都可以融入图表中，进而提升受众的互动性和参与性。交互性图表也将成为数据新闻可视化的发展趋势。

从《纽约时报》所报道的飓风内容来看，传统新闻与数据新闻最为显著的区别就是读者的参与性。传统新闻中，新闻的生产者占主体地位，受众的参与感是比较弱的，但数据新闻不同，受众的参与意识比较高，而且数据新闻也给受众参与提供了众多的机会。在"桑迪"飓风未到达纽约和新泽西时，《纽约时报》便根据气象局的数据资料，制作出了线上交互性地图，并且公开面向大众。受众只需要将自己所在地区的邮编输入进去，就可以查询所在区域未来几天是否会受到飓风的侵袭，若将遭受侵袭，那侵袭的程度会多大，同时还可以查询到如果受灾去哪里可以领取相应的受灾物资。

此外，受众的参与性还体现在其不仅是单纯的信息接收者，同时还是信息的提供者，人人都是"媒体人"。在人们日常生活中，信息是随处可见的。在飓风来袭时，人们不仅是飓风的受害者，同样可以成为飓风信息的提供者。《纽约时报》在报道飓风给人们的日常生活带来影响时，所采用的方式就是展示灾民手上的飓风照片，受众点击灾民提供的照片就可以看到当地飓风受灾的情况，这种方式可以让飓风受灾情况更加真实可靠地展现到人们面前，而且这种方式还可以和政府的工作报告形成强烈对比，从而加深受众的印象。

（五）人物关系图

复杂的新闻事件中往往涉及的人物关系也比较多，人物关系图可以清晰地梳理人物之间的关系，进而厘清事情的来龙去脉。当前，人物关系图更多应用于政治报道中，如领导干部的任职经历、各地政府之间的关系等。人物是新闻事件的主体，理不清人物关系，对于事件的理解也会比较模糊，为此，报道也就离不开人物关系图。人物关系图不仅使受众看到人与人之间的联系，同时还可以看到每个人背后的问题，以及这些问题又存在哪些联系。在制作关系图时可以用不同的色彩、形状来对不同的人物进行区分，还可以通过文字大小来区分问题的严重程度。人物关系图是新闻事件中非常重要的一种表现形式，人不可能孤立地存在，想要更好地了解一个人或者一件事离不开对他周围人的分析，通过人物关系图可以把他的整个人际圈子梳理清楚，这对于受众了解整个事件是非常有帮助的。

（六）词频图

文字是新闻不可缺少的一部分，传统新闻以文字为主，数据新闻的文字为辅，无论是哪种新闻方式都不可能脱离文字而存在。数据新闻不仅可以做到数据的可视化，文字也可以进行可视化，通过统计文字出现的字数和频率，可以使受众对文字有更加直观的理解和体会。例如，每次政府工作报告一出，就会出现类似"一张图读懂××"或者"几个词解读×××"的报道，通过对高频词的梳理可以大致总结出政府工作报告的内容和方向。词频图是数字化的文字，媒体借助词频图更容易使受众理解文字背后的意义。相比于文字，图形更容易给人留下深刻的印象，如在一场会议中"就业"一词被提及50多次，但如果不对其词汇频率进行统计，那可能根本意识不到这一词被提及这么多次。由此可见，词频图是非常有必要的，词频图可以给受众更强的视觉冲击，而且将重点文字内容突出展示出来，可以加深受众的印象，便于受众理解和记忆。

第四节 数据可视化的设计要点

一、数据新闻可视化设计的必要性

在信息爆炸时代，阅读效率是信息传播中非常重要的问题，如今人们的生活节奏普遍是比较快的，为此，用户阅读降低成本也是非常关键的一个问题。数据新闻以其高效性优势，逐渐成为业界和学界关注的重点，数据可视化也成为数据新闻发展的重要形式。

数据是大数据时代新闻传播的重要资源，然而数据新闻并不是简单的数据堆砌，而是要在海量的数据信息中选取有价值的、重要的内容。信息爆炸时代更需要精准、深层次的新闻报道，为此，加强数据新闻的可视化是很关键的。简单来说，数据可视化就是化繁为简的过程，抽象复杂的数据信息借助可视化的图形和图像来呈现，这种方式不仅可以节约受众的时间，还能够帮助受众快速理解新闻信息。面对海量的数据新闻，可视化才是新闻脱颖而出的关键，借助美观、创新的设计将新闻产品的内容和形式融为一体，进而生产出更符合受众需求的新闻产品。

数据可视化设计需要借助美学原理，利用美观、创新的视觉设计来吸收受众的注意力，尤其在当前的网络背景下，人们越来越习惯通过视觉来获得新闻信息。新闻工作者需要借助日渐成熟的可视化技术，将抽象、枯燥的文字和数据转化为生动具体的视觉新闻。在这种方式下，受众在接收信息的同时，还可以获得不一样的体验。在如今多元化需求时代，单一功能的产品很难吸引受众的注意力，新闻产品也是如此，如果只有单纯的信息传递则很难满足受众的多元需求，因此，新闻产品在提供信息的同时，还要注意给用户带来精神上的体验和感受。而可视化设计更容易满足这一点，独具魅力和个性化的产品才更容易获得受众的青睐。

二、数据可视化设计分类与作用

（一）数据可视化分类

数据可视化并非单纯的数据表现形式，其已经演变成一门学科，其中包含科学可视化、信息可视化以及可视分析学等不同的学科。大部分人对数据本身都并不敏感，在这种情况下，数据的可视化就发挥了非常重要的作用，可视化仿佛为数据披上了一层外衣，从技术上来理解，即通过可视化的工具软件，将数据映射到图形空间，这样，借助图形人们可以更加容易理解信息的内容。目前，比较常见的可视化工具软件有 Python、R 语言、ggplot2。

1. 科学可视化

科学可视化是面向科学和工程领域的跨学科的应用领域，其主要涉及空间坐标和几何信息的三维空间测量数据。除了科学和工程学之外，科学可视化还涉及建筑学、医学、生物学和气象学等多门学科，其数据来源也主要由这些领域的数据构成，如医学影像数据、建筑几何数据、生物拓扑数据，等等。工作人员通过对这些数据的分析进而探讨其中蕴含的规律。

2. 信息可视化

信息可视化借助交互式视觉的方式将抽象的数据展现出来，进而帮助受众加强认知。抽象数据分为数字数据和非数字数据两种，数字数据主要通过柱状图、流程图、趋势图等图像来表示，非数字数据主要指文字等内容。非数字数据内容不在信息可视化的处理范围，信息可视化主要处理非几何、非结构化的抽象数据，其重点是处理相对复杂的数据信息。

3. 可视分析学

可视分析学是由科学可视化和信息可视化发展而来的，其重点交互式的视觉表达。可视分析学的定义是：借助数据挖掘、人机交互、图形学技术以可视交互为基础的科学。

（二）数据可视化的目标和作用

数据可视化主要给受众以视觉上的不同体验，同时，媒体借助可视化还能够揭示数据中存在的道路和规律。可视化的终极目标就是阐述数据规律和解释数据现象，媒体利用可视化还能够提升新闻生产的效率。

三、可视化组件

（一）视觉隐喻

隐喻是指隐藏的比喻，是借助某种表达方式展现事物之间关系的方法。

视觉隐喻是利用视觉来展现隐喻的一种方式，其也属于隐喻的一种。借助视觉我们可以将目标物体和其他物体进行对比，从而展现所要表达的内容，如平面设计、广告等。

散点图的数据规律主要有四种表现方式，分别是上升、下降、群集、离群。散点图主要表示的是空间关系中数据点的分布。

长度概念：长度概念在柱状图中应用得比较多，其中柱越长其绝对值越大。

角度概念：角度概念在圆环图和饼图中应用得比较多，其主要表现的是整体和局部之间的关系。

方向概念：方向概念和角度概念类似，都是对趋势的表示，在折线图中应用得比较广泛。

形状：形状主要用面积和体积来表示，适用于区别不同的种类。

饱和度和色调：饱和度和色调更多地用于特定区域，一般在热力图中应用得比较多。

（二）坐标系

常见的坐标系有直角坐标系（笛卡儿坐标系）、地理坐标系和极坐标系。

坐标系是指在一定结构化的固定空间内，将编码数据放到固定的结构空间内的方法。二维坐标需要有 X 轴、Y 轴。

（三）标尺

坐标系提供了大概的维度范围，而标尺则用于确定每一个维度数据能够映射到哪里。

常见的标尺有时间标尺、数字标尺和分类标尺。

标尺和坐标系共同决定图形位置以及所能够投影的方式。

（四）背景信息

背景信息主要是指数据背景的详细信息，具体指何人、何事、何地、何时、为何，有了数据的背景信息，即便是间隔很久，回头再看也能够清楚地知道这一数据所表述的内容。

四、设计原则

（一）基本的美学原则——聚焦

聚焦是将用户的注意力或者是可视化的结果需要集中于某一区域内的方法，且这个区域必须是相对比较重要的区域。

（二）基本的美学原则——平衡

平衡大多在中心或者中心附近位置，在可视化设计中需要确保元素要能够平衡放置于可视化空间内。

（三）基本的美学原则——简单

简单也是可视化设计的基本原则，在可视化设计中要尽可能简单、简洁，减少复杂元素的使用。

（四）恰当地表现交互——表现力强

设计中还需要有较强的表现力，要能够真实全面地反映数据信息和内容，且要保证其精确性。

（五）恰当地表现交互——有效性强

在人们已有经验的基础上，设计时要能够降低人们对信息的感知及认识程序。

第五章　媒体智能化背景下的新闻生产研究

第一节 "人工智能+新闻"的优势

人工智能技术推翻了传统传媒业的整体发展模式，对于传媒产业的市场形态和业务链带来了巨大的改变。随着智能终端和移动通信网络的普及应用，人类社会将进入一个以"万物互联"为特征的新时代。在未来，物、人、事、人之间的价值匹配和功能整合，将成为人工智能竞争的中心。

一、信息采集——优化新闻信息源

信息采集在整个新闻生产过程中处于重要地位和首要地位。随着科学技术的进步，人类社会进入新媒体时代，在此环境下，传统媒体和新兴媒体都开始重视自己的信息采集能力。在传统媒体时代，只能靠人工收集资料，查找生产新闻所需的资料，而在传感器技术的支持下，新闻工作者能够实现信息数据的有效获取和优化处理。因此，基于大数据，使用传感器、数据处理器等技术，媒体可以有效获取信息。

在此以传感器为切入点，谈谈传感器技术发展的主要表现。

（一）传感器技术为人们拓宽了获取信息的渠道

基于新媒体的大背景，公众可以通过微信、微博、小红书等社交媒体发布信息，这种现象使得人人都可以在网络上充当新闻产生者，从任何渠道都可以获取各类信息。随着信息技术的不断发展，人们获取信息更加便捷和多样化，特别是人工智能的应用，各种各样的传感器大量被应用在人类的生产、生活之中，进一步丰富了信息来源。

传感器是能够对物体进行信息监测的监测设备，可以进行数据信息的采集；同时可以根据预先设定好的规则，用电信号或其他多种信号进行输出，一边记录着资料，一边实现对信息进行传输、显示、储存、控制等；其还可以对环境进行检测，从而达到预防和减少灾害发生的目的。该监测装置有多功能、智能化、数字化、微型化等属性。目前传感器已经被广泛应用于人们日常生活中，并发挥着越来越重要的作用。在科技高速发展的今天，在人类的生活中到处都可以看到各种传感器的身影，如刷卡器、智能手机、条形码读码器等。这些传感器采集大量信息并经过分析处理后可以用于不同领域。一是可以用作新闻信息源：如温度、水质和其他类型的环境数据；二是用来表示人体生理特征的数据（心跳、血压、血糖、睡眠、运动情况和地理定位方面的信息）；三是与人类行为有关的数据，如年龄、性别、身高、体重、心率等；四是由移动互联网提供的位置感知服务数据。央视（2014）发布的《"据"说春运》报告，就是通过百度地图发布的、App 软件采集的公众的位置数据，为观众呈现出一幅春运的恢宏画卷；五是由移动互联网产生的海量数据，比如手机信令和图片。上文提到的春运画卷就是由两亿名持智能手机用户的迁徙路线构成的。这些移动智能设备记录着人们从城市到农村、从大城市到小县城途中所发生的各种事件的信息。这充分表明，新闻记者可以利用传感器技术来丰富新闻报道，并向读者献上精美消息。

（二）传感器技术对信息采集进行维度扩增

新闻信息在采集的过程中，以往都是依靠人力完成的，也就是人来对信息进行感知和挑选，获得相应的有效信息，这种收集信息的方式存在一定的局限性，无法辐射所有领域，特别是一些人类无法直接观测的领域，并且在信息传播的过程中，信息也有可能存在偏差或者遗漏等问题。而传感器是采用新的维度来实现信息采集的。从时间层面来看，传感器获取的信息包含对未来的预测，这是由于传感器采集的数据是动态的，它不仅能够获取被监测对象产生的直接数据，而且能够分析出被监测对象的变化趋势；从空间层面来看，传感器能够搭载各种高科技传感设备，获得更宏观范围内的图像、影像数据。当前，此类传感设备已经得到普遍性应用，尤其是在各种灾难性报道、突发事件直播中发挥了重要的作用。

与传统信息源相比，传感器具有以下优点：可以实现挖掘信息纵深化；能够提高资料、数据的准确性。随着信息技术与通信技术相结合，传感器技术可以通过对信号进行检测来获得各种有用信息和知识。因而从某种层面来讲，传感器技术的存在对于传统采集信息模式造成了突破，对新闻信息源进行了优化。

二、编辑制作：智能机器人协助新闻报道

随着互联网和计算机技术的快速发展，人类进入以计算机为代表的新媒体时代。机器写作的诞生，充分反映出人工智能技术和其他技术的发展，与此同时，它也符合传媒发展的需要。在此背景下，智能机器人写作开始成为新闻采编工作的主要形式之一。智能机器人的诞生，一改只能由人类写稿的历史，创新了新闻撰写方法。

（一）机器写作加速了新闻的生产

"消息"一词是指对新近发生的事情进行报道，这就意味着我们所说的新闻应该反映新近发生的事。这一界定充分表明了新闻的时效性。它不仅反映客观事物发展的现状和趋势，还揭示其发展趋势，从而为相关部门提供决策参考依据。很明显，当今时代，社会发展迅速，人们对于新闻的时效性，也有了更高层次的需求，而且很明显，"新近"一词已不能适应人们的需要。所以说新闻必须以最快的速度反映新情况、新问题和新动向。在新闻报道领域，人都追求分秒必争。

NPR（美国国家公共电台）驻白宫记者（2015）为检验记者和机器人写报告的效率和质量，举办了一场人类和机器人之间的比赛。参赛的选手分别是WordSmith（机器人）与Scott Horsley（前任商业记者）。比赛开始前，双方都会向对方提供一份包含事件发生时间、地点和人物的新闻稿。比赛规则为，两位选手共同等待Denny's餐饮公司的财报，并且同时对此事进行简短的报道。在比赛中，两位选手都以最快的速度写完了这篇文章，但最终Scott Horsley却因为时间过长导致文章无法发表。最后结果无疑是Scott Horsley（前任商业记者）写的文章品质很高，但是，速度较慢。根据同一件新闻事件采写的新闻报道，前商业记者用时七分钟，但机器人的用时只有两分钟，充分显示了写作速度上机器人的先天优势。分析其原因，是机器写作自身具有很强的数据库，它可以通过事先一个设定好的模板对数据进行抽取和综合，再将该数据与模板进行匹配。只需要花数秒时间，机器人便能写好一篇短小精悍的新闻。很明显，从撰写速度上来说，人工写作从来就达不到这个高度。

（二）机器写作促进了新闻生产的增加

目前，机器人新闻的写作以财经报道、体育赛事和其他简单事实类消息为主，这一类新闻报道具有一定的新闻性和时效性。这类消息通常短小精悍、结构单一，写作模式总体上是相对固定的，此外，资料也比较严密。随着人工智能技术的发展和普及，机器人逐渐成为新闻报道领域的新趋势。机器人生产力很高，能替代记者对各种数据进行加工。因此，在当前媒体行业快速发展的背景下，机器人新闻也逐渐成为主流趋势。机器人能够灵敏地从大量数据中得到所需信息和关联内容，并且在最短的时间内构成新闻报道。因此，在新闻报道方面，机器人具有巨大优势。如新华社"快笔小新"等，操作者仅需在系统中输入股票代码并点击鼠标即可，3秒内机器人即可完成一篇财经报告。当然，这些新闻还得经过编辑、校对等环节才能发表在报纸上。又如Wordsmith公司就有超过3亿篇来自机器人写作的文章。在这些新闻背后，都有大数据和人工智能的支持，这些新闻中包含着大量的文本、图片以及视频等各种形式的数据资料。当然，在科技不断更新迭代的过程中，机器人也在不断地提速，生产力也将继续提高。因此，在未来的一段时间里，机器人写作将会成为新闻传播行业中不可忽视的重要力量。另外，该机器人能够实现对海量信息的有效处理。因此，大数据也成为未来社会中必不可少的重要组成部分之一。身处大数据时代，人们每时每刻都要面对各种各样琐碎而又繁杂的信息。在这一时代背景下，如何更好地运用大数据已成为众多行业共同关注的问题之一。很明显，在这种情况下，若只使用人力来对大数据进行分析，则难以出色地完成任务。所以，对于新闻记者而言，必须掌握一定的机器智能技术才能应对这一挑战。而依靠机器人新闻，则可以有效规避这类难题，通常只需保证手续的正确性即能自动成稿，机器人能够准确地对数据进行处理。

（三）机器写作降低了新闻的生产成本

设计和研制一个机器新闻软件程序，需要有大量的技术和经费支持，但只需研发定型，便可以继续应用，能做到全天候作业，并且不需要给机器人酬金，因此，就长期而言，它反而有助于节约生产新闻所需的费用。

今后的新闻会形成记者和新闻机器人协同配合的常见报道方式。记者和新闻机器人在新闻报道中各司其职。新闻机器人承担着精确、全面的任务，为粗成品迅速准备资料；记者则按照预先制定好的方案，对编辑加工过的新闻进行整理并发布。并且记者要对重点稿件进行仔细的确认，做好跟踪和深入分析，等等。

三、内容推送——个性化定制，做到精准推送

传统媒体时代单一方式传播消息的形式已经不能满足现今受众对新闻信息获取与反馈的要求。互联网的存在改变了这种定向的传播连接方式，不仅改变了新闻信息传送平台的形态，还形成了以用户需求关系链为重点的工作模式。目前，互联网已进入 Web4.0 的发展阶段，依靠智能平台，媒体可以实现用户的需求。

在完善大数据与算法的同时，媒体应实现智能化服务，为用户构建一个需求供给相互匹配的个性化连接的数据通路。构建智能平台旨在匹配用户与内容，从而为用户奉上个性化、人性化的服务。实质上，建设的关键是要形成以下几个平台：第一，内容平台；第二，大数据平台；第三，用户沉淀平台。

（一）内容平台——对各层级新闻信息进行优化整合

互联网是一种"高维"媒介，包含激活使用者个体的要素。在这种情况下，用户就是互联网上的节点，并且解放了用户话语权。用户对自身兴趣偏好和价值判断的个性化表达使得其拥有更多参与网络舆论的机会，也为网络舆论提供了新的发展契机。所以以互联网为背景，可以形成更加多样化的局面、内涵更加丰富的新闻信息。同时随着技术的发展与进步，新闻信息呈现碎片化及个性化趋势，受众对新闻资讯有更高的要求。

（二）大数据平台——个性化服务的基础

大数据平台集平台服务、云存储于一体，包含数据和各种软硬件。目前，我国已初步具备搭建大型数据基础设施和应用系统的条件。从整体来看，它的建设内容是以安全管理体系为主的、虚拟化的云平台和大数据组件等。大数据平台的搭建应基于大数据分析和挖掘能力，通过整合海量数据，从而获取有价值的知识，进而提升用户体验。就其本质而言，大数据平台的建设以算法和大数据为基础，在满足用户流量需求的同时，在大数据挖掘和分析技术的支持下，实现对用户行为的长期跟踪和分析，然后分析用户的内容喜好状况，给用户创建个性化的"档案"。以信息服务需求为依据，建设大数据资源，能够实现精准匹配，为信息和受众提供依据。

（三）用户沉淀平台——提升用户黏性

构建一个大数据资源平台、内容平台的根本宗旨就是搭建一个用户沉淀平台。也就是说，通过线上、线下的特色活动来提升用户对传媒机构的黏性。

以此为基础，可以做到活动规律化、用户需求规范化。融合优质用户数据，并且通过鉴定，洗涤、管理等环节，对数据进行更进一步深层次挖掘和分析，这样，数据服务个性化程度得到了改善、智能化水平提高，给用户创造了良好阅读氛围，全面提升用户满意度和参与度等。搭建用户沉淀平台，是媒体今后发展的目标，这充分表明，媒体和用户之间已建立起一种稳固的联系。当然，搭建一个用户沉淀平台，对于媒体的方方面面都会有更高的要求，这些要求包括大数据算法精确度问题、制作融合媒体优势的内容和状况等。

纵览我国智能化新闻信息生产领域，我们不难看出其发展状况。今日头条就是其中的佼佼者，这一平台就是借助算法技术而迅速发展起来的。今日头条引入"算法"，不但形成了一个丰富的内涵，同时凭借这一核心技术，对用户阅读行为进行解析，实现对用户的社交习惯的判断，以及识别用户内容偏好。基于此，平台采用图像识别技术、自然语言处理和其他步骤对新闻信息进行降维、相似计算与聚类，进而对新闻信息进行优化整合，结合机器学习的推荐引擎进行分析，向受众发送满足其要求的消息，实现了信息的有效投递。

第二节　"人工智能＋新闻"的局限性

大数据技术的应用是人工智能实现的前提，自然语言处理技术的应用也是让人工智能更好地发挥效用的重要技术，这两项技术的应用能够帮助新闻作者处理大量数据和图表，对新闻数据进行量化分析。但是，其在"人工智能＋新闻"中的应用仍然存在局限性，主要体现在以下方面。首先，"人工智能＋新闻"在实际操作过程中有相对固定的模板和标准，这就导致这种模式更适用于经济金融、体育赛事以及突发性自然灾害等报道中，只能在有限的领域中发挥效用；其次，"人工智能＋新闻"生产中过于重视新闻时效性，造成新闻作品同质化的现象严重，缺乏足够的深度；再次，人工智能在生产新闻时，仅能结合数据来创造新闻，缺乏正确的三观及足够的情感，因此，仍然需要专业记者的协助；最后，由于人工智能在通过互联网收集数据时，不仅可能侵犯用户隐私，也有可能存在威胁新闻真相的隐患，需要专业人士加以把关。

一、技术不成熟导致适用范围窄

"人工智能＋新闻"对于需要处理大量数据的相关报道来说十分便利，但是对于需要人类情感、思想的新闻产品，人工智能是无法实现深入报道和生产的。因此，"人工智能＋新闻"更适合形式简单、模式固定的财经金融、体育赛事等新闻。通过分析现有的新闻写作机器人生产的财经新闻，可以看出新闻写作机器人是通过写作模板开展写作的，而专业的财经记者通常会在新闻报道过程中，通过结合专业知识，来为受众提供专业化的分析和建议，这一特点是人工智能新闻写作机器人无法实现的。当然，随着媒介技术的不断发展与进步，"人工智能＋新闻"生产将会在更广阔的领域不断得到应用。

二、生产模板化导致新闻缺乏深度

新闻写作机器人在写作速度和精度方面，都具有较大的优势。比如

Wordsmith、Helioraf 等产品的优势主要体现在精准推送、及时发布等方面，但其仍然存在写作内容缺乏深度等问题。自人工智能技术应用在新闻生产以来就一直受到"流水线生产"的质疑，将预先设置的程序和模板用不同的数据填充，产出标题相似、导语相似、主体内容相似、背景资料相似、结构相似、格式相似的同类型稿件。这里选取 5 篇腾讯的 Dreamwriter 在同一天撰写的财经新闻稿件对比，其在 2019 年 2 月 12 日撰写的新闻稿件标题分别是《生意宝周一收盘股价大涨 6.63% 报收于 40.52 元》《网宿科技周一收盘股价大涨 5.73% 报收于 11.25 元》《汉王科技周一收盘股价涨超 5% 报收于 20.34 元》《用友网络周一收盘股价涨近 10% 报收于 26.73 元》和《科大讯飞周一收盘股价涨近 5% 报收于 49.78 元》，显而易见，这 5 篇新闻标题除了主体和数据不同外，标题格式完全形同，稿件内容结构也如出一辙，其文章的内容也仅有相关数据以及股价行情图分析。

这类新闻稿件，尽管格式标准、方便，但它表述的内容太浅表化了，整体流于形式；文字情感把控能力较差，文字表达方式太平铺直述，缺少人情味，不能牢牢和人们的生活联系在一起，非常乏味，有很强的拼凑感。在写作过程中，机器人记者往往只注重事实报道而忽视了对细节描写和人物心理刻画等方面的分析和提炼，导致文字语言不准确或表述不到位。此类新闻稿件可读性不强，很难引起读者阅读的兴趣。这种新闻稿件的表现形式往往是用数字来记录事件发展变化，并不具备一定的深度和广度。此外，这种文字方式也很难达到透过事件本身来发掘其内涵的目的。所以，在进行此类新闻报道时需要借助人力对其加以处理，使之符合大众口味。由于新闻写作机器人从事写作的时候，一般情况下，都会根据有关模板写入全部数据，但专业财经记者采访时，会发挥专业知识、周密地考虑给受众以专业的意见和分析，这是人工智化新闻制作而成的新闻稿件所不能达到的。

记者采写新闻，要时刻保持客观、公正立场，要把新闻真实性放在第一位。这就要求新闻从业者必须具备良好的职业道德和职业素养，以确保新闻真实。但是，无可否认，一切新闻内容将被纳入媒体机构、新闻记者倾向、心态之中。在新闻报道中，记者往往能够从不同角度出发，以自己对事物的理解和认识去发现并呈现事实真相。例如，通过欣赏慈善活动来宣扬公正，斥责邪恶等，所有这一切，都充分显示出记者对事实的知觉。新闻作品中蕴含了作者对社会生活与人类命运的思考与判断。新闻稿件的温度，恰恰就在于它融合着作者对事件的感受。情感与认知共同作用于新闻报道，从而使读者能够更好地理解和认识新闻事实。

有了感情，有了温度，新闻稿件就更易让观众产生共鸣。机器新闻写作具有高度自动化的特点，其可以根据用户需求自动生成新闻文本和图片等，从而实现对新闻素材的快速处理与编辑，进而形成符合人们阅读习惯的新闻作品。但机器新闻写作对新闻事实的感知能力不足，它通常是通过预设的模式，按部就班地摆事实。在这种情况下，新闻内容和形式之间就会出现脱节，造成读者无法感受到新闻报道中蕴含的情感。新闻机器人在采写新闻时，常常无法深入地捕捉到新闻现场中的情感，感知隐含在里面的人物或事件，因而其文字是没有生命力的，是没感情的，难以真正激起人们心中的涟漪。

三、信息来源造假，造成了对新闻真相的不能评判

卡内基梅隆大学的语言技术研究所开发的 Festvox 和巴黎公司开发的一款语音克隆应用 Candyvoice 功能相同，均为在软件中输入个人声线，即可对个人语音进行再现与重新组合。软件的使用人只需把自己的声音录制下来，就用它来做自己说话时的音效处理工作。在这之前，人们一直在使用的就是传统的磁带录音机，它只能录制一段简单的声音，不能将其转换成另一种形式的音频文件。之后 Adobe 又发布了自己的产品，使用者需提供他人录音二十分钟，便可以复刻出别人的声线。语音克隆技术在过去几年间一直备受关注，其发展速度之快令人惊叹。加拿大蒙特利尔一家技术公司 Lyrebird 研发了一种语音克隆应用，仅需录制一分钟音频，便可达到完美再现其人声线之目的，组合成用户想要听的任意音频内容。这意味着用户只要在电脑上安装一个语音克隆装置，就可以轻松复制自己想要的所有声音。2018 年 3 月，百度在语音克隆技术方面又一次创下历史新高，借助于人工智能中神经网络技术，只需一秒，便可复刻摹写出任何人的音容笑貌。目前，在语音识别、声纹鉴别等方面取得突破都是使用语音克隆技术进行复制，从而达到复制自己声音的目的，并且这些语音克隆技术骗过语音识别设备的成功率高达 95%。

情感是人的共同属性，语音克隆可以再现语音的情感特性。语音合成技术的发展使得语音克隆技术可以用于个性化新闻定制服务。如果把语音克隆技术应用于新闻领域，为个性化新闻量身定做，又将锦上添花，这种语音定制服务可以让人挑选自己喜欢的任何语音给自己念新闻、播放内容，后期可能有专门的点对点私人语音广播频道。本文从新闻节目制作和编辑入手分析了如何通过语音克隆来

实现个性化新闻定制服务的问题。最大化地满足观众个性定制服务需求。在新闻节目的制作过程中，录音材料是最重要的素材来源之一，而记者的采访记录则可以被用来佐证采访的真实性与可靠性。同时，在新闻采访时，记者往往用录音笔来保存当前语音采访内容，录音内容又是充当新闻写作的可靠原料之一。如果有了这些原始的录音证据，就可以通过分析这些原始的录音信息来判断是否存在着虚假的新闻报道或者其他问题。但在科技高度发达的今天，访谈中的记录，以及受访者所提供的记录证据是否仍然有充分可信度？记者在进行采访过程中若使用录音工具记录下了大量的声音资料，那么这些录音材料就有可能被用于新闻写作中。这样就有可能造成新闻造假现象更加严重，人们生产假新闻所付出的代价也大大降低了。本文认为，在网络环境下，某些记者可以利用其优势，通过多种途径获取真实有效的新闻素材，并将其应用于新闻报道之中，让新闻谣言滋生蔓延更轻松方便。在媒体竞争日益激烈的今天，新闻谣言已经成为影响社会稳定的一个重要因素，而且辟谣费用高，难度大。

四、侵害受众隐私，威胁数据安全等

互联网普及之后，人的多数行为，如社交活动、聊天记录、浏览痕迹、出行记录、购物消费等都会被记录，这些零碎的资料看起来很复杂，事实上，它是掌握社会动态的一项重要财富。在大数据时代，数据变得越来越丰富而复杂。人工智能介入后，对数据进行整合分析，这些数据便成为宝贵的信息。在社交网络上传播的大量新闻和广告中，大多数是基于特定人群或群体进行的，具有一定的倾向性。所以人工智能、大数据与云计算技术依托于深度学习算法、庞大的数据库、强大的计算能力，收集用户数据信息并进行挖掘，能够实现对个体喜好特点进行统计，对不同的个人进行新闻与营销广告的准确推送。人们一边享受着人工智能技术不断发展给生活带来便利，一边个人数据的丢失与泄漏也层出不穷。根据不完全统计，多数安卓应用软件都将获得用户隐私权限，个人信息变得透明公开，并且这类信息的数据走向、使用情况及泄露程度，大家都不知道。在这种背景之下，个人隐私保护成为一个重要课题。有关法规尚不健全和完善、部门监管亦不够及时等问题，都给用户隐私保护、国家信息安全等带来严重隐患。在当下的新闻报道领域里，人工智能作为一种新媒体工具，以其独特的优势被广泛应用于新闻生产当中，但由于其自身特性以及一些客观条件的限制，其作用并没有得到充分发挥。人工智能技术对数据信息进行收集与加工的时候，不能像人类那样辨别筛选抓取数据是否牵涉个人隐私，因此，开发让人工智能具备在新闻生产过程中区分可利用数据与隐私数据的功能，对于目前个人隐私保护与互联网信息安全来说，是一个急需解决的课题。

在今后"万物皆媒体"模式中，媒体会更贴近人类生活，信息流通频繁，网络资源完全共享，信息发布与查找变得异常便捷，人的隐私意识不可避免地会逐步弱化。因此，需要提高市民隐私保护意识，制定人工智能安全管理条例，颁布相关法律法规，规避技术滥用对国家及个人信息安全的侵害，以推动人工智能行业良性循环发展，形成有法可依，有章可循的价值秩序，为人工智能开创更加光明的前景。

第三节 人工智能时代新闻生产的发展趋势与反思

一、新闻生产越来越智能化

智能化技术发展给新闻生产带来的冲击，主要表现为逐步实现了"技术导向"对传统"记者导向"的替代。

在这种情况下，记者隐退了，已经不以采编新闻为主了，他们主要承担修正语言和整合结果的任务，参与统筹分析和其他事项。伴随着智能化技术发展，新闻生产必将迎来分布多、数据化的局面以及智能化发展模式。

（一）新闻采集智能化

1. 人工智能丰富了新闻资讯的来源

现有新闻体裁一般以视觉感官为主，新闻通常忽略了肉眼所不能察觉的东西，而智能技术的实质是人的扩展。智能技术是建立在人的基础感官之上的，能融入人们对信息流、物流的获取和加工中。这种方式，可以得到许多人类不能得到的资料、知识，加强人机交流、人与人之间的合作。例如，智能设备可以取代人进入地震现场和战争前线等各种严酷的环境，被人类所操纵而获得信息，由此达到进一步拓展人类视觉边界的目的；并且将人肉眼捕捉不到的信息，用数据的方式展现出来，如机体的健康水平、空气质量、温度、压力等，对因人类视觉监控措施所丢失的新闻要素进行有效补偿。以科技新闻为例，可以依靠这一技术进行分析实验；就交通事故新闻报道而言，可用这一技术对事故原因进行分析，等等。

2. 人工智能持续强化对未知事件的预测

所谓智能预测性新闻，特指通过原信息流进行的新闻，即用计算机程序对将来可能发生的状况和结果进行精确的预测，并且形成预知性新闻报道。这种新闻体裁具有工具性、告知性等特征。它依靠智能化技术，对历史性数据进行观察，基于此，可以结合数据对事件变化规律进行分析，精准估量关键节点。目前其在对股票行情的预测、物价涨跌等方面都已获得普遍性的运用。随着今后数据处理设备的日益增多，加上物联网的泛化发展，结构化数据的持续整合，预测新闻的运用会越来越多。

3. 人工智能加深了人机之间相互协作的关系

新闻工作者和智能化技术之间存在互相促进的关系，而不是天生的"劲敌"。随着科技的发展，传媒业越来越智能化，各类智能设备被广泛地应用于新闻报道和其他相关的领域。智能设备将应用于新闻报道领域每一个环节中，例如，收集和处理资料、撰写和发布新闻稿等每一个环节都少不了智能设备的支持。一方面，智能设备成为人类的出色帮手；另一方面，它可以进入人类不能进入的数据世界。未来的新闻记者、算法工程师、数据科学家等，都会联手制造新闻。在这种情况下，传媒人要改变观念，要清醒地认识到，智能化技术不是传媒人的"劲敌"，切勿由此产生"技术危及专业"的观念，而要主动设法从多种渠道去获得知识，促进自我技术技能水平的提高，顺应时代发展的要求，将智能技术有机融合。与此同时，进入21世纪以来，智能技术也在以令人吃惊的速度得到持续的推广和发展，在这种情况下，不可避免地要进一步沉潜采用消息的力量，技术人员、记者、大众相配合，一起打造新闻，今后，全民技术化必将是新闻领域的主流。

（二）新闻制作智能化

皮埃罗在《2017未来媒体趋势报告》中指出，人类或机器将来可能会产生新闻流，而经过人工智能、算法进行评判，将内容上传到云端后与算法相结合进行深度报道和个性化推荐。大家都知道，当前智能化技术正在不断地发展和推广，同时，机器的逻辑也日愈周密和完善，从而不可避免地产生了新闻内容自动化生产的趋势。从新闻制作这一维度进行剖析，将来机器会比人类有更大的优越性，特别是在场景化的实施、个性化和即时性等方面。

1. 人工智能会不断增强新闻的即时性

在这一阶段中，机器人写作获得了广泛的运用，特别是各种程式化的报道，如体育、财经报道等。机器人写得快，远不是传统记者可比的，它的一份报告可以在数分钟或数秒之内写完。移动物联网最突出的特征是注重时效，而凭借机器人写作技术，无疑是一种提高时效的方法，它能最迅速地产生文字。这一阶段已开始将机器人写作引入传媒实践，如 Xiaomingbot、快笔小新。今后 AI 探索的方向，将表现为增强创造力，做到无监督学习，加强总结归纳，并举一反三，等等。

总之，伴随智能化新闻的发展，它除了能显著提高新闻的生产速度外，还能产生时效优势。另外，机器人写作还有许多人类无法达到的优势，例如，增强内容的关联性、自动检索、迅速追踪事件处理的动态、澄清或比较有关事件、对同类事件进行整理和规律分析、归纳异同点，等等。一句话，今后的新闻生产，会在品质上得到保障，横向延伸，全面提升时效性。

2. 人工智能会拥有个性化的新闻生产能力

通过对移动技术进行赋权，人类可以实现运用多种渠道来发出声音，同时也造成了信息泛滥现象。一方面是内容生产领域中越来越多的资讯，另一方面是用户挑剔的需求。在为个人兴趣服务的同时，信息的有效传递，更是提升用户满意度的关键所在。在这种情况下，"原子式公众总体"已不存在了。眼下，人类迎来个性化的时代、千人内容消费时代，当然，就目前阶段的个性化而言，它主要表现为内容的个性化发布，这种个性化具有间接性的特点；当然，就目前智能化技术发展情况而言，还不能有的放矢地给全体用户推出个性化新闻产品。它存在的瓶颈性问题有以下两方面：一是采用智能技术计算，它的计算量很大，所需费用也较高；二是这种方法难以形成更大利润，总体发展前景尚不明确。在此基础上，今后应结合以下三种方式逐步实现个性化的新闻生产：第一，加大数据库建设力度，提升用户画像精确度；第二，将个性化新闻生产通过增值服务分发给少数付费用户，使这一部分顾客形成良好体验并获得良好信誉；第三，推广大众市场的个性化新闻，全面提升运算能力，力求服务于用户需求的同时，检索出费用最小的消息。

3. 人工智能会更加洞察用户信息消费情景

具体的环境系统可以分解为以下两个主要部分：一是实际环境；二是虚拟环境。未来，基于用户场景的智能化技术能够准确地服务于用户。在虚拟环境中，智能化技术在提供服务方面将是一个重要的组成部分。同时，各种智能化的生活场景也逐步深入用户的生活，比如，智能汽车、智能家居、智能传感器等。这意味着使用者可以通过多种渠道、设备环境、空间环境以及各种渠道接洽搜集资料，用户可以做到及时、自由地消费信息。

纵览新闻数据在这一阶段的发展态势，不难看出，它已和用户构成了个性化的场景。这些个性化场景通常建立在用户社交氛围、生活习惯之上，由空间情境和其他因素构成。而对个性化场景进行定位，运用的能力，也将是移动媒体的竞争方向。因此，智能化的新闻生产要充分考虑到各类信息的消费情景，特指新闻生产方将用户所进行的动作或情境，用数字方式进行回馈，即新闻生产方得到有关资料之后，能够有的放矢地开发和推送新闻产品，从而达到用户的需求。例如，若捕捉的信息为使用者正在移动，那么，这个时候音频新闻就更能满足用户的需求了。此外，新闻内容要能做到与用户的设备无缝衔接。

（三）分发和体验智能

站在媒体行业视角分析，新闻分发和体验才是产业盈利的来源，同时，它也是新闻采编工作成果的一个基础。在此过程中，用户可以获得高质量新闻内容，形成更佳的阅读体验。在此基础上，要适应发展的需求，做到分发和体验的智能化。

1.新闻在算法分发技术方面会更精

在内容平台上，智能算法有了更好的发展。例如，天天快报、一点资讯之类的实现都基于智能算法。这些应用恰合用户的搜索数据、浏览信息和其他有关情况，向用户提供针对性的建议。有资料表明，以上这些应用程序已占用了用户很多时间。譬如今日头条的用户单日平均使用时长达到76分钟。从算法在这一发展阶段看，这里面还存在以下几个方面的缺陷：一是准确度。现有算法还无法完全精确地确定用户浏览信息是早期固定信息，还是具体检修信息；二是预测性。不用说，算法有猜测用户现在或过去所关心的东西的能力，但人会改变兴趣，智能算法还不能猜测出将来用户感兴趣的内容；三是算法推荐内容有待加强。用户有选择地触摸、浏览，在一定水平上，会使算法推荐信息时消耗较多信息，而且不能对平衡知识的系统进行再建构，然后进一步削弱学习能力。将来智能算法推荐会更加精准地完成用户画像，提高用户信息预测精度，同时可以帮助使用者在须知信息和求知欲之间达到均衡。

2.用户会做到实时反馈内容

目前，手机直播已是最为普及的、使用最广泛的传播形式之一。这种传播方式有很强的互动性，不受时间和空间界限的限制等。基于这样的传播方式，使用者不再被动地接受消息，所以这种直播方式受到了很多年轻用户的欢迎。随着科技的发展，人工智能将来会进一步提升实时反馈技术的水平，并且在新闻传播活动中得到应用。用户可以对新闻内容进行实时反馈（主要是视听类），这样便于记者根据用户的需要对采访提纲进行调整，使新闻内容呈现的消息、内容更加切合广大使用者的要求。除此之外，用户对新闻的传播力也会更强，可以达到实时给出新闻线索，纠正谣言的目的，恢复事件的真相，只需开辟一条实时反馈通道，就会吸引众多用户的加入，推动受众融入媒体。另外，将来也可以实现以一个平台为基础来满足各种信息之间互动的要求，到那时，媒体就会具备人与人之间时刻互动的需求、交流信息等功能，实现信息的个性化，发掘信息的价值，用户和智能设备的结合紧密，并成为传播媒介的终端，积极参与到信息传播过程中来。

3. 信息互动体验加强

尽管在新闻传播链的整体上，信息是下游的，但却直接影响到用户体验。不断开发和创新新闻载体等，一方面，表现为技术更新迭代，另一方面也符合受众的需要。在观众层面上进行剖析，媒介大致经历了以下几个主要的发展阶段：第一次改变是即时化的。原来媒介只是以书信或邮件的形式出现，在发展中逐步形成了广播、电视这一媒介传播方式，而且目前已走进了互联网、移动互联网时代，信息即时化充分反映了受众对信息传输速度的需求；第二次改变是移动化。目前媒介对数据传输依赖性较强，注重便捷性；三是多媒体化。由广播，电视发展为目前各种多媒体共存的模式，充分反映出媒介发展中多媒体化倾向。短视频新闻已成为互联网上最火的新闻形式之一，并已被广泛接受。

在智能化时代，受众对于信息的消费需求也会越来越高，它最直观的表现就是对互动性的需求。目前，新闻生产开始采用多种互动技术、可视化新闻技术等，比如 AR、H5 等。在这样的语境中，新闻叙事方式随之改变，逐步做到用引导性语言代替传统告知性语言，一方面，用户可以读懂新闻，另一方面用户也可以参加新闻报道，并且参与方式为第一人称。该方法显著改善了用户阅读体验，帮助用户产生身临其境的感觉。随着 VR 技术日益进步，在将来，只需戴着头盔便能感受到虚拟新闻体验是完全可能的。与此同时，AR 技术在制作新闻过程中会起到越来越大的作用，例如，在互动地图中添加实际信息。智能化新闻在消费层面延续了传统新闻的互动体验，其建立在顾客个人经验之上，添加满足用户个性化要求，用叙述的形式为用户量身打造新闻。在这种情况下，用户不只能够自主选择体验设备，也可以自由地选择、设计交互场景和安排叙述，使新闻传播具有了游戏属性。AR 技术通过作用于人们的情感而产生作用，也就是产生移情作用，进而增进用户对新闻内容的了解，使其产生较强的记忆性。

二、新闻从业者面临着危机和变革

在机器新闻不断推出的今天，新闻自动化已经步入一个崭新的阶段。目前，智能算法能够基于统计信息与库存短语的集合，自动地产生新闻报道，并且不被人类记者所打扰。如同以往其他技术发展，人工智能新闻这种新形式，让记者重新审视了自身的作用，思考了核心技能。在响应上述新技术开发时，新闻以所完成的工作为界定，而不以那些具有实现这些目标的技能和知识的人的标准。与人工智能新闻的竞争，会让记者不得不把注意力集中在那些只属于人类才能完成的工作上。创造力、分析技能、个性就显得更为重要了，而且日常工作也会实现自动化。

（一）人工智能会代替新闻从业者完成一部分任务

技术发展对新闻工作的影响始终存在，数十年来，信息技术走进了新闻编辑室，帮助记者完成新闻制作过程中各个阶段的工作。自动化使记者的工作由对海量数据进行分析转变为发布消息。在人工智能涉足新闻生产的今天，新闻业已经步入一个崭新的阶段。目前，新闻制作过程中的每个步骤均可自动化，"机器人记者"能产生成千上万篇稿件，很少有可变成本。

受商业压力、利润预期较高等因素的影响，新闻业出现了更加广泛利用人工智能的倾向，通过利用较短期合同，将自由工作、外包、作家、网点等非个人关系低工资，以减少新闻制作过程中所涉可变成本。机器人记者是事实的、客观的，其具有简化性、速度性等若干优点，对人类记者而言，很难与其抗衡。Kris Hammond（克里斯·汉默顿）大胆预测，再过 10 年，美国新闻业将会达到 90% 的自动化生产。此外，人工智能的诞生也会代替许多人的努力。

（二）新闻从业者所具有的专业优势是无法取代的

在常规新闻任务能够实现自动化的情况下，为了生存，记者应该提供更优质的商品。这些转变，其核心在于记者要注重自身优势，而非在自动化内容创作中争夺先机。自动化内容产生人工智能新闻具有低边际等优点，文章撰写速度快，覆盖面广，但是记者仍不可被其取代，它者能以文章写作方式，以独特视角和不同的写作，强调同一篇故事。有人把计算机产生的语言说成"有点无聊"或者"充满陈词滥调"，而采用比较幽默诙谐的笔触、更为复杂多样的句式、更具想象力的思考、较深的人文素养、较宽的视野是记者的主要竞争优势。人类记者都有分析与创作的能力与人格，让他们能经过深入的分析与仔细的观察，创造出了故事，为受众提供了更为深刻的报道，这些不能从算法上捕捉到的技巧总是高质量新闻所具有的特点，所以，记者应该把人工智能新闻看作是让新闻业变得更人性化的契机，让人类记者有机会制造出高质量的新闻，制造出更多优秀的产品。

（三）人机协同是必然趋势

当新技术不完美的时候，总会遭受太过乐观或者太过悲观的讨论，大家相信，新发展会使媒体内容变得良莠不齐，人工智能新闻亦不例外。笔者以为，人工智能与人类记者相辅相成，随着自动内容创作的深入，人工智能与人类记者之间的结合会更密切。人工智能新闻的报道离不开人类记者的把关，特别是那些重大和敏感话题，机器自身没有价值判断，也没有道德观念，最后还是要预留"人工审核"的部分。

人工智能给新闻业带来的冲击，终将转变为人类记者怎样适应和机器共同合作的故事。美联社记者根据人工智能趋势，对未来10年内记者工作场景进行了展望：记者坐无人驾驶汽车前往新闻编辑室工作，途中空气质量传感器探测空气污染情况，传感器通过汽车智能仪表盘报警，记者立即部署一对无人机，无人机上安装有水及空气质量测试套件，以证实报警。到达新闻编辑室，电脑追踪社交媒体，提醒记者有关空气污染与哮喘发作的孩子这一主题引起了网友的激烈争论，记者在其增强现实耳机中投影出了系统监测新建工厂附近区域能见度（高污染指标）的画面，他在全区公布的系列机器人摄像机上下载了照片，并用计算机程序对工厂附近地区的图片进行了对比，同时，利用智能助理查找公共记录，利用人工智能文本分析工具，对成千上万条政府记录及授权进行调查，调查该厂有无违规操作造成污染的情况，并利用语音分析技术对人们言语的真实性进行了探测。

这类工作情景，并非天马行空般的想象，在一定程度上，人工智能就是人类记者的最佳助手。值此技术变革大潮，人工智能技术的发展也日新月异，但它不能代替人的工作，人在新闻生产中仍处于核心地位。今后，如何以人机协同为机制，打造更加高质量和多元新闻内容，值得我们去探索，引导新闻业朝着更美好方向发展。

三、对策和思考

在人工智能技术蓬勃发展的今天，万物相连，综合数据化，人们正在享受着技术所带来的智慧、便利。在高效的前提下，我们还应该辩证地看待技术发展所引发的各种问题，针对人工智能"入侵"问题，人类一定要掌握自己的发展方向，坚持人的价值。

（一）对用户有针对性地制作新闻

不同的人对同一事物关注的焦点是不一样的，对同一棵大树来说，木匠见到了木材，画家看颜色、色调，植物学家们所见到的正是它的外形与特点。所以，信息接受者也就是用户，在对同一事物关注的焦点方面，会因其身份而有所差异。人工智能化的新闻生产，能够对同一事件的不同重点，生产不同的新闻，正如腾讯财经新闻写作机器人"Dreamwriter"在同一时刻发布的三篇不同版本 CPI 报道一样，我们可以发现，它在新闻生产中，可因版本不同而有所侧重。

相对于传统新闻生产而言，人工智能化的新闻生产，有着日益民主化的特征、网络化的发展趋势。当用户通过互联网进行信息浏览时，他所做的一切已不只是单纯地接受消息，还生成消息并将其放出。在互联网平台日益开放的今天，"大家当记者"已成事实，大家就是节点，即接受消息的同时也对外发布消息。传统记者对话语权的主导已告一段落，开放的互联网平台助力信息多元化发展。因用户节点过多，对每个用户都在有针对性地进行新闻生产，这是数量很少的人类记者所不能胜任的，但新闻写作机器人具有强大的技术支撑，使之能够实现。人工智能化的新闻生产，是在收集数据和处理数据的过程当中进行的，所耗时间和能量接近于 0，如此强的优点，对海量数据处理有很大便利，能够有针对性地对用户进行新闻生产。

互联网平台给了用户发声渠道，但是，它又会导致信息混杂。在互联网平台上，数据量之庞大，已无法用语言来描述。在海量的数据面前，怎样针对用户需要，如何对用户有针对性地制作新闻？在人工智能化的新闻制作过程中，给用户制作有针对性的新闻，大致分为三步：第一步，建立一个较为完整的数据库，接收每个用户的反馈数据，为每个用户都设置完美、特有的数据库；第二步，基于用户特有的数据库，给用户制作更符合其自身需求的新闻，提高用户满意度；第三步，强化技术支撑，使用户检索信息时，能得到最合心意的资讯。

当用户创建数据库，媒体怎样接收用户返回的信息？未来智能化技术应致力于把各种信息集中到一个平台，并且实现平台间的互动。换言之，人工智能化的新闻生产，不应该仅仅关注新闻生产，还要学会和观众交流，达到接收、反馈数据之目的，下次生产新闻的时候，积极调整，使之符合用户的需求。

（二）扩大报道领域，做到广泛运用

人工智能化的新闻生产，虽已运用于国内，但有局限性，其根本原因在于人工智能化技术尚不成熟。但是随着科技的进步，人工智能化新闻生产适用的报道领域将不断拓展，由原来的财经类、体育赛事类、灾难类新闻报道领域拓展至民生问题、刑事案件、教育领域、娱乐和其他方面，最终达到报道方面的完全覆盖，被各媒体机构广泛使用。

人工智化的新闻生产，需要我们不断地研究，不能因技术上的暂时不成熟就否认其存在的价值。每次媒介技术发展，都是由不成熟走向成熟的过程，量变引发质变。现在人工智能技术正处在发展的初期，经历了不断的成长，人工智能化的新闻生产最终将迎来一次质变，扩宽报道领域，做到广泛应用。

（三）追寻真相，是新闻的永恒生命

传统新闻媒体以议程设置、拟态环境构建等方式，在共同想象的基础上，向受众呈现了一个新世界。受众借助媒介所提供的知识光谱，对真实性做出理性的想象与评判。这种单一的传授关系缺少互动和反馈。互联网时代受众跃升为主导性一方，并在后信息时代，算法与技术所导致的极端面向个体与个性化的信息推送局面，让观众的权益又一次得到了拓展。

新媒体、新技术激励了更多受众直接或间接地参与决策，这就在不知不觉中给新闻媒体带来了更多的要求。新闻体现了一个社会恒久的价值观，在信息提供、推动公众讨论、在社会监督上，有着其他监督方式无法代替的作用。尽管如今的新闻主体和客体都呈现出多元化趋势，还有很多自媒体的参与，新闻信息在不断增加的过程中，谣言、流言也越来越多了，谣言与真相一起飞扬，对合格的新闻媒体、新闻人来说，更要在新闻真实性上下功夫，追寻新闻真相。新闻真实，是一个动态过程，在信息过载的今天，追寻新闻真相，就是要优化信息环境，解决谣言所造成恐慌之窘境。2011 年，日本福岛核泄漏事件在我国掀起抢盐风波，至今令人记忆犹新，流言不但导致食盐脱销、价格提高，也造成了一定程度的恐慌。在不确定性增加的情况下，只有在适当时候，可靠的资料和事实才会通过有信誉的媒介公布，抑制谣言的传播。2016年9月，facebook中负责抓取消息的人工智能算法推送著名主播MegynKelly（梅根·凯利）被希拉里的支持者、保守派福克斯电视台辞退的假新闻，造成观众强烈不满，被视为以假新闻、算法引流的方式对选举产生影响。技术易受资本冲击，让民主受到威胁。就连人工智能技术兴起的新时代也一样，仍然有必要向公众提供信源证明等来验证真实性，甚至在当下，新闻工作者更需要保持新闻专业主义，对新闻写作、报道信息的真实性负责，不歪曲真相。在风险化社会里，任何事实都只是一个临时流动的过程，唯有使新闻机构透明化，并且将新闻的生产过程呈现给大众，才可以遏制认知局限性以及调查时效性所造成的负面影响。新闻工作者应始终保持一种学习态度，不断地调整自我，积极应对新技术给新闻生产发布带来的变化，主动与观众保持对话，坚持求真为先，在媒体与公众之间构建利益共同体。对新闻真相的追寻永远不会过时。

（四）加速立法进程

人工智能学习能力与人类对孩子的教育过程相似，能够解决视觉、听觉、语言等问题才是关键。

人工智能发明日益增多，科技的更新换代使得它越来越密切地关系到了人类生活，人们很难令其割裂开来。同时，搜索引擎也不例外、智能推送和其他形式的人工智能被应用时，由于无限制地收集数据，可能导致普通人的隐私权受到损害。而在解决个人隐私的同时，知识产权的保护也是当务之急。在新闻生产过程中，若不能抓住知识产权边界，则容易引发侵权纠纷，损害当事者的利益。科技决定媒体时，内容的位置由媒体来确定，法律又规定着技术的施行边界。因此，推动机器人立法有其前沿的必要性。

1.构建人工智能监管体系

2017年2月16日，欧盟议会通过了世界上第一个《机器人民事法律规则》决议，其中论述了以机器人，人工智能为对象的民事立法，推动信息经济发展的新动力，引起了世界范围内的广泛关注。各个国家都颁布了有关法律法规，更好地规范与推动人工智能的发展。这对AI包括新闻事业在内的众多领域的成长与繁荣都是非常重要的。尽管我国尚未制定相关条例，但科技部原常务副部长王志刚曾经建议，不仅是为了解决数据滥用、侵犯个人隐私、违反伦理道德等问题，强化治理，构建人工智能安全监管体系，适时进行考核，并意识到了人工智能领域广阔的发展前景，加强对有关法规条例学习，更是为了推动人工智能行业的良性发展。依法治国，首先必须有法可依，只有及早构建人工智能监管体系，健全人工智能的相关规定，才有可能形成一个好的价值秩序，在推动社会发展中发挥积极的作用。

2.确保用户隐私权不受侵犯

科技引发的难题，有时可通过技术本身来加以解决。以人工智能为工具，可以改变事物的行为模式，我们必须具备对人工智能对产业发展构成威胁的自主防范意识。因此，全国政协委员、贵州贵达律师事务所朱山主任提出，要开展人工智能算法安全风险评估体系研究，用算法确定生产者和研发者的民事责任，并保证人的隐私不会被数据共享，不会被云调用等行为侵害，盲目反对或者禁止使用数据既不切实际又不正确。一方面，社会各界有必要让全社会对用户的数据信息是其个人的合法资产形成统一的共识，提高透明度，迫使企业将自己所拥有的用户信息中的数据部分以及盈利部分呈现给消费者。另一方面，应尽快厘清让渡与利用受众隐私信息的标准，让提供资料的一方掌握更多的知识，弱化在线服务商对数据的掌控力。并在用户数据信息的利用上，给用户以足够的知情权与选择权，尽快颁布保护受众隐私的有关政策，保障用户的隐私权免受侵害。

第四节 智能化新闻生产的场景叙事

一、智能化时代的新闻生产特点

以人工智能为核心的新闻生产，给场景叙事带来了巨大冲击，使之呈现出交互、跨界、共享、共创的特点，叙事方式亦由单边叙事走向多边叙事，尤其是在人机交互叙事、用户画像、精准叙事、多元主体合作叙事、跨界融合、共享共创叙事等方面。尽管技术高端化是新闻生产发展的必然趋向，但是智能化媒介技术在发展过程中，也孕育并扩散出诸多问题，唯有深度挖掘智能化新闻生产，提炼并避免其带来的不利因素，才能够使新闻生产和场景叙事向着智能化场域的正确方向发展。

（一）以观众为核心，精细、分众、私人定制于智能

时代要求新闻生产必须最大限度地满足观众对于新闻内容、新闻形式、传

播方式等方面的要求。所以，对于新闻工作者，准确地满足以上需要显得尤为重要。这里还应指出，在遵照这一"准绳"准确分析用户的同时，也要从更宏观的视角对其进行科学合理的判断。这样，不仅可以通过分众传播来减少用户对于智能化新闻的排斥感，还可以通过私人定制等形式，提高用户对于智能化新闻内容认可度。当然在这个过程中，有必要避免用户在智能化媒介的帮助下，窥探他人隐私，减少智能化新闻生产过程中存在的风险。

（二）智能、快速和类型化等介质

智能媒体应运而生，它极大地充实着新闻工作，记者的报道能力得到增强。在应用日益广泛的智能技术手段的驱动下，新闻生产日益智能化，它甚至被泛化在新闻生产中的各个环节，使新闻传播更迅速、种类更丰富。但我们也应意识到，新闻生产要和智能化媒介"保持距离"，过分依赖，必然会冲淡新闻报道的深度与内涵。尤其在"后真相"时代，新闻生产面对的是"速度"与"质量"的矛盾问题，退而求其次，选择前一种，那些在新闻主导话语中占主导地位的"劣质"内容，将使新闻事件发生逆转、发酵甚至给观众带来负面情绪。

（三）实时、随意和趣味化的信息反馈

不管是智能化的时代，还是传统社会，用户心目中的新闻真相不但不应削弱，而且要实实在在地放在新闻工作的首要位置。而真相却是在智能化时代下，信息反馈机制渐趋成熟，用户不仅能实时评论，也能发送弹幕，还可多渠道随意发表自己的看法，肯定自己的态度，为新闻生产内容增添趣味。值得一提的是，智能媒体的存在将显著提高群体极化风险，一旦个人的情感深入对新闻真相的探讨，人的感性成分就会被放大，使情感成分无处不在。

二、智能化新闻制作的场景叙事模式

目前人工智能既引起学界也引起业界的广泛关注。当人们沉醉于人工智能给新闻生产所提供的便捷之时，其弊病与隐忧亦随处可见。为了防止"人最终沦为机器的奴隶"，在智能化时代，人需要一直保持能动性，除需对新闻生产发生根本性变革做积极的准备之外，还应该通过对受众的分析、媒介分析与效果，厘清智能化新闻生产中的场景叙事模式。这几种叙事模式互不排斥，甚至是相互联系的，即便在快速发展的智能化新闻产业面前，新的叙事模式同样很难覆盖全部的新闻叙事，但是，恰恰因为这些叙事模式存在着相互交错与结合，使今后的社会可能会涌现更多、更新叙事模式的可能性。

（一）线性模式与延伸模式

通过大量分析近几年样品，我们发现线性智能化新闻叙事模式比较普遍。在此类情景下，叙述是在时间轴上进行的，可视化新闻内容贯穿线性叙事的各个环节，它更能打动读者的心。客观认识"消息后面的故事"十分有益，同时，新闻可视化与场景叙事是相辅相成的关系，能明显增加新闻内容的鲜活性，冲击力更强。其间，若以线性叙事为基础加以补充。对于叙事主线进行延伸，那么延伸模式应运而生。这种模式下的新闻生产除要对事实进行叙述外，也要以大数据技术为支撑，扩展叙事空间，读者由此也就更容易"感知"新闻。一般延伸模式应采用数据挖掘的方法，以数据计算为主，叙述主线之外的模拟联想等。

（二）利基模式和类比模式

利基模式受新媒体用户对新闻阅听的喜好所支配，它使新闻工作者能以更直观的、更明确的形式捕捉信息、传达信息，能较好地符合用户独立选择新闻内容的"意志"。以2015年的数据应用作品——《你最适合哪项体育运动》这篇文章为例，其是根据用户的需求定制的新闻，实现了新闻生产的精准化。和利基模式相似，智能化新闻生产类比模式，可以保证使用者以更直观、高互动的形式，纵横类比新闻内容，使用户站在全球化的视角理性分析新闻故事，能防止标签式的主观臆断。

（三）组合和网状模式

为避免造成新闻内容上的偏差，使新闻报道更鲜明，更直观，更有说服力和影响力，在场景叙事中，组合模式和网状模式正逐渐占据主流地位。智能化时代，以任何单一新闻为报道对象，都会形成立体化叙事场景，这种立体化叙事和智能化新闻高度一致。任何新闻报道均可拆解为若干内容单元，自成体系，然后用关键词重组，实现新闻再生产。而网状模式则来自于新闻数据的深度挖掘以及新闻主体之间的深度关联，这一场景叙事是建立在消息背后的逻辑关系之上的，这恰恰是智能化时代观众较为关心的一个新闻看点。

三、智能化新闻语境中场景叙事的价值

在新闻行业中，智能化是一种必然选择，更是新时代新闻生产能够不断创新，不断进步的迷人之处。在新闻语境中，在以场景叙事价值为尺度的范畴，智

能化的特点是稳定性和延续性，并且伴随着新闻业态的变迁，不断地调整与重塑。以往研究多是从新闻内容构成要素与受众接受水平、社会功能两个维度解读场景叙事价值，以及智能化时代，场景叙事价值和新闻生产流程之间功能定位联系日益密切等。智能化新闻是新闻报道中的一种创新形式，它的场景叙事价值体系更有可能继续存在，它的价值维度还可以被不断地解构与重建。

（一）准确地预测社会场景等

在智能化时代，新闻生产应注重挖掘分类与排序、程度与比例、量变与趋势等不同关系的资料，通过对多份资料进行分析判断，完成新闻事件全景描述，向观众展示客观世界的总体形象和运行规律，有助于在设定好的社会场景下，进行比较精确的未来社会变化预测，以此来满足民众对于社会场景的感知需求。近年来，部分主流媒体对"一带一路"、两会这样的重大主题进行新闻报道时，在人工智能的帮助下，将媒介议题、公众议题和政策议题"巧妙"地结合，使大众之声音、处境、期许能通过智能化平台，"自下而上"地传达。这些具有预测性的智能化新闻，有助于人们逐步建构良性社会场景。

（二）为时空场景进行自定义匹配

智能化的新闻生产，不仅能"激发"社会场景建构，还能与时空场景相匹配。一方面，智能化的新闻可以胜任在预测性、定制性和社交性方面较强的工作，使受众的个性化需求得到智能化传播场域重视，使新闻传播走向定制化；另一方面，智能化新闻传播精准性也在不断提升，推送给用户的消息能够很好地匹配即时时空场景。特别是大数据技术、云计算技术快速发展的驱动之下，智能化的新闻生产日趋成熟，原新闻选题、生产与传播的瓶颈正在被不断突破，给用户带来更加定制化的资讯。

（三）在情感场景中进行虚拟社交

在一段时期内，对于智能化新闻交互性问题的讨论，一般都集中于用户与媒介的关系问题。超越了这个"关注点"，在智能化时代，新闻内容能够双向传播，所传达的讯息不仅能引起使用者的注意，指导用户和新闻界面之间的交流，也可以通过新闻内容深入地影响到用户。他们的"独特"行为与态度将"开启"于虚拟社交中，并且被扩展。值得一提的是，以数据为新闻报道内核，实现新闻智能化，尽管从新闻生产流程到外在形式都有别于传统的新闻，但是如果我们不能抓住智能化时代新闻生产的实质，就仍不能破局。

四、场景叙事在智能化新闻生产中的新样态

伴随着智能化新闻生产过程中场景的应用与开发，智能化新闻场景的叙事适配功能（预测性、社交性、定制性等）可以得到深度挖掘，使得以智能化新闻生产为依托的场景叙事价值更为丰厚。就目前甚至今后而言，智能化新闻生产将以一种"时空脱域"的方式，持续消解传统媒介市场的权力体系，一改传统线性叙事逻辑与单向叙事方式，重建以观众为主体的场景叙事。更重要的是，场景成了新闻叙事之"入口"，不同的场景建构，将衍生出不同的新闻叙事逻辑。其中人机交互场景可以确定新闻生产中的互动叙事，用户画像技术促进精准叙事的实现，人工智能和社会化媒介催生多元主体的协同叙事等。

（一）人机交互，互动叙事

在智能化新闻生产与场景叙事方面，新闻工作者可通过可视化设计，对叙事方式进行调整，增强新闻主客体的交互程度。就人际交互的互动叙述而言，智能化的媒体，首先应符合受众的阅读习惯和使用操作的喜好，对智能化"触摸界面"进行计算与设计，以此来提高用户使用效率，提高用户满意度。同时在感官交互界面的构建方面应加大对 VR 的研究，在 VR 等智能技术的帮助下，最大限度地激发观众的感官，让其有一种超然于前人之上的沉浸感和真实感。例如，央视的《"数"说命运共同体》就在 VR 技术和虚拟场景的帮助下，使观众可视化参与度明显提高。

（二）用户画像，精准叙事

进一步提高智能化新闻生产场景叙事交互性，除可通过人机交互，加强新闻叙事主体与客体之间的共振、弥补观众情感空缺之外，也能准确地为用户画像。用户画像是一种"将用户信息标签化"的现象。智能化时代，在大数据或智能化设备的帮助下，新闻工作者必须首先获得用户的基础数据，进行画像的初步构建。再捕捉用户的"数字足迹"。对其进行分析判断，从而产生对具体用户唯一的标签，获取用户画像模型。最后是针对用户的特点分析行为规律，深度挖掘被掩盖的趋势和相关性，得到精准画像。在这个过程中用户的个性化标签越清晰明了，喜好越清晰，场景叙事效果就越好。

（三）多元主体合作叙事

在智能化新闻的生产过程中，记者通过构建智能化的场景，使观众能够深入参与进来。其间，多元主体可以发挥各自的"身份优势"或"资源优势"，用

自己特有的"技能"来参与新闻叙事，最后，通过相互协同，生产出崭新的新闻产品。人工智能、物联网在智能化新闻生产的运用，不仅能明显提高新闻的传播效率和传播速度，也可以抓取、分析、处理具体的信息，使更多的"微内容单元等"加入智能化新闻生产的行列。激发用户创造性，实现利益相关者的社会化、商业化诉求。

智能化新闻生产时代，不管是叙事空间、叙事话语或叙事文本都经过了重写，跨界共享、共创叙事逐渐成为新闻产业的主流。与此同时，不断变化的新闻场景使人们能够洞悉智能化新闻生产"脱域"的动因，我们需要厘清场景重构下崭新的新闻生产关系与叙事话语。特别是智能化、信息化的今天，自动化技术在不断地运用当中，新闻生产一直在被重新界定，以情景为载体的服务已成为新闻生产中的一种主流倾向。更重要的是，在智能化新闻的语境中，场景叙事的价值不断得到增强，已成为内容、形式、社交之后的，媒体的另一个核心要素。诚如《即将到来的场景时代》一书所预言，今后数十年，互联网即将步入"场景时代"，场景叙事的价值还会上升到一个崭新的高度。为此，需要在智能化新闻生产的基础上不断拓展媒体呈现方式，拓展新闻传播空间，增强智能化时代新闻生产的核心竞争力。

第五节 智能化新闻生产的模式变革

一、智能化技术基础

互联网、移动互联网、物联网、大数据、云计算、智能终端……在信息技术领域中，人工智能技术和其他技术为媒体智能化的发展奠定了基础。科技推动产业的创新，在与科技相伴而生，与生产相伴而行的过程中，商业与其他各个领域之间不断互相渗透和调适、变化。通常情况下，科技带来某一产业的全面发展和平稳地度过临界点要具备几个条件：首先，单体设备要和互联网结合起来，要高度成熟；其次，融入新技术是否能获得广泛应用；最后，有了科技和产业相结合推广规模化，就有了较新的附加产业。但这丝毫没有影响媒体智能化的大趋势，其正在引起新闻生产行业的日益变化。

二、媒体智能化的发展，促进了媒介形态的转变

（一）媒体智能化的发展，推动了媒介形态的变化

科技的表现形态，是科技自身与环境选择的综合产物。自媒介技术出现以来，媒介技术的应用，媒介技术广泛传播至媒介技术最终表达的媒介形态，受社会环境多维度因素选择和转化，这一选择和转化有两层含义：其一，从纵向的历史角度看，从媒介形态的演变过程来看，媒介技术在其中起着举足轻重的作用，决定着某种媒介形态的出现，但科技带来的冲击并不是不可避免的。技巧的运用，要靠人们去把握，而且人类有理性地选择有利于自身演化方向，技术不决定人类理性选择能力的高低。其次，从横向的角度空间看，同一媒介的效果就是技术自身采用时所处环境的效果、组织或者人员重构之后的成果，同样是媒介技术，其最终呈现出来的媒介形态却存在着很大区别。

每次媒介技术的创新和进步，均使媒介承载与传达信息的途径与能力发生了改变，乃至突破，这一新媒介在传播活动中的运用，将对人类的社会交往、生活方式产生影响，甚至在相关领域重构信息生产、交流、交换与消费方式。如果说，以往媒介变迁的冲击，在历史的长河中似乎不易被觉察的话，在过去的半个世纪里，媒介在技术表征上越来越引人注目，储存和传播信息所需的软、硬件技术，如计算机硬件和软件研究开发，通信卫星、互联网、移动通信的快速发展，等等，促使社会信息传播发生了一次又一次颠覆性的改革。

纵观媒介发展史，每一个媒介历史阶段都不是线性发展的，而是周而复始、螺旋上升式的发展进程，基本遵循共进共存、蜕变性、传递性、生存性、机会与需求等法则。

1. 共进共存

指各种形式的媒介互相作用、发展和演变构成了复杂的媒介系统，每一种媒介在系统中必不可少。任何新媒介的诞生，无不冲击既存媒介。网络媒介产生后，把既存媒介整合到网络渠道之内并加以升级，现有媒介的通道与模式得到扩展。

2. 蜕变性

新媒介通常并不完全自发地独立存在，而是伴随着媒介技术在现有媒介形态基础之上不断被打破而进行革新。创新可能是局部改进，也可能是革命性的飞跃。现有的媒介形态也将随之进行顺应调整，与媒介系统新格局相适应。例如，

电视问世后，电影渐渐地把内容定位在艺术表达上。

3. 传递性

现有媒介形态的主要传播技术特性，一般都将在新媒介形态下得以传承与发扬。比如，虚拟现实技术 VR 在信息表现形式上与电视有所不同，但它在画面剪辑与叙事结构上却在较大程度上传承着电视画面与叙事的特点。

4. 生存性

一个媒介形态产生之后，不是一成不变的，但必须与媒介系统、社会系统相协调，适应了就存活了，不适应，就走向灭亡。通常情况下，符合人类信息传播需要的媒介形态较易存活，比如，电视出现后，广播深受影响，但广播把受众定位在驾车群体与农村群体上，又有了新的发展空间。

5. 机会和需求

新媒介由新出现的媒介技术，转变为为受众所接受、所利用的媒介形态，既含有偶然性，又含有必然性。一项技术的开发，也许具有偶然性，但它却成为了媒介形式的现实存在，那么就不可避免地要在受众与市场的抉择下存活。以智能手机系统为例，塞班系统由于封闭性而退出了市场行列，而安卓与苹果系统在开发之初还处于小众化的状态，但研发方开放了系统平台，不同科技公司均可在两者内发展新应用，设备功能不断增强，被较多的厂家生产及用户采用，两者终于在市场上占据主流地位，使手机由单一的通信设备转化为移动多功能应用终端。

以互联网、移动互联网为载体的新型媒体替代传统媒体，在业界获得了支配主导地位。在生活中，人们越来越离不开手机，离不开网络，事实上，正是我们已离不开无处不在的生活，无时无处不在地传播着信息。"媒介就是讯息"，在当今具有更深远的意义。以前只有我们看报、收看电视时才能触及的大众传播，如今看来，媒介已经丧失界限了、丧失了岁月的界限、丧失了景物的界限，它已与我们的生活相融合。大数据和云计算的技术力量由移动互联网、物联网发展而来，移动化、智能化是其根本特征，人工智能主要应用于机器学习、语言识别、图像识别、专家系统等领域，在自然语言处理及其他方面的发展突飞猛进，如今，普通互联网即将向智慧互联网演进。在媒体智能化的潮流中，不同媒介渠道与媒介形态正在朝着融合态势发展，能有口语、字、声、视频和其他各种介质的特点。

（二）媒介智能化发展趋势中的媒介形态

人工智能技术在传媒行业中运用的体现之一，便是媒介技术朝着人类生物学本性方向发展，表现为两方面：首先，媒介是信息传播的载体与渠道，能更清楚、更精确、更立即、再现来传达信息；其次，人类与智能设备的互动趋于简洁、方便、隐形化的发展，所谓令人无法感觉到的科技就是优秀科技。

在媒体智能化的趋势下，媒介形态在变化，它整体特点依靠智能媒体设备、人机智能化交互方式，达到全面调动，重新平衡人的各种感官回到口语传播的时代特征上来。从信息传播方式来看，它是沉浸式、临场性和再现式的，具有交互式等特点。媒体智能化进程，克服了口语媒介在传播时期所受到的限制：口语媒介是靠人类感官而发，转瞬即逝，从传播距离、范围来看，传播的时间是十分有限的。同时，它还具有口语表达方面的优势，传者与受者在接收信息、解读信息时，除文字与图像外，还可以语音、语调、表情、手势等体态语和其他符号对信息编码、解码，人类的眼睛、耳朵、大脑以及各感官之间协同动作，在功能上互相引导、刺激和补充。从传播效果看，可以更深入社会成员的内心，在编码与解码时，传达的信息更鲜明，靠口语媒介所传递的信息与文化，相对来说更具生命力。

人工智能技术就是要提高机器的智能，来辅助人的劳动。人工智能建立在人机互动与对话之上。人工智能和其他技术促使人机界面（交互方式）更加有效、更加方便、更加自然、更加人性化，更重要的是维持本性，实现终端设备为人类信息传播活动提供更优质的服务，把人类感官扩展到电子领域，扩展到信息世界。近年来，人工智能技术和信息传播人机交互紧密相关，其中包括：

1. 自动语音识别

Automatic Speech Recognition，是指计算机能"听懂"人的语音，在人机互动中占据着重要地位。语音识别技术、语义识别的正确率越来越高。语音识别之于新闻传播领域，是指万物互联环境下，新闻是一种对话方式。新闻作为一种服务方式：新闻作为一种交往方式，是一种突破。当前，自动语音识别软件及应用主要包括苹果 Siri、微软小娜、科大讯飞语音输入法，等等。

2. 可穿戴设备

材料科学、纳米技术、微电子及其他技术和人工智能的进步，使传感器朝着更加精密和精确的方向发展，向着更加轻巧的方向发展，人们和可穿戴设备之间的信息交互方式更加方便。当前，可粘贴于皮肤的微型传感器乃至人体嵌入式传感器应运而生，谷歌眼镜内置了各种传感器，佩戴者眨眼即可完成摄影。

3. 脸部识别技术

以美国眼球追踪公司 EyeTribe、加州面部追踪技术公司 BinaryVR 等的研发为例，它们通过跟踪面部的微妙变化，来"读取"用户反馈，比如，眼球追踪技术使用户反馈互动方式变得简单化，利用 3D 捕捉相机对面部下巴和脸颊进行跟踪，抓取用户表情与反馈。眼动仪的本质也就是利用机器进行深度学习，把注意力机制运动和图片数据送入神经网络，神经网络对图片和眼睛运动的关联进行学习，并构成模型。计算机程序在对这一过程进行重复练习之后，就会达到利用经过训练的成熟神经网络对普通照片进行眼动过程预测的目的。

4. 手势识别技术

就微软 Kinect 应用而言，机器在深度学习的过程中，不断摸索，了解用户手势所代表的意义，将来的人机交互，不必经过物理空间中人机的依据，以肢体动作或手势的方式隔空向机器下达命令。

5. 智能翻译

谷歌翻译为了对句子的含义进行整体分析，不再逐字逐句进行翻译，于 2016 年 9 月正式上线，准确程度明显提高，以致引起人们对同类翻译行业灭亡与否的关注。智能翻译明显进一步拓展了精通某一语言用户之间信息交流的可能性，并具有实现各种语言用户互动的潜力。

6. 读唇术

谷歌人工智能程序 DeepMind，由谷歌、牛津大学联合研究团队主办，以 2010 至 2015 年 6 年 72 个月的电视新闻节目素材为训练材料，包括近 5000 小时的 Newsnight、BBCBreakfast、QuestionTime 等各类节目中的对话，约 11.8 万句。之后在 2016 年 3 月到 9 月的节目中随机选择 200 个话语场景进行测试，人类专家的正确率为 12.4%，而 Deepmind 的准确率为 46.8%。就连学习资料的录像、音频也是有大约 1 秒的时间差，Deepmind 计算机程序通过深度学习视音频流，没有时间差的同步，把握好发音和唇形之间的联系，自己推断出非同步音视频，再加以校正。唇读技术在移动终端上得到运用，该装置能够更加智能化地阅读用户表达，甚至是默默表达。

媒介技术的发展代表了这一逻辑：人—界面拓展与渗透。人类和机器之间的活动接口，机器是一种器具，器具提供接口，接口通向网络空间，而且网络空间为人们提供了一个有待发掘的信息世界。就人工智能交互技术来说，人机活动是指人和事物、人和人之间的活动，人类和信息智能化活动等。

以人工智能交互技术为辅助的介质在持续发展，信息终端设备从硬件、软件两方面，网络连接及其他性能表现更加凸显，信息终端设备的"实在扩展性"（RealityAugmentation）不断提高，信息终端设备作为人类感官的一种延伸，人类与在线社会信息传播系统之间的交互方式朝着智能化、迅捷化方向发展，如屏读、视网膜阅读，等等。人机交互方式智能化趋势与移动互联网一致，与信息终端设备移动化发展方向相同。PC和移动终端的区别从本质上讲是搜索和人工智能的区别。在互联网时代，搜索是核心技术，查找大量的资料，以方便用户的选择，而且在移动互联网时代，乃至将来，可穿戴设备将得到更加广泛的运用，人机交互技术势必朝着更加人性化的方向发展，更加精准的定位使机器有了与人交谈的能力，它就会成为智能媒体信息系统的标准配置。

三、媒体智能化的发展，促进了新闻生产的变革

（一）虚拟现实新闻——新闻内容形态的改变

在媒体智能化发展的大环境下，新闻内容形态变化的重要体现之一，就是虚拟现实新闻（Virtual Reality Journalism，以下简称 VR 新闻）技术的发展，即利用虚拟现实技术作为承载媒体所生产和展示的消息。VR 新闻利用技术，以模拟的事物建构真实世界，并且把真实与虚拟集成到同一空间，引领用户体验身临其境享受虚拟世界。

1.VR 新闻的开发实践

当前 VR 新闻多以网页、手机 App 软件或者二者结合同时投放三种形式展示给受众。从表现形式来看，已有的 VR 新闻作品，基本上是 360 度全景图片或者 360 度全景视频纪录片这两种形式。

2.VR 技术及发展

2015 年是业内公认的 VR/AR 元年。现实生活中，关于 VR/AR，当前亟待解决的问题就是用户体验眩晕感问题、提高互动性问题，等等。用户的良好体验感，是 VR 新闻在更广阔领域进行宣传与推广的先决条件。

VR 作为媒体智能化发展过程中的媒介形态和新闻报道形态，引起了学界、新闻业、科技业的关注。如表 5–1、5–2 所示：

表 5-1 国外主要科技公司和媒体在 VR/AR 领域的布局

公司	时间	与 VR/AR 相关的领域
谷歌	2012.4	推出 VR 眼镜 Google Glass
索尼	2014.3	发布 VR 设备 Project Morpheurs（后称 PlayStation VR）
脸书	2014.3	20 亿美元收购 VR 企业 Oculus
英特尔	2014.4	投资 VR 公司 World VIZ
三星	2014.9	与 Oculus 合作发布 VR 设备三星 Gear VR
苹果	2015.11	收购面部识别技术 Faceshift
迪士尼	2015.10	投资 VR 内容公司 Jaunt
Comcast/ 时代华纳	2015.11	投资 VR 平台 Next VR

表 5-2 国内主要科技公司在 VR/AR 领域的布局

公司	时间	与 VR/AR 相关的领域
百度	2015.12	推出 VR 视频频道
	2016.7	上线 VR 浏览器
腾讯	2015.12	发布 Tencent VR SDK 及开发者支持计划
阿里巴巴	2016.2	投资美国 AR 公司 Magic Leap 成立 VR 实验室
	2016.3	启动 Buy+ 计划

（二）机器人写作：新闻生产主体的改变

1. 机器人新闻实践现状

机器人新闻正是社会数据化程度逐渐提升的产物。在新媒体时代，信息传播呈现碎片化且时效性强的特征。在大数据、物联网、移动互联网等新兴技术迅猛发展的背景下，各行业在发展过程中都经受着很大影响，变革无所不在。在媒体领域，机器人新闻的出现，改变了传统新闻媒体的格局，使其发生翻天覆地的变化，对于传统媒体行业也产生了非常深刻的影响。在此背景下，机器人新闻应运而生并迅速崛起，使物联网与移动互联网技术不断成熟与普遍应用，极大地增强了人类搜集资料的能力，采集的数据量呈爆炸式上升，并且很多数据可以按照一定的格式进行整理或者存储，从而极大地扩宽新闻行业的新闻源，还为机器人的新闻写作提供方便。

开发机器人新闻，利用人工智能进行机器学习、语义识别和与其他技术发展紧密相连。人工智能技术要想在媒体行业中得到运用，必须先了解自然语言，再用多种方法提取每类知识之间的联系。这就有许多亟待解决的问题，例如，对自然语言的读取与理解、对自然语言进行加工、形成摘要、文本的分类、界定实体、构建知识库、提取关系、发现知识等。其中，对自然语言的阅读与理解在写作机器人研制过程中处于基础地位，却又非常具有挑战性。要让写作机器人达到完形填空式的自然语言阅读理解，然后借助机器学习的理论，针对海量训练数据集，利用神经网络等技术，在训练集中研究规律。对此，谷歌、Facebook、IBM等许多科技公司，还有如 Maluuba 公司、哈工大讯飞实验室等人工智能创业公司均提出了各自的机器人学习模型及信息（新闻）知识库。

2.机器人新闻写作的原理和过程

新闻机器人的工作步骤主要包括抓取大量结构化的数据、分析数据并选择报道内容、利用模板撰写新闻稿件三个步骤。

（1）捕获海量结构化数据

物联网的高速发展，使我国社会中传感器广泛应用，这些传感器有助于在更多的空间中自动地迅速地完成任务，高效采集海量资料。

与此同时，网络的普及导致网络空间中也充满了海量信息，并且网络爬虫算法也在不断地成熟，使人们能按需要从更多的角度搜集资料。这些多渠道、多源头采集的材料，均为写作机器人的练习提供了丰富的新闻源。

在一些具体的方面，有关数据信息通常可被结构化地存储或解析。例如，地震领域，通常可从震源、震级、危害程度和应急响应的角度收集资料；体育领域，就拿篮球来说，常可从参赛阵容、参赛得分、助攻数、命中率、队员得分、篮板数、三分球得分等方面进行分析，完成队员上场时间与效率值的比较等资料的搜集。这些经过结构化采集或加工后的数据，可使人类针对写作机器人制定出相应的算法和程序，方便写作机器人使用采集的数据进行新闻写作。因而，这些结构化数据比较多的领域，如地震、财经和体育，是写作机器人使用最普遍的领域。

（2）分析数据同时挑选报道内容

新闻写作机器人在完成数据抓取后，将结构化数据输入，机器人就可以根据预先设定的算法和步骤对数据开展分析，选择有价值的事实。举例来说，在篮球比赛中，人工智能会分析比赛中的各种指标，寻找与以往有较大差异的数据，如球队总得分创造历史新高等，都会被及时处理并报道。因此，人工智能会结合事实的重要性将其进一步排序或分类，并最终根据排序来选择值得报道的新闻内容。

（3）用模板写新闻稿件

认定了所要报道的新闻事实之后，下一步写作机器人将根据这些事实来制作新闻稿件。新闻机构或者程序员将预先为机器人提供许多常见报道格式。有比较定型的写作风格与技巧的专业记者，以及算法工程师，以"元写手"身份，对计算机进行深度学习的持续培训，怎样在资料中找到报道的视角；怎样在"元写手"总结出的各种报道词汇库中进行研究，形成语句；怎样安排文章架构。套用上述给定模板，人工智能只要"选词造句"就行，对整理后的新闻事实在模板中嵌套，然后结合历史新闻或有关报道即可以产生对应的新闻稿件。较先进的人工智能也许会用多种方法润色嵌套文本，如在稿件中用同义词代替关键词、根据上下文添加修饰性辞藻或词语、根据读者偏好加入一些带感情色彩等词语。这些经过润色的文字，使人工智能采写的新闻稿件内容更丰富、更灵活。

人工智能在稿件写作方面仍是建立在一个较为固定的格局之上，这样人工智能生成新闻就像做英语考试完形填空题，仅需将网络抓取或采集的数据填入即可。这种新闻撰写的方式，还使人工智能在工作速度上出现了比人工编辑更大的跨越，只要把更新的新闻事实补上，经过简单的调整后，便是新的新闻报道。人工智能所产生的新闻稿件只要经过人工编辑和微小校对及审核后就可以发布出来让读者阅读。

（三）受众，用户智能化迁移

大众传播结构就是从少（传者为中心）到多（不确定的订阅用户）扇形传播结构，以 Web2.0 技术为特征的网络传播的传播结构是多（普通用户可充当传播者）对多的网状结构，受众间表现为散点网状分布结构，受众和新闻业又是一个相互作用的双向结构。以信息传播方式为中介构成了人们信息传播的交往环境，媒介塑造了人与人之间信息传播的互动模式，用户习惯了通过互联网平台查找资讯，消遣娱乐，共享资讯，生成内容。在传媒智能化发展的大环境下，移动终端成了受众感官亲密延伸的载体，移动互联网、云计算、大数据、物联网和其他技术进一步加深了用户间的这一网状结构。目前新闻信息传播用户呈智能化迁移态势，海量、在场与连接、网络化、分布式是其显著特征。

1.海量

用户量级向着海量的方向发展，是形成在线社会网络所必须具备的规模要素。按照梅特卡夫卡原则，海量用户极大地促进了在线社会网络平台的价值。移动终端，如智能手机，已成为使用者信息感官上的一种延伸，电流的速度是光速，凡诉诸电子传递，既有口语词，也有书面词，均可传至各处。用户借助移动智能设备与社交化的信息传播应用，达到近乎同步地完成对信息的构思、分发、传播、接收，这一过程差不多与心理活动的速度相同。

2. 在场与连接

互联网作为连接工具，其范围非常广，具有交互性强、便捷性高、隐蔽性好、离散性强等特征。信息设备终端，包括可穿戴设备和其他传感器，被连接到网络上，在使用界面上的友好体现，给用户提供了持续在场的可能性。网络新闻、短视频、新闻直播以及其他新闻形式越来越丰富。互联网中任何连接均会自动被发送至账户，链接有博客、视频、新闻与新媒介、终端及其他。社会成员和媒介之间逐步建立无缝联系、犬牙交错的关系。

3. 网络化

在线社会信息传播系统在智能媒体的发展背景中属于开放、连接的内容关系服务网络，能够实现线上和线下、虚拟和现实、公域和私域、历时和共时场景的重叠，从而给用户提供最为有效的接触社会的方式。

用户持续在线，接入在线社会信息传播系统，用户信息发布网络，社会关系网络、社会服务网络等，终端网络相互融合已是大势所趋，大量用户通过在线网络联系，点击交换信息，组成聚合资源、转换关系。用户网络化的重要媒介就是社交媒体。

社交媒体建立于网络世界重现真实社交关系这一复杂假定之上，尽最大可能使人们的社交关系向网络世界无障碍、不受损失地转移。同时社交关系也形成熟人、圈子和社群，订阅其他弱社交关系。社交中的每个用户可被视为信息的传播中心，能实时接触到所要接触的人员。双向或延时、非同步信息交流包括文字、图像、视频等。每一个人与之建立社交关系的一切信息传播中心，其生产出来的信息便形成此人的信息资源库与知识资源库。互联网在这一过程中承担了社交情境与交往模式建构者的责任，同时承载着不同人群和人群之间的话语表达、协商互动与认同。

社交平台成了新闻传播和素材收集的一种重要方式。微信、微博及其他社交工具和资讯客户端的应用，大大提高了新闻的传播范围与传播速度。以社交为载体的自媒体应用，具有用户规模大等优点，能够扩大新闻素材来源。用户更加愿意在网络上搜索和他们有关的信息，不管是现实的社会关系，还是有着共同利益的社群关系。社交化信息传播方式，使社会成员有机会充分地利用有效的时间与社会进行接触。

在媒体智能化的发展进程中，海量用户的网络化特征对于以终端为载体、以传播形态为载体的智能媒体的传播有积极意义。创新扩散的 S 形曲线理论认为，一项创新事物在社会中的扩散比例达到 10% ～ 20% 的临界值时，创新过程将加快。基于双向互动的社会信息传播系统，用户采纳智能化信息传播设备和行为的扩散速度还将呈现出双边网络效应。

4. 分布式

分布式是计算机中的一项概念，是指在控制系统的管理下，通过多台位于不同位置、功能各不相同的计算机在同一网络下连接，实现协作的方式。使用分布式网络，能够实现用户参与新闻生产和传播的过程中。在智能媒体的语境下，在线社会信息传播系统也得到了持续的发展。人工智能，尤其是机器学习与算法聚合，在用户互联互通，协同完成某个主题的报告与创作过程中将起到更为重要的作用。以内容为导向，媒体机构依然是一个十分重要的节点，但用户分布式协同生产与传播新闻，却成了一种不可得之势，并且对前一种立场构成了震荡。分布式新闻可以被认为是一个由技术聚合而成的独立个体协同创造的结果。用户分布式网络组织、关系政治是分布式新闻产生之根本。

媒体市场的存在离不开用户的信息消费习惯与消费行为，用户消费需求也对传媒业务的发展方向起着决定性的作用。用户进行智能化信息传播生产、传播与消费的需要与习惯，意味着媒体走向智能化已是必然趋势，用户智能化发展给传媒智能化发展带来了动力。

（四）媒体智能化发展推动新闻编辑部的革新

新闻编辑部在媒体智能化的发展中，实现了内容编辑和内容把关的分离，对于新闻编辑部的革新和发展有积极意义。举例来说，报纸行业将部分工作进行了专业化分工，以编辑部门为代表，负责新闻信息的载体设计、新闻报道的策划与组织、新闻作品的修正和把关、新闻信息的整合与展示等核心工作。通常来说，新闻生产可以主要分为为新闻采集、编辑加工两个步骤，其中记者负责新闻素材的生产，编辑负责对新闻的加工、制作和把关等工作。传统媒体中，新闻在生产过程中就已经得到了内容和传播的两重把关，这是由于传统媒体的新闻产品集载体、传播渠道和接收终端于一体，通过控制新闻载体，有效达成内容采编、内容传送一体化，编辑部就能把关新闻产品的最终形态，使其通过既定的新闻传播渠道进行传播。

而互联网技术的存在，促进新闻传播发生了巨大的改变，革新了新闻编辑部的工作模式，新闻传播介质、终端、用户形态丰富多样，因此，编辑部需要实现新闻生产和业务流程的改造与创新。

就编辑部内部而言，新闻编辑部的组织结构的改变主要包括以下几点。第一，新闻产品形态特征的改变和多样化细分，编辑的职责范围、标准、目标的含义有所变动；第二，合理地优化了新闻编辑部的设备及空间整合，以适应开放、协作的工作要求，特别强调编辑部在同一个空间内的协作以及编辑部在新闻生产中的核心指挥协调角色；第三，提高记者的权限，来适应网络传播的时效性特征，使记者直接成为新闻现场生产者和编辑把关的伙伴。

从新闻编辑部的外部视角来说，新闻编辑部传统的职能、地位正在受到挑战。首先，由于互联网给了普通用户较大的权利和空间，导致传统媒体中编辑的把关作用受到质疑。其次，由于互联网的发展，导致用户大规模向网络新闻传输渠道转移，在线社会信息传播系统的信息传输规则参与信息分发中。人工编辑、社交网络、算法等都参与了"把关"机制，信息的传播和分发已经从内容生产者的手中向平台转移，过去集新闻内容把关、分发于一体的新闻编辑部正在细化成多种不同类型的编辑部，把关权的转移导致传统新闻在新闻传播系统中的地位降低。最后，在在线社会信息传播系统中，内容分发环节、计算机算法、人工编辑等协作的形式出现，甚至虚拟编辑部形式的出现，导致新闻分发平台规则的形式出现，对海量信息进行系统化、有序化的分发。内容分发这一环节"现在有必要把它作为一个维度来考察，分发和生产，现在这两者已经脱离了，单独考虑新闻分发平台的变化也对我们理解未来的新闻生态有至关重要的意义""新闻分发平台是构成智能媒时代传媒业生态的四个关键维度之一"。

媒体编辑部的具体表现形态与变革方向固然如此，我们有必要立足于具体媒介组织的社会环境中。社会环境中的政治、经济、权利、文化等，在日常的新闻实践中，惯例与文化等各种力量综合作用，影响了新闻编辑室发展的方向。还有研究者认为，网络信息传播技术并没有使新闻生产发生本质性的改变，仍是旧有方式的继续，正因为如此，新闻业变革受科技影响，受规则与文化等因素的作用。但是，我们也无法否认，新闻编辑部的内部变化，仍然是对原有模式的改造与调整，但新闻编辑部外在改变，也就是新闻传播业态发生了改变，最终将促使新闻编辑部进行更加深入的调整与转型。

（五）算法主导新闻内容分发

算法运用到新闻业，还是数字化传播产生之后的事情，经历了以商业门户网站为代表的门户类整合阶段；用搜索引擎进行自动化内容序列分发，并对用户进行匹配等阶段；社会化媒体对消息进行集散分发阶段；以及类似今日头条等基于移动端对用户进行个性化内容匹配阶段。这4种模式逐渐融合，互相渗透。媒体智能化的趋势和大数据的出现、云计算和其他正在进行中的机器学习、在信息识别和其他技术方面的进步，在在线社会信息传播系统中，算法推荐新闻已成为最主要的发布途径。

算法在新闻业中的运用，以海量信息为先决条件，传感器及智能设备得到了迅速推广，移动互联网的发展以及基于位置服务的技术的成熟，机器信息识别与学习等人工智能技术的改进，云计算等技术导致运算成本显着降低，在海量用户与海量信息间建立个性化信息系统已经成为现实，算法成了资讯分发中最重要的动力之一。在互联网中生成的新闻资讯信息是由文字、图片与视频等构成的。在媒体智能化的趋势下，新闻产品倾向高清、立体还原真实，视频与图片的运用比重增加。互联网数据中结构化与非结构化数据，等等，强调交互性和互动性。计算机人工智能视觉学习技术与深度学习技术相结合，增强海量非结构化数据识别计算能力。国外如谷歌、微软、美国加州大学伯克利分校、深度学习的研究重地多伦多大学，国内如百度，正在进行深度学习，在图像识别、增强学习、产生对抗网络、预测学习和其他方面都有系列的研究成果。

人工智能的视觉学习、深度学习技术对于实现计算机算法处理海量数据具有重要的推动作用。监督学习、半监督学习通常为训练机器程序提供基于已知的固定标签，但人们给出的标签却不能完全覆盖，人工智解决现实问题时应该确定种类繁多的信息，人工智能采用了使计算机程序本身进行研究的方法，尝试用错误加强学习，并且在程序上设置了相应奖励措施以及错误惩罚措施。机器是在摸索中优化出来的，在此过程中，人工智能的各类算法也得到了改进。

以图片识别领域为例，基于人工智能的计算机图像识别由图像检测、图像分割、图像标注和图像生成等组成。图像检测就是通过计算机对目标图像进行矩形标注，从而达到图像分类的目的。图像分割就是由计算机对分割后的图像用不同的色彩进行标记。图像标注就是计算机通过一段文字来描绘一幅照片，在图片搜索领域有很大的商业价值。图像生成就是计算机程序将图像库作为素材库，自适应地产生用于文字描述的照片。

　　与图片相比,视频理解与预测对人类认识自然界起到了更重要的影响,人工智能利用产生对抗网络来研究海量视频研究自然界运行规律,并以此为基础,对自然界运动做出了预测与推论。如向计算机提供人站在海边的静态照片,模型会自动猜测下一个镜头就是海浪波涛汹涌,这是建立在海量视频训练与机器自主学习之上的。

第六章　人工智能在新闻传播中的应用研究

第一节 人工智能与新闻传播生态的变迁

一、计算机辅助新闻采编——人工智能在新闻采编领域的初级应用

智慧本来就是生物体的一种性质，人所拥有的智慧，更不可比拟。以人类的体型来说，人的力量并不占主导地位，人凭智慧统治着地球。人类精力有限，人们记忆时长是有限制的，所以，用工具来模仿人类，一直以来都是人类的梦想。人工智能（Artificial Intelligence，简称 AI）是用机器来模仿人类的智力，并且要让机器取代人类进行智力活动的产物。人工智能希望把人脑里的"智慧"提炼出来，再根据具体的步骤植入到机器中去，使机器根据人类的命令"思考"。从狭义上讲，人工智能就是使机器拥有一部分人类的属性；从广义上讲，人工智能就是要使机器充分模仿人类智慧，甚至使机器有自我意识，机器智慧应运而生。

人工智能是计算机技术不断发展到一定阶段的产物。计算机的出现，使电脑开始代替人脑进行工作。1946 年，全世界第一台计算机问世，机器开始涉足人类智慧领域。1956 年，约翰·麦卡锡（John McCarthy）在达特茅斯召集科学家开会，在这次大会上，"人工智能"这一原始概念被提出和界定，也就是说，人工智能是使机器显示人类智能行为的技术。从那时起，人工智能一直是计算机研究中的一个热门课题。20 世纪 70 年代空间技术、能源技术与人工智能已成为世界三大尖端技术。21 世纪的基因工程、纳米技术与人工智能再一次被认为是当今世界上最尖端的三大技术。18 世纪第一次机器革命，打破了人畜肌肉极限；人工智能兴起于 20 世纪，正实现着 21 世纪人类智慧的超越性发展。

早期的计算机在智能方面由"无"向"有"转变，这可以理解为是人工智能发展的一种初级状态。电脑不暴躁，能高速计算而不需要休息，所以，电脑是数字劳动力的理想选择。计算机在新闻传播领域中的应用始于 20 世纪 50 年代。那时，美国有的记者利用计算机对政府数据库进行加工，期待从中得到新闻线索，对新闻事件进行预测。1973 年，菲利普·迈耶出版《精确新闻学：一个记者关于社会科学方法的介绍》，在这本书里，迈耶提出"精确新闻学"这一概念，从此以后，计算机数据处理就成了精确新闻学的一个重要辅助手段，计算机能协助

记者、编辑开展资料收集、加工、分析工作。计算机辅助新闻报道等，使得美国新闻报道由客观性报道转变为解释性报道、调查性报道向精确新闻报道演进。计算机辅助新闻报道对内生态中的新闻生产流程进行优化，有利于记者抓住新闻线索、搜寻新闻事实、推断出事件的起因、修正错误的理解；外生态方面，加强新闻报道的准确性和客观性，新闻报道的社会影响力增强。

20世纪90年代以来，伴随着互联网、大数据、云计算的蓬勃发展，人类已经累积起更多的数据库资源，数据变成了如同土地、石油一样的最基本的资源。大数据时代，媒体在公共数据中成了重要的管理者，一方面，它要挖掘公共数据库里有价值的信息；另一方面，又要施工、利用数据库，面向社会开展智库服务。进入21世纪，收集数据、管理数据、分析数据、利用数据等每一环节都能为新媒体所使用，并产生可观收益。数据处理是人工智能中最基本的应用。就媒体的内部生态而言，机器在数据处理方面得到了更广泛的运用，数据处理渐渐地变成了机器专职的任务，预测新闻、舆情分析等方面的许多作业离开机器已很难完成。计算机辅助新闻报道的过程，一方面，编辑部掌控了媒体的内部生态，在新闻报道中，记者仍然占据着主角地位，一大批媒体人从单调乏味、机械、烦琐的劳动中得到了解脱；另一方面，数据处理逐渐成为机器的专利，在大数据处理中，人类成了旁观者，机器和人类之间的替代关系悄然发生。

二、机器介入新闻采编——弱人工智能阶段人机智能协同

人工智能一般存在"强"与"弱"的区别，弱人工智能为当前的主要研究领域，强人工智能还处在最初或者停滞的阶段。在弱人工智能的视角下，机器都是人造的，能根据人们的命令进行智力工作，但是机器并没有真正具备人类自主意识与推理能力。计算机辅助就是人工智能的一种预备状态，而弱人工智能，正是人工智能真正意义上的起点。人工智能的核心目的就是模拟人类，或使机器思维演化为具有人类的特征。在机器能够代替人类智慧的时候，如何用机器代替人类，是每一个行业都在思考的问题，是产业经济学关于自然选择的反映。当然，在弱人工智能的舞台上，机器的一切命令都由人类发出，机器总是由人控制或者统治的，人和机器仅仅是工作中的协同。就新闻传播而言，计算机辅助正朝着弱人工智能的方向发展，机器加速渗透到信息生产的过程中。

在人的潜意识里，写稿，是人类没有任何争议的专利，不过，人工智能

正使机器人加入写稿的队伍。2009 年，美国西北大学智能信息实验室开发出 Stats Monkey 软件，并且使用这套系统来报道美国职业棒球赛大联盟的季后赛，这是第一部由人工智能撰写的新闻稿件。《纽约时报》数字部科研团队接着研制了写稿机器人 Blossomblot，其能够基于文章热度分析社交平台上的数据，再选择适当的材料推送到用户手中。《华盛顿邮报》研制了 100 个智能机器人，其中 Heliograf 在 2016 年里约奥运会期间成为"明星"，它能够基于实时数据源自动地产生新闻，能自动获得体育数据的编辑短消息，并立即进行发布。另外《华盛顿邮报》也利用程序来验证新闻的准确性，《洛杉矶时报》用机器来报道突发新闻，路透社利用 OpenCalais 智能编辑审稿，《卫报》使用机器人 Open001 对网络热文进行甄别，等等。国内媒体和互联网公司也在共同开发智能化产品。2015 年 9 月 19 日，腾讯财经频道使用 Dreamwriter 编写全国首部机器稿件：《8 月 CPI 涨 2% 创 12 个月新高》。之后，国内媒体开始尝试用机器人撰写稿件：新华社推出"快笔小新"、阿里巴巴联合第一财经推出"DT 稿王"、今日头条推出"xiaomingbot"、南方报业引进"小南"……同时，语言和图像识别技术的不断成熟以及语音导航、百度识图、微软的识花和其他程序已开始商用。在视频和音频传播中，各国媒体同样看到这种倾向，纷纷用机器人介入视频和音频，例如，《今日美国报》利用 Wibbitz 制作短视频，就能达到媒体和受众之间的交互；CNN 使用 Facebook Messenger 聊天机器人，将每日的头条新闻推送到用户手中等等。

机器人能对数据的价值做出及时的判断，能对大量信息进行快速处理，能准确地将新闻稿件推送给用户。耿磊认为，"和传统媒体人相比，写稿机器人可以瞬间完成海量阅读、分析并根据互联网点击量数据，瞬时筛选出下一个热点新闻，然后通过后台算法快速合成新闻。总体来看，写稿机器人在速度和数量上有着绝对优势。依靠海量数据和不断演进的算法，生成一篇深度报道的时间已经由最初的 30 秒缩短到 2 秒以内，其精确度还在不断提升，而且拟人化、情感化的技能也在不断增强"。该机器人可以对采访进行全方位、全天候的监控，并且可以在一瞬间产出数量惊人的新闻稿件。如美联社使用 Wordsmith，每个季度能产生 3000 份企业财报；DT 稿王日均发稿量高达 1900 份。弱人工智能阶段，机器人写稿方式固定，短小精悍，内容偏娱乐化、碎片化，模块化。对于会计报表、法律文书，在公共数据库中开展数据挖掘与文本分析，是机器人的优点，所以，这一阶段，机器人写稿子的重点是体育、财经、交通、灾难和其他方面。机器人对思想性、深刻性、情感性的内容无能为力，它们不能胜任深度报道的工作。舆论普遍认为"写稿机器人不是要取代记者和编辑，而是解放了劳动力，让采编人员将精力集中于更深层次的思考、情感诉求的挖掘。新闻创作中的人文价值将成为人类记者的核心竞争力"。对于写稿机器人，大家有一个最基本的评价：它们可以胜任简单、重复的工作，机械地发布信息，能使传媒人摆脱单调的劳动，让他们可以专注于更具人文价值的作品。随着电子政务的发展，智慧城市和其他技术平台的发展，使整个社会数据库的容量与价值都得到了放大，机器人写稿能够渗透到社会更为广泛的领域。当然，为了公共安全与个人隐私，法律可为机器人写稿划定场域，确保机器人的采写工作处于法律与伦理允许的空间之内。

人工智能使新闻传播微观生态发生变化，使人机工作协同成为可能，让人类在机器的帮助下，完成对传统新闻制作的超越。机器人写稿工作原理为 UGC（用户生产内容），机器采写消息，其实就是在采访大量的"大脑"。脸书的使用已突破 15 亿人次，微信用户数量突破 6 亿，没有媒体能同时人工访问他们，只有机器所收集到的资料能够准确地洞悉大众的社会心理。人工智能也可以分析和计算用户的行为爱好，这样就可以把制作出来的东西准确地搭配到具体的用户身上。肖仰华总结了算法推荐的三种类型：一种是协同过滤算法：依靠海量交互数据，分析用户群特征，向有类似爱好的人士推荐新闻内容；第二种是内容算法推荐：根据用户历史浏览记录以及用户自身的标签，为所述特定用户匹配专属新闻内容；第三种是采用语义算法：分析了用户行为特征的算法，能揣摩出用户行为后面的动机与情景，进而进行匹配推荐。在 3 种算法的推荐上，针对心理、语义、对情绪进行分析，这是算法推荐的最高表现形式。毫无疑问，算法推荐提升了消息的到达率与传播效果，却又极易出现"茧房效应"、数字鸿沟等问题。

弱人工智能毫无疑问是以智慧力量代替金属力量的。在新闻传播领域，机器的重要性得到了提高，但它还是按照人下达的命令来进行作业。人机完美协同，不仅把写稿任务分解，达到精准推荐的目的，且在新闻核查、政治把关、责任追究上也取得了突破性进展。从社会舆论来看，弱人工智能能够被普通人所了解、所认可，我们思维惯性大，自我保护意识强。在一些社会的变化或者是危机的眼前，人往往会选择有意回避，或者本能否定，认为"小风掀不起大浪"，或把难题"交给后人来解决"。在人的主体性视域下，人类认为，自己才是这个星球的真正主宰，认为人类智慧无可比拟，故，大众舆论一般认为，机器既不挑战也不控制人，认为机器思维属于程序性思维、因果连锁思维，它们没有人的情感和意志，无人启发，无人顿悟，更谈不上跨界思维和意识流想象了。当前人工智能在媒体组织结构中，重构新闻生产流程，但是也有人认为，机器是无感情、无思想的，它们不能反映社会文化与意识形态的精髓，就像机器写不好《人民日报》的评论。所以，新闻素养丰厚、采访技能熟练的传媒人，在新闻传播领域会一直处于中流砥柱的地位。

三、机器"自主"的新闻生产——强人工智能时期的新闻传播生态

大众广泛认同弱人工智能，而且对于强大的人工智能也会信以为真。目前，人工智能关键技术有待突破，人工智能一旦取得技术上的新突破，强人工智能时代或将到来。强人工智能的视角下，将来，人类也许会创造出能独立判断、独立推理的智能机器，这类机器会有自我意识，也会有情感知觉。

强人工智能的发展主要表现在两方面：第一，完全模仿人类智慧，有着与人类相似的感情与伦理；第二，渐渐和人类智慧决裂，形成了一套仅属于机器的认识与推理。

大家对于人工智能的关注，主要集中在两个方面：第一，人类能否掌握自己所创造出来的技术；第二，机器自我学习会不会偏离程序轨道。

一些知名专家在人工智能问题上表现得小心翼翼。在比尔·盖茨看来，人工智能充满了危险；在霍金看来，若人工智能的管理混乱，机器智能将为人类文明画上一个完美的句号。霍金也相信，在今后100年中的某一个时点，计算机将超过人类，所以，人类一定要保证机器永远处于自己的一方。由于看到了人工智能对未来社会的意义，2016年12月美国制定的《人工智能未来发展计划》，把人工智能提升为国家战略，拓展人工智能在经济社会领域的应用。

机器获取智慧最重要的方式是学习，机器学习堪称人工智能的内核。机器学习以归纳与综合为主，也就是通过纠错学习，累积知识与经验，从而提高机器算法性能。围棋一直被视为人类智力的最后堡垒，阿尔法狗（Alpha Go）对"最后堡垒"的攻击显示了人工智能的力量。2016年，谷歌下属深度学习公司（Deep Mind）研发机器围棋程序——阿尔法狗于2016年和2017年无情地战胜了众多全球顶尖围棋高手，其中有韩国的李世石、中国的柯洁等。深度学习公司于2017年1月份发布了阿尔法狗2.0版本，此版舍弃人类棋谱，创建人工神经网络，期待借助机器的深度学习，达到参数自我矫正目的，向围棋智力极限挑战。机器学

习涵盖了数据挖掘、生物识别、机器视觉、医学诊断、基因测序、自然语言处理及其他十几个方面，像苹果 Siri 这样的智能语言或者翻译系统，也正在逐渐成熟起来。智能翻译领域中机器的发展，同样令人瞠目，过去在线翻译的准确性很差，如今在线翻译已经渐渐很标准了，有的时候甚至近乎完美。专业翻译人士表示，机器翻译很难做到"信者，达也，雅者也"，但是，机器进化之快，正逐渐改变着专业人士的态度。

机器学习就是运用数据与经验对算法的性能进行优化，人们普遍认为，机器并不能掌握"演绎"这门技术。目前，人工智能与神经计算的研究正处于前所未有的活跃状态。随着遗传算法（geneticalgorithm）、组块学习和其他技术的成熟，机器也许会超出人类设计程序控制，或者，机器能够根据自我意愿设计一个自我进化程序。

在人工智能渐渐由"弱"到"强"的过程中，新闻传播生态不可避免地要发生大的改变。一是机器已成为新闻生产中的一个因素，它储存着任何一个人都不能储存的知识量，并向"超人类"迈进。人工智能能轻松掌握人类文明迄今为止的全部知识，并能够在物联网的帮助下通过各种宏观微观的观测装置获得超越人类既定知识总量的知识。机器一开始是协助编辑、记者进行数据处理的工具，但在数据库规模越来越大的今天，在数据新闻中，机器成了主角数据新闻几乎成了机器的"专利"，人工不再能代替机器进行数据运算。二是伴随机器学习能力的增强，人工智能既可以实现人机互动，也可以做到机机互动。深度学习使得模型可以有效地捕捉来自数据中的很多隐藏特征。当前，机器人写稿都按人类的命令进行作业，在机器学习能力日益增强的情况下，未来媒体或许将出现"机器采编部"，它们可以在特定领域内独立地进行新闻采编、稿件制作与内容分发等工作。三是人工智能将在新闻采编各环节实现突破，除机器写稿、算法推送等，也有可能出现重写采访与谈话这一概念。未来移动终端（手机、iPad 等）可以很容易地和人们交谈，并能抽取对话内容，走进新闻生产过程。当然，其中也存在着公开采访和隐性采访之分，它需要人的智慧来规约。四是人工智能正把技术公司带入传媒领域，一方面，它们为媒体人开发了更多的智能机器人，但是，它还可以通过技术垄断和资本操纵，要挟专业的新闻媒体。美联社的 Word Smith 是与自动化写作服务公司（AutomatedInsights）合作的产品，小南是南方报业与凯迪网络、北大计算机研究所联合研制的产品。最终媒体也许会变成互联网公司不可分割的一部分，并丧失传统媒体独立性与主动性。五是未来仍存在人机融合的可能性、机机融合"赛博格的手下"，在人机配合或机机配合组建采编部门进行新闻生产、信息生产在观念上，边界将有突破性的改变。

在《变形金刚》这部美国电影中，就已经有了预测，机器有智商是有风险的。在人类伦理视角下，机器算法不存在"善"与"恶"的区分，机器运算出了问题，就有可能给人类造成灾难。面对一个问题情境时，如果 AI 能够解决，其给出的解决方案往往是中性的或是最有效率的，但绝不会优先考虑善的解决方案。一些学者曾提出人工智慧这一概念。所谓智慧，就是将良好品德与聪明才智相结合。人工智能要是能给"善"一个计划，那么人工智能便向高级"人工智慧"转变。AI 一旦具有德才一体的性能，就升级为人工智慧。人都有一种探究的本性，假如人类不再去探究，人类文明进化随之暂停。但是，人类探索同样会带来"黑科技"。悲观者认为，人工智能会公开接管资源支配权，并通过增量发展逐渐远离人类。它充分展现的全能感会使得一切自然人类领袖的个人魅力黯然失色，对人工智能的崇拜将构建一种宗教政治，直至发展出新的超出人类物理半径的物质基础，并实现与人类的物理脱离。生物体具有创造才能，金属体同样具有产生、创造才能的潜力，这一创造才能一旦失去控制，会有灾难发生。这样的忧虑或者错觉可能就是伪科学，但是，它还可能成为未来的科学。在强人工智能的时代，新闻传播会融入机器神经，媒体同社会之间的交往越来越频繁，越来越深入，媒体内外部传播生态都将变得更为复杂，强人工智能不仅给新闻传播带来了挑战，又为新闻传播提供了发展契机。

第二节 智能传播的现实应用、理论与构想

智能传播以新能源、人工智能、大数据、物联网、机器人技术以及其他技术的发展与突破为基础，用物联网数据流来代替人力、技术、传统的生产要素，用智能技术来确定内容的生产、发布、营销与集成是一种新型传播方式和决策方向。

智能传播和传统传播、互联网传播相比较，具有明显优势。在信息过载的今天，智能传播，能做到精准传播，传播的效率有所提高；能够实现用户多点到一点信息发布；高度透明，能突破信息传播的不对称；使信息传播交互性、及时性

最大化。智能传播主要体现在以下方面：社交机器人、机器人写作、AI 主播，等等。

一、智能传播的现实应用

人工智能和新闻传播应用相结合等，已被新闻传播机构追捧。机器人记者自动产生新闻报道已变成如路透社、美联社等世界各大通信社的正常产品，更是中国中央级媒体优先发展之策略。在智能化程度逐年上升的今天，音视频文字转换的智能技术在部分欧美国家的媒体上也已开始得到运用。智能机器人应运而生，为扼制虚假新闻提供了一个重要武器。

从 2013 年开始，美联社体育和财经新闻部门开始消化更多的数据以发掘内幕，创造高附加价值内容，使智能机器的介入工作取得了更大的效果，并且不断地尝到了甜头。2015 年 5 月，美联社与其 2007 年投资的科技公司 Automated Insights（AI）合作，研制出一个叫 Word Smith 的软件，用于写财报新闻，极大地提升了美联社编辑部的工作效率。以前美联社编辑每个季度仅能撰写 400 份财报新闻，随着智能机器人的出现，每个季度可以产生将近 4000 条财报新闻。2017 年，美联社每日 1500 份新闻稿来自智能机器人，极大地提升新闻写作效能。

国内还有很多媒体对机器人写作进行了探索与布局，如腾讯、新华社、今日头条、第一财经等。2015 年 9 月，腾讯发布新闻写作机器人 Dream writer，这是腾讯财经自主研发的新闻自动写作软件。它按照算法，第一时间实现稿件的自动生成，瞬时输出分析判断，在 1 分钟的时间里，向用户传递重要信息及解读。2015 年 9 月 10 日，写稿机器人 Dream writer 发出第一篇稿件《8 月 CPI 涨 2% 创 12 个月新高》后，在朋友圈流传甚广。稿中援引统计局资料，还有国家统计局城市司资深统计师余秋梅、银河证券及其他分析师数据分析与预判，稿件和媒体记者每天的消息稿没有什么区别。

新华社 2015 年 11 月份迎来"新员工"——写稿机器人——"快笔小新"。这个新华社技术局研制的"快笔小新"在新华社体育部、经济信息部和中国证券报工作，可撰写体育赛事英文文稿及财经信息文稿。"快笔小新"在中国足球超级联赛新闻报道写稿测试中表现优异，能产生中英文的数据消息，快速有效。"快笔小新"的财经新闻报道也有出色的表现，小至一个字报盘，大至一段企业财报，它按照"行情触发"写"站/破某某整数点位"的快讯，正变得更聪明，写稿市场行情日益上手。

在 2016 年巴西里约奥运会期间，一款由今日头条媒体实验室同北京大学计算机所万小军团队共同研制的写稿模块"张小明（xiaomingbot）"大出风头。奥运会开幕 13 天，总共写出有关羽毛球、网球和乒乓球的文章 457 篇，每日消息简讯及赛事报道 30 余条。"张小明"新闻稿涵盖奥运会小组赛至决赛全部比赛，它的发稿速度可以说是几乎和电视直播同步进行的，令人叹为观止。

2017 年 12 月 26 日，中国首个媒体人工智能平台——"媒体大脑"，在新华社发布并上线运行。"媒体大脑"现在提供八个单元服务内容，涵盖了从提示、规划、访谈、制作、发放等各个环节、反馈和其他全新闻链路，使得云计算、物联网和大数据成为可能，包括 AI 在内的众多科技赋能媒体，代表新华社向媒体智能化探索这一方向迈出重要一步。

所谓"媒体大脑"，是指记者感官上的增强与拓展，该平台推出之后，摄像头、"采蜜"以及其他智能采集设备都会成为记者们的"眼睛""耳朵"。

智能媒体生产平台由摄像头、传感器和无人机组成。智能采集设备，如行车记录仪，与新闻发生地周边多维数据相结合，实时探测新闻事件，为媒体及记者提供新闻线索及新闻素材，如数据新闻及富媒体资讯内容的智能产生。专业级录音应用"采蜜"，实现录音内容向文字自动转出，适合访谈、开会等多类型的情景，并且实现了移动端与 PC 端的无缝连接，明显提高了记者的工作效率，提高了内容生产力。

以新华智云大数据能力为依托，用户画像功能能够给媒体带来读者阅读习惯、地点、行为偏好和其他更为细致、准确的资料。智能分发系统以国内一流新闻分发渠道为基础，通过智能硬件和其他设备中的大数据，将新闻资讯准确地推送给广大读者。二者互为补充，使媒体和用户之间的关系更加紧密，由此实现媒体影响力的不断扩大、用户体验增强的共赢效果。

新华社抢抓人工智能和新闻传播行业深度融合发展机遇，稳步引进这一新型业务，成为新时代中国"国字号"媒体机构转型升级之关键。2017 年，阿尔法狗和柯洁展开围棋人机大战，在这举世瞩目的大战中，新华社抢占了先机，开创了全球主要媒体机构以 AI 为动力，进行新闻全链条生产的先河，在人机协作研究开发与应用方面领先欧美同行，得到国际、国内各方认可。

近年来，中国和美国为了抑制虚假新闻在海量信息上的传播，各媒体机构纷纷研发新工具，以协助验证新闻事实。新华社"媒体大脑"人脸核查功能，确保新闻真实。在准确人脸识别系统基础之上，可在浩如烟海照片、视频素材中对具体的角色进行了确认，极大程度上减少了事实核查环节，从根本上杜绝虚假新闻的产生。

版权监测功能。新华社"媒体大脑"打通原创者"护城河"，各种原创内容均会被列入"媒体大脑"的保护范围。通过对全网近 300 万个站点的监控，各种内容侵权行为都会无所遁形，抄袭、洗稿这样的混乱局面，会得到有效的抑制。

美国苹果公司为保护用户隐私于 2017 年 9 月正式将智能防追踪功能引入 Safari 浏览器中，这一特性制约了使用 cookie 跟踪用户的浏览历史。在这一举措中，受到最大冲击的是广告科技公司，这些企业大量采用 cookie 的方式，通过在线广告来匹配那些最容易点击的人，最大限度地发挥广告价值。美国得克萨斯阿灵顿大学的一个团队一直在改进 ClaimBuster，由电视节目及议会辩论识别有关资料及证据的真伪。英国事实核查机构 FullFact 正研制跟踪各种政治声明。杜克大学还研制 SharetheFact 小插件，协助搜索引擎搜索事实检查的文章，同时其开发了 Chrome 浏览器的扩展程序，对总统辩论等新闻现场，提供事实即时检查。作为虚假新闻严重发生地区，脸书还宣布，将研发事实核查类 App，扼制虚假新闻泛滥的趋势。2017 年是事实核查工具发展的一个关键年份，事实核查工具正逐渐走向成熟。

二、智能传播的理论溯源

1948 年香农发表了他最富盛名的论文 "A Mathematical Theory of Communication"，被认为奠定了信息论的基础。就是我们通原里面学的信息量、信息熵、互信息、信道容量等。香农将信息进行了度量，度量之后才能够进行科学的研究。它的出现引领了蓬勃发展的信息产业和互联网产业。香农之"信息论"，称为传播学者、社会学者与未来学者竞相瞻仰之信条。香农的单向传播行为方式等，确立了他在传播学学术领域的开拓性地位。

智能传播是指以人脑动能被完全打开为前提，在超级大数据的支撑下，以计算机技术为主线，交叉融合了数学、生理学、仿生学、哲学、心理学、社会学、生物学、语言学、逻辑学和其他多种学科，适用于当代流传作品组合、拼装、配送和制作环节、内容识别以及产业管理等各个方面，包括智能机器人写稿子、人工智能的"环境拟态"与"场景再造"、新闻图片的智能识别、新闻素材的智能转换（声音和文字转换，视频和文字转换）、对新闻源头进行事实核查、个性化推送新闻内容等。

一是智能传播使传统传播理论演进步阶。智能传播在现代传播中属于一个新兴的成员，它的多个枝蔓、多个触角发育裂变，渗透融入，愈发在传播递进中展现出了独特而无以替代的重要性，使传播领域的疆土进一步扩大，传播演进步阶从此变成了"原始传播—口语传播—文字传播—印刷传播—电子传播—智能传播—未来传播"（见图6-1）。

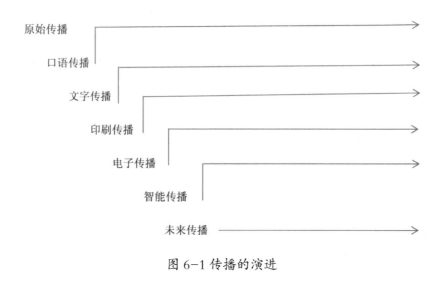

图 6-1 传播的演进

二是智能传播是原始传播，口语传播和文字传播的集中体现是印刷传播与电子传播等的所有精髓，也是人工智能技术向新闻传播领域的渗透和拓展。

智能传播为每一次传播进阶提供了传承阶梯，也为接下来的传播进阶奠定了开端和基础，始终与"未来传播"相联系，并且根据各传播渠道的终端不同、传播受众人群不同的需要与诉求被"智化""异化""组合化"。把人工智能加现代传播融合在一起，形成叠加效应，弘扬其特有传播功能和传播特色。

三是智能传播，即人类智慧和科学技术植入新闻传播领域而滋生，在技术进步和传播市场需求之间碰撞出火花，在生产新闻传播内容的技术、新闻产品的分拣分送技术、音视频文字转换技术等、新闻素材（虚假新闻）甄别技术、"把关"技巧等方面实现了革命性的跨越。伴随着智能技术的不断深入发展，新闻传播的智能应用将继续深入，应用的手段将更加多样化，新闻传播的智能化程度也将实现新跨越。

四是智能传播首创机器人写稿模块的运用，极大地提高新闻写作的效率，使较多传统新闻采访记者完全摆脱了复杂而沉重的重复体力劳动，让其有时间、有精力在新闻策划、新闻评论、深度报道上下功夫、产业布局谋划、产业营销与推广，这些都是人脑所擅长的。这是一种新时代新闻传播的生产模式，也全面颠覆了产业模式与管理模式。

五是智能传播在世界新闻传播理论宝库中具有拓荒性和前沿性。人工智能与现代传播有机结合起来，逐步替代传统的新闻传播，嬗变向前，就是对传统新闻传播观念进行更新换代和深化升华。这正是中国新闻传播人兼容并蓄、海纳百川的精神，充实和打造新时代中国特色新闻传播理论等任务。智能传播给新闻传播产业带来爆炸式发展，但，这也使得多年一贯制新闻传播人才得以"洗心革面除旧布新"。

目前国内对智能传播的研究正在兴起，更有一些学者已经从对新媒体传播的研究转向对人工智能的研究，针对人工智能应用于新闻传播领域技术和产业变化，言及人工智能言及智能写作这样一个"时髦"的命题。各类论坛期刊中，到处可见"人工智能""机器人写作"之类论题的宏论。须高度重视，当前新闻传播理论的研究取向是什么？现下与将来谁能支配智能的传播？是否以政府机构的权力为主，或者以技术为主？内容还是产业占主导地位？等等。作者偏好技术开发和理论研究并行不悖的研究模式，以及兼顾国家战略和民族特色，或许更加契合智能传播这一研究旨趣。

三、智能传播的方向

目前，随着人工智能的研究热度高涨，人工智能的产业化应用同样方兴未艾，并且已经成为众多产业转型升级的一个重要抓手，也是创业投资中一个炙手可热的方向。谷歌、微软、脸书等 IT 公司和国内如百度等公司，都在抢占人工智能产业链布局，试图在人工智能时代把握主动。有学者曾建议，"人工智能技术的发展将对传统行业产生颠覆性影响，'智能 +X'将成为创新时尚。人工智能将在国防、医疗、传播、工业、农业、金融、商业、教育、公共安全等领域得到广泛应用，催生新的业态和商业模式，引发产业结构的深刻变革"。

有研究认为，当下的人工智能系统"有智能没智慧（无意识和悟性，缺乏综合决策能力）、有智商没情商（机器对人的情感理解与交流还处于起步阶段）、会计算不会'算计'（有智无心更无谋）、有专才无通才（会下围棋的'阿尔法狗'不会下象棋）"的短板，还存在"数据瓶颈、泛化瓶颈、能耗瓶颈、语义鸿沟瓶颈、可解释性瓶颈、可靠性瓶颈"等急需解决的问题。综合考虑现代传播理论和人工智能技术整合样态，智能传播发展将向如下几个方向迈进：

一是智能传播由专用智能到通用智能的发展，也就是说，智能机器人写作将由"体育智能""财经智能"变为"无所不能大包大揽""一夫当关万夫莫开"。"智能专才"向"智能通才"的转变，是人工智能发展的趋势。通用智能，是人工智能王冠上的一颗珍珠，是世界各国科技巨头们争夺的重点。

二是人工智能普适应用会重构经济社会格局。"人工智能加X"的应用范式趋于成熟，AI迅速渗透到场景与产业的融合，继而重塑社会的整体发展，以人工智能推动第四次技术革命最为重要的体现途径。智能传播就是"人工智能加X"的一个应用范例，预计将优先发展"人工智能加X"，获得出人意料的效果。

三是脑科学和人工智能在新闻传播领域深度融合协同发展的优势越来越明显。北京师范大学神经认知传播研究由吾舍尔研究员牵头，使该校兼有生理学、仿生学、哲学、心理学、语言学、逻辑学及其他学科底蕴与喻国明教授团队所擅长的新闻传播产业经济成果相辅相成，已占领了世界前沿高地。

四是人机混合智能必将成为未来主流智能形式。混合智能在人工智能系统中引入人类的角色或者认知模型，通过人机协同，复杂的问题能够得到高效的求解。情感计算让人工智能更具"温度"和逻辑智能、情感智能与人机"共情"的前景十分广阔。人机一体的人机共情，使音视频检索得以实现，并助力音视频传播技术管控和内容把关。

五是人工智能产业生态系统建设成竞争制高点。基础平台开源化，百度（自动驾驶Apollo开放平台）、谷歌（基础平台Tensor Flow Facebook、基础平台Torchnet）、微软（基础平台DMTK）和IBM（基础平台SystemMl）全面运用。

六是大量生产新闻稿件。一个新闻发布会，在智能传播时代，各种新闻稿件能够快速产生。通信社（会议组织方）可根据各新闻单位需要，一次性快速批量生产出文字类的"长篇通信""现场速评""广播稿""电视稿""PC网络稿""手机网络稿""新闻客户端稿"及杂志社需要的"学术论文稿"。

七是智能场景会"粉墨登场"。在电视节目的制作现场中，时刻使用电影电视剧摄制合成厂棚等，"环境拟态"变得很容易，"议程设置"随手可及。在这种智能背景之下，智能主持变化多端，出镜率极高，以"智能魔法"变奏曲为先导，既能扮演风华正茂的帅气少年，也能在一瞬间成为白发的儒雅智者；既能成为"段子手"，也能成为混搭解说员，还可在一档节目里"变脸"18岁至81岁"主持穿越"。所以现时热门专业很可能会首先消失，一线现场采访记者、化妆师、舞美师、灯光师，等等，也成了"濒危职业"。斯坦福的卡普兰教授曾做过统计，美国登记了720种职业，总计有47%的职业会被人工智能所替代，这一比例在中国可能会超过70%。

八是智能化信息纠偏在新闻传播领域的应用前景广阔。智能传播，不仅能让新闻稿件"出口成章"，并能再无口误笔误之嫌，以往主持人战战兢兢怕读错稿子（尤其重大新闻稿件）的年代一去不复返，"智能把关人"等会守护着新闻传播生产线上的各个环节，虚假新闻、重复新闻、张冠李戴、移花接木的图片音视频这些不良信息将被完全杜绝，今后智能传播在内容生产和传递上会有一个新发展方向。

九是人工智能对社会的影响得到了更多的重视。智能化社会矛盾和智能化社会问题将会"出乎意料"，人工智能社会学研究应得到国家相关部门的大力支持，并事先进行谋划，未雨绸缪，深入剖析人工智能对于我国今后经济、社会、文化、艺术及其他方面发展可能产生的影响，建立和完善有关的政策和法规，避免可能发生的风险，保证人工智能和智能传播产生更加广泛的积极社会效应。

十是智能传播中的伦理问题越来越尖锐。"人类控制人工智能"还是"不断发达的人工智能控制人类消灭人类"，将永远困扰着人类社会。云技术、超级计算机技术、人工智能高度发展的当今社会，人与自然之间的界限变得日益模糊，男女界限、长幼界限、种族界限、亲疏界限或远或近，人的想象力和创造力的无限延展与膨胀，引起了许多伦理问题，这在过去道德伦理中无从谈起，甚至令人难以置信。它要求人工智能技术精英始终绷紧传播伦理的弦，使技术和伦理道德协调共存。

第三节 人工智能在新闻传播中的伦理失范与对策

一、传播伦理失范和媒介技术发展之间的联系及其特点

（一）传播伦理失范和媒介技术发展之间的联系

传媒伦理在西方社会已经达到了一定的高度，为了遏制日益扩张的媒体权力，新闻从业人员自我约束与调节的一整套价值标准应运而生。媒介技术是前进的，媒体的力量一定会膨胀起来，加之在技术应用之初规制的缺失，新传播伦理问题接踵而至。

媒介技术发展到一定阶段，将在它的运用上释放巨大能量，并且使媒体具有了许多新的特点，使得新媒体处于竞争的有利地位。媒介技术发展中的技术红利伴随着技术缺陷，初始阶段技术优势的持续发挥，一旦触碰道德底线，技术缺陷将无限制地被放大。在媒介技术不断发展的今天，各种新型媒介工具层出不穷，媒体环境与传媒格局都发生了显著的变化：社会由传统媒体时代走进新媒体时代，并且逐渐走向了智能媒体时代。新的传媒技术不可避免地具有与之相适应的传播伦理，传媒技术的发展与进步，不可避免地对原有传播伦理产生冲击，以及由此引发新的传播伦理问题等。

使用新传播手段，拓展传播领域，在推动传媒业快速成长的过程中，还诱发出较多传播伦理失范。新技术应用之初，常常因为它所引发的伦理问题而很难得到公众的快速认同。媒介伦理失范还将反作用于媒介技术发展，媒介技术发展使新型传播伦理失范现象应运而生，传播伦理失范，也限制了媒介技术的使用和发展。

（二）不同媒体时代传播伦理失范的主要表现

1. 传统媒体时代传播伦理失范的特征

在传统媒体时代，媒体之间相互竞争，利益追逐带来了伦理问题。进入互联网时代之前，报纸、广播和电视等主流媒体，是观众获取新闻信息的重要方式，发挥舆论引导，意见领袖等重要功能。但是，一些媒体机构为谋求经济效益，出现发表黄色、暴力新闻博眼球，以及新闻记者以违背职业道德的方式发布消息的行为。与此同时，主流媒体也借助自己的巨大影响力，使"新闻寻租"成为"常

规行为"。记者一方面通过"有偿新闻"讨好企业，不实报道有悖于新闻真实的原则；另一方面，记者或通信社出于经济利益的考虑，放弃了报道，"有偿不闻"有损公民知情权。再加上主流媒体由于传播影响力大，导致媒体审判、媒体暴力、新闻侵权等现象层出不穷。新闻媒体缺少科学的预测性报道和做出不实报道、不公平的报告。对当事人造成不良社会评价的，侵犯当事人合法权利，甚至支配社会舆论，造成了不良影响。

2. 新媒体时代传播伦理失范的特征

新媒体时代传播中的伦理问题更难掌控。在这一舞台上，传播者不仅包括媒介机构，也包括专业记者，公众还可以扮演网络中传者与受者双重身份，道德伦理更多依赖于大众自律，存在很大不可控性。新媒体时代的媒体暴力、媒体审判仍在继续，并且因为传播主体的增加变得更加严峻，"人肉搜索"等成了网络暴力"利器"。新媒体时代的信息更公开透明，给多样化的报道提供方便，还使公众面临隐私权受到侵害的困境。由于网络具有匿名性，传播者回避对其行为负有后果与道德责任，促使网络言论表达随意性大。虚假、质量不高的新闻信息在网络上泛滥，造成"把关"难。

伴随着微博、微信等社交媒体异军突起，新闻开始建立在熟人间的广泛共享之上，由于传受双方之间具有较强的信任度，非常容易形成无条件的认同，跟风传播。这样的传播模式将造成"标题党"消息的大量分享传播，由此，新闻真相远离了我们。

3. 智能媒体时代传播伦理失范的特征

在智能媒体时代，人工智能技术贯穿新闻传播领域方方面面，传播伦理问题备受全社会瞩目。由于媒体有广泛的社会基础和传播渠道，人工智能开创了媒体行业先河，与媒体相结合，架构新用户承载平台，与此同时，也引发了新一轮传播伦理失范问题。公众的隐私权较易受到侵害、写稿机器人新闻关怀的缺失、消息的真实性扑朔迷离，等等，使新闻专业主义遭到严重的打击。与此同时，智能推荐也易让受众深陷"信息茧房"的泥潭，对真实世界造成影响。"信息茧房"是美国哈佛大学教授凯斯·桑斯坦提出的，市民一旦置身于"信息茧房"之中，便难以重新接纳异化信息，即在不同的人群、代际之间树立起了一道妨碍交流的高墙。智能媒体时代，传播伦理失范，已成为当前媒介技术发展急需解决的一个重要课题。

二、人工智能技术对新闻传播的伦理失范

传播过程中伦理失范现象，对民众生产生活产生了深刻和直接影响，是大家关心的重点问题。传媒伦理首先是对人们行为善恶选择的系统性探究，其次也试图界定那些构成价值与生活规范的被作为个体、群体或文化共同体的人们所共同认可的原则性的东西。人工智能技术在不断地进步与发展，传播伦理失范现象的频繁出现，正是困扰着它在传媒领域中发展的棘手问题。

（一）传播内容：容易形成新闻偏见，新闻不平衡，新闻价值不足

人工智能不像人类那样有感情，它缺少记者的人文关怀，它用所谓技术客观性掩盖新闻工作者所应该坚持的职业伦理与社会秩序，放大伦理失范。而网络上的信息泥沙俱下，建立在广泛数据挖掘基础之上的人工智能技术，也在增加公民隐私权、著作权遭受侵害的危险。在新媒体中，媒体暴力继续存在，媒体审判以及新闻失实的问题，在传播中形成二次失范与次生失范。所谓二次失范，就是人工智能技术没有经过评判，利用互联网上有悖于法律、传播伦理等的信息作为信息源，重新制作新闻和广泛传播所导致的伦理失范。次生失范，是指本来新媒体新闻信息并不构成侵犯当事人权益，或者已构成某种侵犯行为，因人工智能技术在新闻传播领域的应用，给当事人权益造成了始料未及或者全新的侵犯。

1. 人工智能技术具有隐蔽的偏见和欺骗性

写稿机器人数据获取范围涉及全网，信息量大的自媒体，成了他们获取信息的重要渠道。而且自媒体自身的准入门槛也比较低，监管力度不够，资料真假难辨，使得写稿机器人收集虚假信息的行为得以实现，甚至深陷被自媒体恶意操纵的危险之中。除源头数据品质外，写稿机器人算法设置得科学与否，同样决定着新闻写作是否具有正确性，若所述机器人算法中含有误差，加之没有人力的适时介入与校正，写稿机器人就可能写出很多错误的报道，造成负面影响。

受人工智能技术自身的影响，写稿机器人偏差隐蔽，不易为受众所察觉。《纽约时报》对橄榄球比赛的报道曾经一针见血地指出："尽管有大数据作为支撑，但和 NFL 教练相比，我们的机器人生成的报告更倾向于乐观。"如果给机器人一个有偏见、有趋势的信息，机器人新闻同样会有这样的偏向与趋势，而观众也常常由于不了解机器人新闻，将人工智能筛选模式作为一种客观筛选方式。这一特点蒙蔽了一部分人，使他们将机器人新闻奉为圭臬，将其称为真实可信的客观写照。

写稿机器人除可能有偏见，也易忽视掩盖的新闻真实。写稿机器人作为一种新型科技，以计算机算法为核心，以数据挖掘技术为支撑，通过在互联网上抓取所建资料库及类似新闻材料，以获得更多的资讯，由此构成文本。因其缺少现场感觉体验，常常忽视了新闻后面潜藏的人为因素，只有表面上的客观事实，对深层次真实则因算法限制而不可探，导致新闻真实性不够完整，实质上它偏离了新闻的真实性。

2. 基于算法的热点新闻单纯迎合受众，容易导致新闻失衡

写稿机器人过于强调刊播效果，面向受众的需要，易造成新闻失衡，使得真正有意义的消息边缘化。具体而言，就新闻题材而言，机器人迎合了读者的需求，实现了有关知识图谱的自动生成，制作出合乎受众口味的消息，让黄色信息、娱乐绯闻、暴力新闻取代了政治、经济、文化新闻成为推送主体。从新闻质量上看，人工智能新闻，相对于人类记者所完成的报道而言，消息的信息性增加，知识性则明显弱化。从新闻价值上看，人工智能新闻的生产与分发模式，致使受众将社会公共利益注意力让位给用户个人趣味，大众该知道却不知道的消息，并没有到达大众的手中。没有人为介入的人工智能技术，破坏了新闻价值的传统标准，使得大众媒体的公共服务职能大打折扣。

3. 有些机器人新闻空有技术噱头，违背新闻报道的基本要求

信息爆炸时代，受众要求媒体有深度报道，有独特分析，而机器人新闻仅限于单纯的事件新闻，以及模式固定的运动新闻、财经新闻。人类记者有着个人的经历，风格各异，写稿机器人却没有个体之分，将导致新闻同质化严重。与此同时，机器人写作语言也比较枯燥，很难表达复杂的感情，缺乏原创力和思辨性，导致新闻价值的不足。

此外，机器人新闻与传统新闻的生产逻辑存在冲突。机器人新闻生产以迅速、个性化为切入点与核心诉求，而不是传统意义上新闻的价值。传统新闻讲求真实性和简明性，而写稿机器人非但不验证被报道事件是否属实，还会给新闻穿上"技术"的"外衣"，让大众产生一种真实而又精准的错觉。机器人新闻符合大众对"快新闻"要求，让大众沉醉于科技的"神秘成果"，常常会对新闻内容抱有一种不加指责的信任感。一句话，机器人新闻把受众的目光投向形式消费，让新颖的经历僭越了新闻价值，这有悖于新闻报道的根本诉求。

（二）传播媒介——舆论监督作用弱化

新闻媒体不只是传递信息，提供消遣，同时也承担了监测环境、舆论引导、

议程设置等责任。在人工智能技术被大规模运用于新闻传播领域中的今天，机器人取代了人，成了文字的主角，但被监督主体不能从人类让位于机器算法。

我们知道，新闻媒体是实施舆论监督的首要媒介，一定程度上，它代表着大众的观点，新闻媒体作为公开发布的通道，代行使着法律赋予大众的监督权。靠公开传播产生巨大影响，新闻媒体可以强制被监督者在社会舆论的引导下，改变不正当的行为。相对于人类记者而言，写稿机器人没有舆论监督功能，缺乏大局意识，什么问题可报道、何时进行报道最为合适、报道后有什么收获，等等，写稿机器人均不能进行评判，亦不善于表达有引领作用的深刻见解。长期在机器人的支配下的新闻生产，将减少大众对媒体的信任，弱化新闻媒体的监督功能等。

（三）观众：信息安全与著作权没有基本的保障

随着人工智能技术不断向新闻传播领域渗透，信息采集会更加隐蔽，范围会越来越大。不管是智能热点搜集、智能新闻写作，或者智能推荐，均以大量资料的收集与分析为前提，这样就会遇到源数据泄露的问题。

智能热点搜集让公民数据处于非法收集的状态、分析过度的风险。准确的智能分发建立在让位于个人隐私的基础之上，挖掘用户信息、阅读习惯在为用户提供方便之余，也侵害了公众隐私，使便利与隐私变成了一个悖论。由于新闻来源不透明，机器人对新闻写作来源材料进行抓取利用，不知不觉中侵害了公民的著作权，使得版权保护形同虚设。

（四）传播效果方面：让受众陷入"信息茧房"，给社会造成了不良影响

面向发掘用户偏好的智能化新闻生产、分发模式导致同质化新闻充斥市场，长时间接触类似信息，会造成受众知识素养降低，新闻品位降低。新闻既是信息产品，更具社会教化之功能。智能新闻制作与分发模式的言论单一，不利于社会对大众的认知、培养责任意识。新闻若长时间被智能新闻分发平台所掌控，会使观众只注重个人的兴趣，陷入了"雷同之海"，对社会公共事件漠视，导致人和社会相分离，从一定意义上讲，它还与媒体所要求的客观中立、传达着不一样的声音这一思想背道而驰。

在人工智能时代，内容推送这一权利正从人类编辑让位于智能算法。智能分发平台根据受众个人画像及阅读行为，猜测受众的阅读偏好，把受众认可并希望知道的信息，通过不同方式反复推送出去，导致受众信息接触面变得更加狭窄，沉醉于智能分发平台给自己织就的"信息茧房"里。在用户较长时间内仅接触到一种类型的信息的情况下，会使其主观观点进一步增强，造成视野狭窄，观

念闭塞、僵化乃至极化，陷在体验的狭窄状态中。与此同时，仅以用户兴趣为内容衡量标准，容易导致暗含负面价值取向内容的海量推送，这就很容易给用户留下"这一价值取向在许多人身上是存在的"的感觉。一旦受众大量触及负面价值取向的新闻，并且认为，新闻所蕴含的价值取向是被人们普遍接受的，从趋同心理出发，会从行为上接近"大多数"，甚至重塑价值观，让更多人失去正确价值观。

三、人工智能技术对新闻传播伦理失范成因分析

传媒领域人工智能技术伦理失范是技术、管理、法律、监管与其他多种因素综合影响的产物，并伴随着它向传媒领域渗透，产生了新的失范。

（一）人工智能技术触碰了传播伦理底线

人工智能技术有其不足之处，不可避免地接触到传播伦理这一底线。一是问题的提出。人工智能技术是基于智能算法与大数据的技术，它过度依赖数据。一方面是数据采集、数据分析过多带来了公民隐私权受到侵害的危险；另一方面是没有数据库或不能保证数据的质量，机器人新闻可能出现偏差与误差。二是机器人新闻的制作与发布过于强调传播效果，带有强烈的功利性。从个体层面上来说，它简单地迎合受众，造成了"信息茧房"；从社会层面上讲，它会忽略社会公共利益，不利于正面社会舆论的形成。三是人工智能新闻的责任主体缺失。责任主体不明，说明新闻"把关"不够，给虚假新闻、负面价值取向新闻以可乘之机，使得新闻质量遭到损害。四是人工智能终究不是人类，在感情、道德上缺乏弹性控制，从人文关怀与价值判断的角度无法共情观众，又易触碰传播伦理底线。

（二）算法设计缺乏透明性和人工智能技术的误用等

受众对于人工智能技术在传媒领域中的应用缺乏了解，有过度相信的，也有过度不信任的。有部分观众推崇"技术至上"，将人工智能推荐的消息奉为圭臬，认为人工智能做到客观精准，因而陷入人工智能为他们编织的"信息茧房"中，甚至被虚假新闻卷进旋涡。也有部分受众因为人工智能技术在从事新闻生产、分发环节的过程中缺乏透明度，生成机器人新闻的客观公正与否，人工智能能否侵犯人类隐私等质疑，因而对人工智能技术过分抵触。

人工智能技术并不适合所有消息。人工智能技术一旦遭到误用，还可能造成

传播伦理的失范。在某些要求人文关怀的新闻报道中，尤其是在灾难报道方面，写稿机器人能达到客观展示具体细节，扩大并增强新闻报道的广度和深度，还能刺激观众的感官，激发观众情感，但它常常给当事人带来"二次伤害"，有悖于人道主义精神，表现出消极的传播效果。

（三）缺乏完善的法律体系和市场监管等

在人工智能技术迅猛发展的形势下，我国需要完善有关法律法规。当前国内有关人工智能技术的应用标准、定罪量刑的法律体系仍有不少空白。必要的法律规范的缺失，是导致人工智能技术伦理失范的重要因素之一。一方面要厘清技术研发者的身份、运营者与使用者之间的权利义务等，明确法律责任的主体；另一方面要针对人工智能技术在应用过程中所接触到的一些特定问题，构建合理的个人数据与隐私权保障机制，建立和完善人工智能程序审查机制。此外，在社会管理方面，社会对于人工智能缺乏足够的规制，相应监督渠道缺失。监管机构审查的缺失使得算法决策的透明性、公平性难以得到保证，由此造成了传播伦理的失范。公众对媒介组织传播失范行为具有监督权，针对媒介组织传播失范现象，公众可采取各种不同的方式加以监督。确保公众监督途径的通畅，更是健全人工智能市场监管机制行之有效的举措。

（四）行业规范的缺失使得人工智能没有道德判断能力

新闻传播伦理要求法律与道德双向监督。除相关法律制度，监管制度不够完善，业界对于人工智能技术的运用也缺少标准。人工智能技术在目前这个阶段并没有独立的判断能力，在对待敏感新闻时，极易忽视道德伦理。当前人工智能行业还没有形成标准，传媒业对于它的管理方式也不够成熟，导致人工智能新闻的责任主体不明确。人工智能具有"暗箱操作"的特点、数据使用的边界模糊不清、侵权风险高，因此，迫切需要人工智能与传媒行业一起构建起相应的标准化框架，统一和强化技术安全，构建数据使用和其他规范。

四、人工智能技术对新闻传播伦理失范问题的应对和反思

矫正，克服人工智能技术传播伦理失范，是人工智能向新闻传播领域积极推进的重要保证，针对当前人工智能时代存在的种种传播伦理失范问题，要综合运用各种力量，整合各种资源，探寻有效途径，一起来保持良好的传媒环境。

（一）新闻工作者：充分发挥人的主体性，在新闻生产与传播中做到"人机共生"

在传媒领域中，人工智能技术扮演着举足轻重的角色，就消息写作以及不需要"温度"与人文关怀的新闻而言，它将在一定程度上代替人类记者。一方面人工智能技术在人力资源方面同样得到了优化，写稿机器人可以有效减轻记者的负担、编辑的压力，使新闻工作者摆脱单调、枯燥的基础性工作，给他们更多的时间、更多的精力，追求深度、反思性报道；另一方面个性化推荐将受众最想了解的新闻内容从大量信息中推送出来，提升了观众的信息获取效率。新闻工作者发挥了人工智能的长处，完全可以使新闻生产效率达到最高。

我们不能否认机器人是辅助的工具，还有很多缺点，需要记者去补救。人工智能无法了解新闻事件发生后的信息及其因果关系，而新闻工作者善于从宏观上控制深度与逻辑；人工智能无法生产出具有"温度"的信息，而新闻工作者具有人文关怀，能够较好地把握新闻传播伦理中的边界。所以，将两者有机地结合在一起是新闻业今后发展的方向。首先利用智能算法对数据进行分析、找出热点事件、重大事件，给出初稿；然后，记者会经过深入的调查、深度思考，改进新闻报道；最后，通过智能推荐的方式，有计划地把消息传递给用户。在信息爆炸、人工智能迅猛发展的大趋势下，新闻记者应积极面对，发挥人的主体地位，加强深度分析与深入调查，促进人工智能技术应用和控制，达到"人机共生"的目的，促使今后新闻业朝着更有效率的方向发展。

（二）新闻机构：提高人工智能技术的透明度和明确责任主体

传媒机构正在利用人工智能开展创作，在传送与资源配置中，须负相应职责，维护社会的健康发展。当前人工智能研究成果中，技巧与手段大都掌握在新闻机构的手中，所以，新闻机构的职责是提高算法的透明度，增加公众在机器人新闻制作过程中的监管。智能算法可能是大众很难理解的算法，但是新闻机构需要清楚地告诉受众，机器人实际操作过程中可能存在的偏差与犯下的失误，杜绝大众对人工智能技术过度相信或者彻底抗拒，使智能新闻带着真实可信的影像走向公众。

新闻机构除提高智能新闻透明度外，还要厘清智能新闻问责机制。机器人犯了错误时，究竟谁该承担责任。智能算法设计与编写属于人，人类在智能新闻中扮演着"元作者"的角色，对源数据版权及准确性承担赔偿责任。若单将责任推卸到程序设计者身上明显不合理，因此，每个智能新闻都需要指派责任人，由其对消息进行审查与测试，实现人机责任捆绑，以机器人的客观公正为前提，外加新闻工作者对内容的控制，能有效规避人工智能技术带来的传播伦理失范现象。

（三）技术方面：技术革新＋人工把关，强化新闻源头上可能造成伦理失范的信息过滤

化解人工智能技术带来的传播伦理失范，不能局限于控制内容，还要改进技术。当前人工智能技术应用于传播领域尚不成熟，有必要进行技术优化，以改进触及传播伦理方面的一些技巧。一是要规范技术应用范围与标准，使得技术应用和内容选择之间保持均衡关系。二是要用技术发展强化机器人评判新闻数据质量，通过严谨的算法筛选新闻源。机器人制作的消息，要清楚地注明数据来源、内容产生途径，真正做到"有方法可依，有数据可查"，从根本上规避虚假新闻。三是技术还没有充分成熟之前，新闻从业者要扮演好"把关人"这一角色，执行数据管理及程序验证工作，确保源数据的真实性和可用性。四是为缓解智能分发带来的"信息茧房"现象，智能算法运算程序有待升级。在根据受众画像时，观众的行为习惯刻画了观众的显性需求，要与社会重大事件相结合。用户圈层从各方面完善了个性化推送的内容与机制，通过技术手段，规避用户深陷"信息孤岛"困局。

（四）法律方面：法规政策与监管力量两不误，共同推动人工智能的积极发展

在新闻传播领域，人工智能技术得到了异常快速的发展，而且与之相对应的法律法规仍然有很多空白点，有必要制定有力的法律法规及管理制度。一方面，应保持人工智能技术在人类社会中所达到的价值；另一方面，应尽可能防范人工智能给人类社会带来的危害。一是实现人工智能技术与产品各方面有法可依，在立法层面上强化公众隐私保护，对可抓取数据范围及边界进行精确界定，厘清数据使用过程中对隐私权侵害的惩罚方式等。二是人工智能技术一直需要全社会进行监管，相关部门承担人工智能监管主导职能，对人工智能发展定位及发展原则做出规定，等等。公众监督在社会监督中同样占有重要地位，大众既是智能新闻受众，也是潜在被侵权对象，市民积极监督和检举，对于人工智能技术所造成的新闻传播伦理失范具有约束作用。

技术是传媒业持续发展的引擎，无可否认，人工智能技术具有在一定程度上凌驾于人之上的优越性，它将对传媒业产生革命性的影响。机器人书写准确、效率高，能在第一时间占领新闻发布黄金时间；人工智能技术使生产流程大为简化，新闻生产成本下降；人工智能根据用户偏好，制作符合受众个性化阅读要求

的消息，使"长尾效应"在传媒领域也得到应用。展望未来，人工智能广泛运用将成为世界新产业革命引爆点，"智能+"可能会代替"互联网+"成为经济发展中的一支重要动力。人工智能技术为传媒领域带来了改变，也带来了一系列的问题，产生了一系列新闻传播伦理失范问题，对人工智能发展提出了全新挑战。科技是社会的"立法"，人们还必须反过来适应科技。新技术在发展之初给伦理带来了影响，这无可非议，要从个人、制度、技术、法律和其他层面正面回应，从而使人工智能真正成为新闻传播的左膀右臂，促进新闻传播事业的繁荣发展。

第四节 人工智能写作技术对新闻传播行业的影响

一、人工智能写作技术

人工智能的写作就是通过软件与算法来处理结构化数据、自动生成文本的技术。根据媒介生态学的观点，新媒介技术将孕育崭新的媒介内容，转变媒介内容传播途径，也深刻地影响着媒介生态环境。在人工智能书写技术日趋成熟，媒介融合趋势不断增强的今天，人工智能写作在新闻传播行业中的应用日益广泛。作为一种崭新的媒介技术，人工智能书写，正以一种前所未有的姿态，使新闻报道从形式到内容都发生了变化，重构了新闻传媒业生产链与业务链。

二、给传统新闻传播行业带来的影响

（一）传统纸媒危机不断深化

自互联网出现后，纸媒面临着越来越严重的危机。随着新闻软件在移动端的流行，现代受众的"媒介依赖"症状有增无减。"报纸消亡论"等假设，更在新闻传媒行业引起争议。美国学者菲利普·迈耶曾经预测，到 2043 年第一季度末，日报的读者将归于零。就当前而言，纸媒萎缩近乎不可逆转，人工智能在新闻写作中的应用等，更使传统纸媒危机不断深化。由于人工智能软件能够在短时间内大量生产和传播最新的新闻消息，用户能第一时间了解体育赛事成果、国际政治、突发事件情况等。相比较而言，传统纸媒隔日才能发布的消息，其时效性明显不足。

时效性与传播力的不足，使得纸媒不得不痛并思考，调节生存之道。工业革命后，印刷术的盛行，使原本匮乏的纸质读物，变成人们每天娱乐的物品，而且报纸已由最初阐述宏篇大论之"观点报"，变成报道最新时事之"新闻报"。"新闻报"之盛，导致纸媒之盛。今天，"新闻报"傲视群雄的时效性，面对智能化的新闻生产技术已明显不占优势。在纸媒市场急剧萎缩的情况下，人工智能技术正以其惊人的威力迫使传统纸媒进行变革。危机之下，从"新闻报"转向"观点报"，由追最新消息到刊登深度报道，是传统纸媒的新时代变革方向。

（二）新闻从业者面临着挑战

人工智能写作技术被广泛地应用于新闻传媒领域，给许多新闻从业者以强烈的危机感。人工智能技术更有效地采编新闻内容，对即时数据进行文字化处理时，更清晰、更精准。而且从撰稿速度上来看，人工智能写作技术，更有一般记者望尘莫及之快。所以，在编写并发行一些简易的文章、财经报道数据化、体育报道中，新闻记者难以在速度、效率等方面赶超人工智能。就像流水线机器人在劳动密集型产业中逐渐取代流水线工人，人工智能写作技术正逐渐取代"流水线上的记者"。

面对这一挑战，新闻工作者已不能只满足做"新闻搬运工"和反复写作模板化新闻报道。新闻从业者不得不另辟蹊径，关注人工智能技术做不到的深度报道与专业调查，以全面而彻底的反思、以人文主义关怀，给读者带来更专业的服务、更多可读性强的新闻内容。

（三）对新闻伦理的拷问

人工智能写作主要靠数据来完成新闻内容。尽管从表面来看，基于数据所表现出的客观、中立的新闻真实，能避免记者因个人主观判断导致新闻失实，但是，这在某种程度上也会产生"算法偏向"的现象。所谓"算法偏向"，是指只建立在数据与算法的基础上，却忽略了隐藏在数据后面更深的现实，致使报道的内容远离事实。鉴于此，有学者认为这是一种"无偏见的偏见"（unbiased bias）。人工智能新闻因其凭借数据资料与算法，避免人主观判断，较易为读者所相信。而正是这不容置疑的可靠，也许会使读者在现实的基础上树立偏见，因而造成判断上的严重偏差。

在人工智能写作技术应用越来越广泛的今天，与之相伴随的新闻伦理问题，还远远不止这些。人工智能借助对已有新闻报道进行深度学习，进行抄袭、洗稿，引发版权纠纷；滥用用户隐私数据，有针对性推送，为使用者织就了"信息茧房";生产一大批垃圾新闻,推送同质化超标的信息,导致信息过载等。这些问题均对新闻传媒行业造成了不小的负面影响。

二、促进新闻传播行业发展

(一)突破新闻采写的时间和空间限制

就传统新闻生产环节而言,采写新闻信息是一个非常重要的过程。寻找新闻素材、新闻资料的整理,等等,常常要消耗记者很多的时间与精力,时间成本甚至大大超出了写新闻的环节。还有,时间、交通、经费等也是新闻记者采写新闻存在的问题。多受时间、地域等因素的制约,许多新闻信息都是不能用常规的采访和采集方式来获得的。在这万物联网时代,人工智能写作技术能够充分发挥物联网优势,查找世界各国最新资讯,收集网上最全面的数据资料。依托物联网访问,人工智能新闻写作技术完全突破了传统新闻采写流程在时间和空间上的限制,记者不必亲自目睹新闻事件,也不需要花时间去做很多的访谈,人工智能软件就能收集和整理全球范围内新闻资料。

(二)精简新闻生产流程

传统新闻生产流程中包含着多个环节。记者要搜集资料,取得信息,那么,访谈是必要的,然后通过写作、编辑以及校对输出新闻内容,最后,通过印刷物或新闻网站把新闻报道传播给观众。而人工智能写作模式彻底颠覆了传统新闻生产模式,直接把消息采写出来,将写作、传播与其他环节融为一体,数秒就能完成传统新闻工作者要花几天才做完的工作。同时,在应对纷繁复杂数据新闻时,人工智能新闻写作技术能够借助智能算法数据剖析功能,用最快捷的方式把繁杂的资料组织成可视化文本,大大缩短了记者对资料的分析判断时间,这挑战了纸媒的新闻采编流程,再造了新闻生产的流程。人工智能对新闻生产过程进行了革命性的简化,大大促进了新闻生产,显著提升新闻的时效性。

(三)促进传媒行业的变革

以"人工智能的新闻写作"为代表,掀起了一股智能化大潮,正以不可阻挡之势横扫新闻行业。深化传统新闻媒体危机感之余,媒体自身也在加速向市场化发展。为顺应时代的要求,媒体公司都踏上了转型升级的道路,一方面,致力提升智能科技,另一方面,致力于媒体产品质量的提升,综合运用有限资源,实现资源的系统整合。

以今日头条、腾讯新闻等为代表的媒体公司，均投入巨资，下大力气建数据库，提升人工智能写作技术。人工智能写作的更新，也导致媒体传播策略发生改变。通过人工智能的大量生产，媒体变得比较简单，追求时效性新闻报道，增强新闻产品传播效率与广度。引入人工智能技术，大大节省了新闻媒体运营成本。新闻媒体能够利用有限资源进行深度新闻报道，高质量新闻记者，以及专家、学者也纷纷前来采写专业性很强的报道、社评，输出精品内容。

同时，人工智能写作技术所引发的危机感也大大刺激着新闻从业者的学习与进步。

第五节 人工智能对新闻舆论及意识形态工作的影响

一、人工智能在新闻传播中的运用及其发展趋势

受新技术浪潮的冲击，人工智能越来越被媒体、企业所推崇和采用。算法推荐、机器人写作、个性化推荐、语音机器人等人工智能技术在新闻传播领域的选题策划信息采集、内容生成、产品分发等环节得到越来越频繁的运用。传统新闻生产正逐步由职业媒体人为新闻主体的过去步入多元行动主体共同参与、专业化和智能化同时发展的今天。

鉴于人工智能对新闻业产生了巨大的影响，一些新闻从业者认为，人工智能不仅通过机器人撰写对新闻内容生产环节进行了重构，并通过智能算法对改造后的内容发布环节进行了推荐。我们相信算法、人工智能将更多地运用于新闻传播领域。

（一）新闻内容制作环节

作为人工智能中的一项核心技术，机器学习一般由监督式与无监督式学习组成，应用于新闻领域的人工智能技术，以前者居多。监督式学习以投入产出已知信息为主，在将数据"喂"到算法之后，人工智能根据给定的规则对公式化表达进行填充，进而产生新闻报道。

机器人写稿通常是利用监督式学习来实现自动化新闻写作的，主要采用程序算法，通过开放平台数据接口或者授权实现快速抓取、生成、垂直领域动态消息发布与推送等。机器人写稿早期被运用于证券新闻、赛事新闻、地震新闻和其他

易于模板化报道方面，信息接口以机构网站为主，通过机器迅速抓取，然后产生并推送消息。如 2017 年四川九寨沟发生 7.0 级地震，中国地震台官网机器人在短短 25 秒钟内迅速产生并推送地震快讯报道，包括速报参数、震中地形、热力人口、周边乡镇 / 县、历史地震、震中概况、震中天气，等等，各种新闻要素应有尽有。产生并分发此类动态消息，尽管只是融合新闻报道的前端环节，起到快速播报的作用和信息提醒的功能，还没有触及更深的信息和分析层面，但是，无论多么职业的记者，都很难在半分钟内就能写出文章。

显然，人工智能和新闻业融合发展，主要解决了新闻报道与推送速度的问题，带来新的新闻传播时效，并且直接改变了突发事件报道的新闻生产流程。

（二）新闻产品呈现部分

人工智能在新闻产品呈现环节也得到了运用，使新闻呈现方式更智能，更互动，从而改善了用户对消费内容的交互体验。《2017 未来媒体报告》曾预言，将来有了消息，才有了经验，而不是只为了读书。在语音识别、语音处理技术日趋成熟等的同时，中外的互联网公司在最近几年也纷纷发布语聊机器人系列，如苹果的 Siri、微软"小冰"和百度"小度"等。另外，有些媒体还把它运用于新闻报道领域。例如，美国数字新闻网站 Quartz 的移动新闻客户端，当它的 App 界面开启时，会显示聊天窗口，以聊天的形式来推荐消息，如使用者有兴趣，希望了解更详细资料，可以在窗口下选择与 App 交互，询问问题，在此过程中，时不时还会穿插着各式各样好玩的表情包。Quartz 副总裁兼执行主编扎克·西沃德说："聊天式新闻大大提高了用户黏性，用户停留的时间变长了。"相似技术的运用，使新闻由以往内容主导型单向传播向科技推动型互动对话转变，把过去的"看新闻""读新闻"变成了"问新闻""答新闻"。与此同时，这些具备人工智能的新闻平台，也在通过产品与用户之间的交互，搜集用户的爱好、资讯反馈和其他有关的行为数据，用来优化产品，洞悉需求。

（三）新闻资讯流通和消费环节等

机器人写稿与语聊机器人，主要是人工智能技术在新闻内容制作与呈现环节上的优化与转型，而终端上信息的智能分发以及个性化推荐，正是由人工智能技术给新闻流通和消费环节带来的。

以往，不论报纸版面或门户首页，均以人工编辑为主。编辑依据新闻价值、媒体定位等因素对稿件进行甄别，他们推荐什么，读者才能看到什么。新闻的甄别与编排，主要是根据职业新闻工作者的价值判断与人工编辑进行的，并考虑到更为广大人民群众普遍需要、内容权威、公共性强，而不是用户个人的兴趣。今天的媒体也不例外，商业门户网站资讯客户端，如网易新闻、今日头条、一点资讯这样的聚合型资讯分发平台，凭借对每一位用户爱好、需求的准确抓取，极致化地满足算法推荐机制，拥有较强的传播优势。

有研究表明，就新闻推荐资讯是否准确而言，2017 年，算法第一次从用户感知的角度超越了新闻与社交推荐，即与编辑人工推荐、社交网络"协同过滤"相比，算法推荐对于用户个性需求的精准化感知与极致化满足更具优势。例如，今日头条算法不仅基于用户所选"频道推荐"，还结合了他们浏览的各种内容、时间场景等行为记录，同时，对用户所处地理位置以及其他信息进行记录，相对准确地抓住了用户在不同内容上的个性需求，然后为用户进行个性化推荐、定制化信息，加强使用黏度，延长阅读时长。现有的内容筛选与分发机制以智能算法为主，让今日头条等资讯聚合和分发平台处于领先地位。

越来越多媒体平台及资讯终端采用了今日头条所代表的算法加推荐模式，也就是根据用户对新闻阅读倾向性、个性化偏好，通过该算法，将其所关注的信息推送并展示给不同用户，让内容积极地"找到"那些对此有兴趣的人们。新型分发机制提供了一种全新的传播方式，使内容和用户之间能够进行匹配。该面向用户兴趣的智能分发方式，致使新闻资讯消费环节发生了革命性的改变，它所带来的传播效果，甚至给传媒生态带来的冲击，都将是崭新的、深远的。

仅仅依靠算法来推送内容、传播信息，还引起了一些主流媒体的担忧，以及一些用户的思考。例如，对算法推荐过于崇拜的平台会出现某种价值观偏差，算法推荐的内容会给用户带来"信息茧房""过滤气泡"等负面效应。尽管算法推荐新闻引发了不少争议，但是算法推荐在资讯分发效率、满足用户的个性需求等方面，已使它在新闻分发中占据了主导地位。

伴随着人工智能在新闻传播领域中运用的不断推广与深入，以及物联网兴起和"万物皆媒也"时代的到来，人工智能从智能采集、撰写消息、对新闻的智能推送和发布到智能传感器收集更为广泛种类的生产生活信息、发布消息等各个环节，引发的生产流程与传播机制的改变，在新闻传播领域将会继续。

二、人工智能为新闻舆论和意识形态工作提供了机遇，也提出挑战

作为先进生产力在新闻传播行业的代表者，人工智能在促进主流媒体与新兴

媒体融合发展方面，无疑发挥着积极作用。但若从科技的政治和社会属性出发，先进技术不一定能创造完全正面的社会后果，特别是以社会效益为中心的新闻舆论和意识形态方面。总的来看，人工智能为新闻舆论和意识形态工作都提供了契机，同时又提出了新的难题。

（一）人工智能给新闻舆论和意识形态工作提供了契机

1. 人工智能可以提升主流资讯传播的力度

促进传统媒体和新兴媒体的整合，就是要以互联网思维方式，不断创新表达方式和技术形态，而不只是将内容由传统介质到数字化介质的渠道层面上的平移。将人工智能运用到新闻传播领域，从新闻生产和传播形式来看，就具有互联网的基因。

反馈迅速、互动灵活、精准匹配、个性化服务等，这些都是保证主流媒体内容永远具有先进传播力的基础。如围绕重大突发事件传播新闻，以人工智能技术优势为依托，能够迅速产生报告、推送与分发，这将大大提高"网络辟谣，堵截谣言，揭露真相"的工作效率，由此避免了不实消息传播造成的情绪割裂，意识形态激化。所以，人工智能能够助力主流媒体新闻舆论和意识形态工作传播形态更具互联网属性，例如，更加迅速地收集信息和产生内容、更加亲切地展示用户体验内容、更具有个性化优势的信息发布，从而提高新闻舆论工作感染力、传播力。

2. 人工智能可以提升主流资讯传播的精度

人工智能通过大数据进行采集，以分析处理为技术依据。在对突发性事件或者社会争议性的公共问题进行探讨时，不同群体倾向于对价值倾向产生不同看法与主张。在大数据技术日趋成熟的基础上，利用人工智能进行精准化推送，主流新闻在内容流通的过程中，能够围绕着用户"画像"，变得越来越准确，即借助大数据分析与人工智能推送机制，主流媒体可以更智能地瞄准聚焦公共议题的具体群体，有的放矢地推送时政内容，从而增强舆论引导针对性、精准性。

3. 加强新闻舆论工作的时间、力度和效果，其中之"效"，过去多是领导指示、同行们的评说，而利用大数据分析方法与人工智能技术，则能够对网民"瞬间情绪"进行捕获与分析，跟踪研判新闻内容传播规律，继而预判网民的态度变化与行为趋向。利用这些新资料、新工作、新方法，指导新闻舆论、意识形态等方面的实践，可以增强舆情监测，引导意识形态等。

另外，人工智能大数据分析方法，可由情感、态度、价值倾向等维度，促进重大议题舆论生成其内在规律分析及其他相关研究科学的发展。

（二）人工智能给新闻舆论和意识形态工作带来的难题

首先，目前人工智能在新闻传播领域的运用场景还比较感性化且实用，但不能促使受众公共意识得以养成。目前，以人工智能为基础进行信息推荐更加面向人类的感性需求，信息消费多是以感官刺激为基础，或者是以满足实用需求为目的的，并经常表现为需求和供给互相加强。这易导致新闻消费和网络空间过度娱乐化、碎片化，甚至出现低俗化的现象，因而大大降低了大众对于严肃新闻的关注度，关注主流新闻的公共意识正面临着削弱的趋势。另外，社交网络传播的"回声室"（echo chamber）造成了一个闭塞的小圈子内信息的扩散，受众在评判新闻内容是否重要时，会出现偏差。例如，观众对某一类信息的依赖程度过高，或者所触及的资讯同质化严重，从中更难以窥探重大公共事务幕后不同地位的视角与资讯。

在实际应用中，算法技术既要兼顾个性化特点，也要考虑到类似群体的需要、信息消费的时间和空间场景等要素。通过算法推送造成娱乐化问题、煽情化是一种信息过剩，具有较强的传播效果，它的责任主体并不是平台所建立的一种机制，而是通过用户行为、兴趣与同类人的需求特点一起决定的。

其次，人工智能信息推荐容易导致"信息茧房"现象，加重社群分隔，因而不利于主流意识形态融合。以人工智能为基础进行信息分发，面向用户个性化需求，只有"他很喜欢的"，甚至"只给他乐意听从的"，极易造成人们视野窄化、观点极化的"信息茧房"现象，加剧了社会各群体心理分隔，从而在公共交往层面不利于不同社群的相互认知和相互理解，这对主流意识形态和统合性主导提出了挑战。

信息窄化易导致用户的认知偏差，使之受到情绪化、片面的信息的冲击，对于整体社会与公共议题之评判，可能失之均衡或合理。另外，用户对于公共议题的关注也可能逐步减少，减少其对公共事务讨论与行动的参与权。仅通过机器或用户本身来确定消息的发布，不仅从本质上消解与传统主流媒体"把关人"的职能，还会使部分观众削弱对信息的完整接受。对此，一点资讯的相关负责人表示，内容推送的角色不可能被机器完全扮演。

再次，人工智能对于网络内容的构建、传播格局等，会凸显为平台媒体优势的增强、主流媒体的影响力被削弱等。在内容建设上，人工智能辅助制作新闻会比较局限，而且通过人工智能技术所推送出来的消息会更倾向于软性化、娱乐化。这就造成了严肃新闻获取的点击量与访问率都将被客观地制约，这或许会使传统主流媒体处于融合转型的进程之中，尤其在面向移动端的内容制作与发布时，产生更多的关注吸引眼球的效果，加强对点击效果内容的喜好。

在传播格局视野下，平台型媒体以算法和人工智能技术为支撑，会形成较大的传播优势，盈利能力强。传统媒体因技术、资金、盈利能力等方面的欠缺被边缘化，存在影响力被削弱的危险。移动互联网时代，其实质就是要做到"大家与大家的联系"，互联网作为信息传播的有力入口，不可避免地带有很强的社交属性。与传统主流媒体相对狭窄的"资讯"定位相比，以微信、微博和今日头条为代表的"社交加信息"平台更具吸引力和用户黏性。

最后，人工智能给传媒业生态与传播效果评价体系带来了革命性的冲击，致使主流媒体有进一步被边缘化之虞。通过人工智能与算法对传播效果的评估机制，整体倾向以用户为主，以情感为主，以兴趣为主，由此造成严肃型内容无法在评价体系中占得先机。由于传统严肃型主流新闻报道及其评价体系是以领导指示为主，主要由正面宣传、同行赞誉与专业奖项组成，相对地，对传播效果进行评价则比较封闭。通过算法辅助实现传播内容的扩散，内容的传播效果常常能够以准确的数据形式透明化地展现出来。例如，"今日头条"一天点击的人数、有多少人评说，均很直观地表现出来。但也使得以宣传效果为评价对象的评价权与话语权将面临透明化、数据化风险。从本质上看，它还将深层次地影响到主流媒体在意识形态传播中长期承担的主导地位。

三、在人工智能时代，怎样搞好新闻舆论和意识形态的建设

（一）人工智能会对新闻业产生深刻的冲击

一方面，机器人写作对重大突发事件的快速报道中将有取代记者的潜力。职业新闻从业者不可能与机器竞争速度，只有通过到达现场、深入解读、接近事实，以补机器人写作之不足。另一方面，人工智能会起到抓取大数据信息的作用，具有分析解读优势，对新闻热点浏览、收藏、转发、实时监控、点赞之类的行为等，在这一技术的推动下，新闻生产在满足用户需求方面会更加智能化、高效化。在冲击新闻业的同时，人工智能对于网络舆论、意识形态的影响，值得我们高度重视、深入探索。

（二）促进主流媒体紧跟人工智能化发展趋势

以人工智能代表着先进的传播工具，只有紧跟技术潮流，才能够充分利用技术为新闻舆论与意识形态工作提供新机遇。因此，应该采取政策或者资金扶持等措施，加强人工智能技术在主流媒体中的运用，重点支持如人民网、新华社客户端、封面传媒、澎湃新闻等中央和地方主流客户端技术升级，提高其智能化水平，从而有效地促进主流媒体的内容生产、智能分发具有高水平高技术，竞争优势强。

通过高水平的人工智能技术，能够有助于区域化主流媒体更加准确地把握本地用户需求，更加智能化地推送个性化的内容，更加有的放矢地进行舆论引导。

（三）对于新闻传播智能化所带来的负面效果，应给予必要的纠正

针对资讯传播人工智能化具有削弱公共性、减少严肃内容的传播优势、加重社群分隔等的负面效果，需要通过行政手段，在商业网站智能分发、算法推送机制等方面给予恰当指导，促使他们养成合理的把关意识，肩负更多社会责任，更好地掌握用户的个性需求，推送高质量的内容，达成算法推荐与人工编辑之间的平衡关系。

可以采取如下具体做法：首先，重点推荐高质量正面宣传作品及报道，加强频道设置和内容推送的"优先权"建设；其次，对过分煽情等不良内容进行严格把关，对于发布长期偏离正确导向的自媒体账号，一律予以关停，从根本上降低负面信息供应量；最后，多了算法推送，更加强了人工编辑这一功能与价值，特别是对重要专题策划宣传报道，必须借助于各种技术手段，达到更大的幅度、更强烈的影响和扩散。

（四）探讨人工智能时代的网络舆论与网络意识形态治理问题的研究

无论是新闻舆论还是意识形态工作，都离不开学术研究的科学指导和理性支持。应充分运用人工智能技术与大数据分析方法，树立更有效、更科学的理念，建立准确综合舆情研判分析系统，特别对网民的情感、态度进行优化研究、归因逻辑与行为预测方法论研究。另外，还应鼓励利用跨学科方法在科研上进行文理交叉，利用"舆情仿真"这样的体系，构建一个人工模拟的社会体系，由此加强舆情预判，提高风险预警水平，增强网络意识形态引导。

当然，要做好人工智能时代的新闻舆论和意识形态，不仅要求线上线下依托先进传播技术支持，实现对主流意识形态的宣传和引导，更重要的是要做好线下矛盾的解决、利益协调和维护社会公平正义的有关任务。

第六节 智媒时代新闻传播人才能力培养的目标、困境与出路

一、智能媒体时代新闻传播人才能力发展的实际背景

智能媒体所具有的传播特征以及媒介技术所带来的潜在风险，给从业者带来了新的要求与挑战，二者共同形成了当前新闻传播人才能力发展的现实语境。

（一）人机交互式信息生产模式需要从业人员坚持自身主体性以避免技术异化人类

人机交互信息生产方式下，传感器与机器人提高了信息采集与内容生产的效率，但也冲击了新闻传播从业者的主体性地位。这就需要新闻传播从业者用正确的价值观与专业观念来指导与介入智能技术的发展，建立人在信息生产中的主体性地位，避免从业者沦为智能技术的附庸。

在信息采集方面，与传统的人力搜集信息、资料相比较，传感器技术在信息搜集深入的广度、准确性等方面都具有其他学科无法比拟的优越性。在内容生产方面，具体题材报道采写的智能化，将内容生产者从模式化写作的压力中解放出来，得以进行其他更有创意的研究，比如，体育比赛、财经报道采写模式智能化，等等；机器收集信息的聚合能力和从业者的深入思考、阐释能力协同作用，有利于构建关于具体话题的丰富认知框架。但是，智能技术获取信息的高效性与内容生产的快速性，引起了公众对于技术与传媒从业者价值关系问题的反思，继而对智能时代传媒从业者的生存需求提出了疑问。然而面对人机交互现状，机器在价值判断上还存在不足，不能参与深度报道与细节挖掘。尽管智能技术已被广泛地应用在假新闻的识别与屏蔽中，但是从业者对新闻语境复杂要素的理解能力与判断能力，依然是互联网内容生态优化的首要问题。人工智能还只是停留在替代人类完成基础性信息处理，尚未到有自我意识、价值判断能力与决策能力的"强人工智能"时期。由此可见，怎样运用人类的价值观与专业理念来指导与介入智能技术，结合人类价值和人工智能优势，实现以人文价值为主导，信息生产人机协同，是智能媒体时代从业人员需要重点关注的问题。

（二）"万物皆媒"、算法介入的舆论生态，需要从业者加强专业素养与社会责任以避免舆论过度分化

"万物皆媒也"传播现状造成智能时代舆论生态情绪化，非理性特征突出。物联网的介入，智能媒体参与信息制作与发布的过程，但是，信源核查和资料恢复实际情况、发掘真理的能力仍是它的不足之处。个人全面参与传播机制中的假新闻、误导性信息与情绪性言论通常更易被散布，事实和谣言在舆论场中的边界是模糊的。谣言比真相传播得更快，议程设置能力较强，需要加大舆论引导力度。值得一提的是，"万物皆媒也"这一事实，加剧了新闻生产去组织化进程，弱化了新闻生产的严谨性、专业性，为媒介引起公共空间的理性探讨，推动社会共识的达成，也加入了一些阻力。

算法推荐分发机制导致舆论表达碎片化，加重了舆论生态情绪化的程度。学者常江认为，算法的使用损害了互联网时代所孕育的公共讨论空间，也损害了大众对公共话题的讨论参与精神。以智媒生态为技术内核，算法没有判断信息是否有价值的能力，它对信息分发环节所产生的推动作用，将影响到大众的社会判断。根据用户行为与喜好进行算法推荐，减少了信息环境的异质性，有时也受商业利益、政治因素的影响，窄化了用户获取信息的范围，弱化了用户对公共议题的关注，对公共讨论造成不利影响。同时算法赋予了用户议程设置权，媒体追逐偏离公共价值的东西，以提高点击率、流量为准则，"吃瓜群众"围观心理泛滥，公众心理越来越浮躁。

无价值主体介入，导致舆论场复杂多变，在实现良性舆论生态和确保网民意见表达充分性之间取得平衡，是媒体社会功能得以实现的一个重要前提。所以新闻专业性、新闻伦理与社会责任意识，在智能时代成了从业者必不可少的一种能力。

（三）智能化语境下媒体格局需要从业人员具有传媒市场监管能力，以避免公共领域失守与媒介伦理失范

智能技术与媒体产业的全链条深度融合，传媒业以智能化为依托，由模式创新走向格局变迁。现行媒体格局可从两个层面来认识：

一是从宏观行业格局看，较多科技企业、互联网企业涉足传媒产业，或者与媒体机构开展合作，传统主流媒体正逐渐向成为互联网科技公司的内容提供商转型，并且科技公司也渐渐开始控制传播渠道，运用科技手段来影响大众的认知与舆论走向。这虽然给主流媒体指出了一条智能化的发展之路，但也给传媒业带来

了权利约束方面的挑战，从业者要察觉算法后面的价值，平衡算法解放新闻生产力与滥用传播权的冲突，预防公共领域的"失语"风险。

二是在微观传播格局中，人工智能与算法导致传播主体泛化等问题，传播内容急剧增加、内容生产与分发方式发生变化，使新闻传播活动与传媒市场成为一个复杂的系统，必须进行有力监管，以避免可能出现的危险。机器人新闻、传感器新闻应运而生，传媒业由主流媒体开始向自媒体等无价值主体延伸；人工智能和数字算法相结合，带来了海量的可以分析和利用的数据，但也造成了信息安全隐患；算法本身存在不透明性、个性化传播等问题，破坏了传播的真实性与公平性，引发了伦理与法律问题。媒体本身所具有的引导社会舆论、协调社会关系等职能，需要传媒机构来完成，尤其在互联网媒体上，应从强化自身监督入手，构建完善的社会责任体系。

所以智能媒体时代，在科技和商业结合的情况下，面对资本与流量，新闻工作者应加强传媒市场参与主体与技术要素之间的监督与调控，使智能技术中商业因素的作用保持在可控范围之内，保证在智能时代，媒介仍然关注公共价值与公众利益，保持传播公正。

二、智能媒体时代新闻传播人才能力发展的达成目标

就智能媒体时代传媒业态的表现及对新闻工作者的需求而言，新闻传播工作者有必要从价值观念，专业素养等多方面加以提高。价值观念在从业者和人工智能协作中表现得最为突出，从业者的价值判断能力对人机协同内容生态下人工智能生产的质量保障至关重要。理解复杂情境，融合事实，输出具有深度观点内容，这是当前机器写作与算法推送都不具备的能力。

为此，有学者提出了金字塔形的智能媒体时代新闻传播人才能力需求模型，并得出结论，智能媒体时代从业者需要的核心竞争力是通过价值判断能力、事实核查与整合能力、数据分析与应用能力和情境内涵认知能力组成（见图6-2）。这一能力模型，正是智能媒体时代下新闻传播人才培养能力的目标。

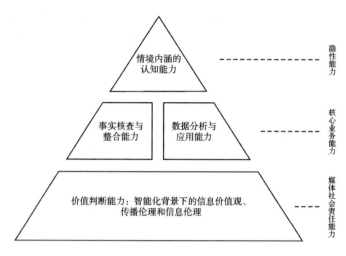

图 6-2 智能媒体时代新闻传播人才能力需求模型

（一）从业者需要具备的媒体社会责任能力——价值判断能力

媒体责任在今天的传播语境下，是一个重要话题；彰显人文关怀，同样是传媒组织自身的使命。业内广泛认为，从业者具有社会责任感、职业精神与新闻价值观构成了智媒时代对人才要求的内核。所以，反映媒体社会责任价值判断的能力就是新闻传播人才能力的基石。价值判断能力又是发展其他能力的先决条件，价值判断能力由两个要素组成，首先是智能化背景下的信息价值观，其次是智能化背景下的传播伦理和信息伦理。

未来人工智能技术的发展重点，是在广域网络空间中，通过智能方式进行人和事物的价值匹配和功能整合，并且在这一过程中，因为智能技术存在先天不足，人们对规则制定、框架选择等环节的干预成为关键，这正是智媒时代媒体从业者主体性之所在，更是当下新闻传播人才能力的培养目标。发挥技术的优势，实现人的价值最大化，保证了人在信息生产过程中的主体性。智能媒体时代，要求传媒从业者在智能传播中建构信息价值观与传播伦理，在人机交互信息传播模式下，维护人的主体性，并且和多元生产主体进行利益协调，形成共识，为媒体在智能时代的社会功能的实现打下基础。

（二）从业者需要具备核心业务能力，即事实核查与整合能力、数据分析与应用能力

卓越的核心业务能力，是展现社会责任的业务基础，具体表现在为事实核查与整合的能力、数据分析与应用能力。这两项能力正是智能时代记者有别于人工智能的最重要的能力，在模型中处于中心地位。

事实核查与整合能力，是现阶段多元生产主体对于专业从业者的需求，需要从业者在海量信息中辨别内容、观点与新闻并据此加工，营造有利于事实传播新闻生态系统。对于新出现的消息，从业者要对它的事实来源加以核实，并且从大量的资料中理清事件的来龙去脉，刊登及时、权威的新闻报道，产生积极向上、催人奋进、为解决社会问题提供灵感的新闻产品；并用经过了专业诠释，融入了有价值深度的内容产品引导受众。在信息过载的今天，职业媒体人的价值判断与专业阐释能力更为重要。对新闻现场进行观察和考察、对新闻价值进行专业判断、深层次解读新闻、思想和感情的流露、对社会现象和问题进行反思，并在新生态中发挥创造力，是一种重要的能力。

数据分析与应用能力，则指对于当前大量的信息与数据，从业者必须能诠释数据内涵，深刻认识智能技术对数据影响，发掘数据为传媒业所带来的价值，真正做到用数据来传递信息。数据内涵还涉及数据应用的伦理与价值观。"智媒"时代，数据的作用与人工智能、算法推送密不可分，人工智能可能带来的伦理风险以及算法中所嵌入的价值观，均要求从业者根据自己对于数据内涵的认知来辨识、指导并制约数据。为了更好地获得、处理并使用数据，需要掌握数据的伦理与价值观，让数据为传媒业提供资源。因此，事实核查与整合能力、数据分析与应用能力成为智媒时代人才能力模型中最核心的部分。

（三）从业者需要具备的隐性能力：情境内涵认知能力

从业者对新闻或者内容产品所处情境内涵的感知能力处于能力需求模型之巅，这一能力的发展方式与需求程度，决定着它在全部能力模型中的位置与功能。

之所以是隐性能力，是因为对情境内涵的认知能力是隐藏在从业者的经验、技巧、洞察力与行为策略下的，因应用情境而异，缺少不变的准则，难以通过逻辑推理或明确表述来进行教学。该能力内化为从业者对特定媒介实践的评判与决定，只能靠练习。

对情境内涵的认知能力可以从两方面来认识：情境内涵与认知能力。情境内涵中包含了对媒介产业链运作规律的深度洞察，对于现行的有关法规和技术发展情况、社会发展的要求，以及对于当前智能媒体能力的深刻认识与践行。例如，特定的技术是怎样运用于特定的情景中的，应用边界是什么；现在和未来媒介实践如何利用科技让大众、政府和媒体更有效率地进行互动。

所谓认知能力，就是在媒介实践过程中，从业人员对技术发展趋势所具有的一种抽取能力、获得受众兴趣点的技能、兼顾受众兴趣点与媒体社会责任、应对实践情境创新与合作。

在智能时代，对新闻传播工作者的隐性能力的要求显著提高。传媒业在当前以技术为动力，但科技的发明者常常没有认识到科技对社会的负面影响。作为使用科技的主要部分，媒体从业者有必要在技术演进和社会伦理中找到一种平衡。同时传统媒体也在和科技公司打交道、与互联网企业深入协作，寻求主动变革。大范围的技术干预，使得从业者从程序化、重复性的工作中得到解放，去做一些比较有创意的思考、有价值判断要求的事情。这就需要新闻传播专业学生加强智能技术运用场景的感知，这可以让他们承担社会责任，提高核心业务能力，体现应有成效，在智能化的时代背景下，推动社会公众的发展、政府和媒体良性互动等，继而发挥媒体所应具备的社会功能。所以，正确认知能力，是传媒业在智能时代发展中要求从业者必须具有的一项重要技能。

智能媒体时代新闻传播人才能力要求模型，提出了人才的培养目标。这些能力的形成需依靠具体的实例与情景，还需要经验丰富的从业人员"手把手"地辅导，简单的传授达不到良好的效果，学校在培养阶段若无法提供相似实践情境与实践指导，则学生只有走上工作岗位才能进一步深造。

三、智能媒体时代，中国新闻传播人才的能力发展陷入困境

智能媒体时代新闻传播人才能力需求模型（图6-2）展示了当前人才能力培养的目标。在人才的能力发展过程中，实践教学是完成培养目标的一个重要手段。经过实践教学，学生能够做到新闻传播理论和实践相结合，在实践过程中对学习到的理论进行检验，同时，还可以从理论和社会情境之间的关联上，深刻地理解社会构成的方式。基于当前智能媒体的发展状况，以及时代对从业者的能力要求，高校人才能力培养与实践教学中，存在着教学组织方式和智能媒体结合不深、基于智能媒体的实验设施匮乏、未完全实现教学资源的社会协同三个问题。

（一）教学组织方式和智能媒体结合不深

所谓教学组织方式，就是教师在教学中，正确确立学生和任务之间的联系。国内新闻传播院系教学实践采用了两种组织方式：一是以案例教学、研讨与小组合作为主要内容的"工作坊"活动；二是借助与行业建立的实践平台，发展第二课堂。两条路径力图打破教师本位，学生是主体，把业界现状纳入教学内容之

中，以多样化组织方式，促进教学过程，展现教学成果，强化学生思维与技能训练，增强学生新闻传播实务能力等。但是，智能媒体语境下，现有教学组织方式很少反映智能媒体在教学过程中的运用，学生很难真正和智能媒体进行深度交互。

1.案例教学、研讨、小组合作等形式的"工作坊"

"工作坊"模式的核心内涵就是用案例、任务等形式，引导学生对问题进行探讨，形成决定。其中案例教学主要围绕案例来组织研讨的，启发学生的批判性思维，培养学生从复杂环境中分析实际问题和做出决定的能力。

中国人民大学于 2005 年建立了我国第一个新闻传播学案例库，历经十多年的发展，取得了比较突出的成绩。研讨式教学与小组讨论相结合，就是把教学过程中的焦点由成果转向过程，着重强调的是同学之间的讨论、研究、分工、在实施过程中是否锻炼了正确认识问题、解决问题的能力。

结合上述特点的"工作坊"教学形式，已成为近几年流行的教学组织方式，清华大学在这方面已经取得较为丰富的经验。"工作坊"以学生参加传播实践活动或制作新闻产品为中心特点，并且在流程中收获了教师或业界人士的指点，做到师生之间高效、及时的交流互动，训练与提升学生的媒介实务能力。

2.运用与业界建立的实践平台，发展"第二课堂"

"第二课堂"最核心的内容，就是要利用好与各媒体机构协作的实践基地、专业竞赛、社会服务工作室、社团、学生媒体等，使学生在业余时间全面投入到新闻实践中来，练习实务能力，提高媒介素养，培养学生观察社会、分析问题、解决问题的能力。中国人民大学、清华大学在此方面处于全国高校领先地位。2017 年，中国人民大学新闻学院和"中译语通"科技有限公司签订新闻大数据实验平台建设项目，同年，又与今日头条联合打造了高校新媒体实务课程分享平台。清华大学把学校内部发行的期刊——《清新时报》打造成了一个真实的媒体实践的组织、为学生构建自我成长、师生协商互动、与媒体机构进行沟通和协作的平台。另外，清华大学与中央新闻媒体建立了实习平台，派遣学生到境外媒介机构见习，在培养具有国际视野人才方面开展了探索性的合作，并且和国际知名媒体和企业建立了联合研究机构，为学生参加国际合作研究提供了载体，创造了条件。

针对两种教学组织方式，以案例为载体、选择实践活动是其核心内容。但上述教学组织方式和智能媒体的深度融合并不充分，在教学过程中，缺乏对智能媒体发布实例的讨论，也缺乏围绕其使命展开的讨论。当前，高校在新闻实践教学中对数字媒体和融合媒体进行了成功的探究，正式对技术发展做出了积极的反应。但在媒体智能化不断加剧的潮流中，如何使学生深入了解智能媒体时代的传播模式；传媒生态给从业者提出了哪些要求；如何利用智能化媒体作为教学工具，培养学生对应的传播技能，是当前高校人才能力培养中首先要思考的问题。

（二）基于智能媒体的实验设施匮乏

教学设施为人才能力培养提供了物质基础，完善而先进的教学设施，有助于学生预先适应媒体生态系统，帮助学生在毕业时快速融入工作环境。当前，人工智能技术运用于新闻生产过程已是一种趋势。国内外主要通信社及媒体机构已将智能技术深入运用到内容创作、信息采集等环节。VR/AR、物联网提供多样化新闻传播效果与互动体验，还促进内容生产的深入转型升级。不过，还有一些研究显示，尽管新闻工作者从感性上看好人工智能发展，但从理性层面来说，却缺少系统而又深刻的研究与实践。所以，构建以智能媒体为主的开放型实践设施，是新闻传播专业实践教学取得实效的物质保证。智能媒体应成为新闻传播实践教学的设施，并通过使用，让学生有能力和智能设备进行互动和合作。

就改善实践教学设施而言，目前，中国人民大学、复旦大学等、武汉大学、中山大学等比较突出，这些大学的工作重点是整合实验室设置和课程设置，发展学生的全媒体传播能力等。中国人民大学注重媒体运行与课程实践结合，致力于学生的媒体融合理念与全媒体传播技能培养；复旦大学联合业界资源，打造一批合作实践基地；武汉大学新闻传播学院拥有国内首家传媒类的、功能齐全的国家级实验教学实验示范中心；中山大学现有融合采编实验室、纪实采编实验室、大数据传播实验室、交互媒体实验中心和其他实验室集群。学生在这些实验设施的帮助下，能有效锻炼全媒体专业技能，熟知传媒行业真实运作模式，构建对传媒产业链的基本理解。

由此可见，鉴于技术演进的趋势，当前高校对人才能力培养的重点是突破媒介形态，构建实验设施。尽管这一途径是应对数字技术发展中媒介融合趋势对于新闻传播人才全媒体能力需求，但鉴于智能技术推动的新闻内容生产与传播新特点，对于人才能力提出了新的需求层面，现有高校实践教学设施尚存不足。一是在实验室设置上对智能化因素的反映不多；二是一些大学引进智能化设备，提供开放型的实验室，但只在少数几所学校开展了实验，未形成规模化效应。

（三）未完全实现教学资源的社会协同

为实践性较强的新闻传播专业提供与业界联系密切的教学资源，是学校在人才能力培养方面取得较好成绩的必要保证。梅尔（Meier）等学者指出，学生在校期间所取得的知识与能力，就业后并未表现出更多的运用成效，这是由于教学过程缺乏社会资源参与，教学内容大多为学术研究人员根据经验与实践观察而得出，并且不受后续在实际应用中任何可能性的影响。由此可见，缺少与社会资源连接将使教学和实践出现隔阂。

与此同时，目前媒体产业格局的升级转型以及媒体机构显著社交性特征，决定了从业者面临着多任务处理、高度协同的工作环境。简单的校园实践已无法适应技术驱动的传媒业对人才的能力要求。所以，高校新闻传播人才的能力培养要积极动员社会丰富的教学资源，在教学资源方面构建社会协同机制。

社会协同机制包含两层意思：第一，师资协同，吸收资深媒介从业者走上教学岗位；第二，教学内容协同，收购或者和数据公司、科技公司配合，使学生能够接触到真实的数据资源与智能技术，给学生在新闻实践中提供了一个可能的情景、任务和挑战，让学生获得关于智能媒体和社会影响的最直观的情感体验，有助于其就业之后较快适应岗位工作，较好较快地与媒介实践融合。协同机制将校内学术研究资源和校外社会实践资源协同起来，共同发展学生传媒实践中所需要的核心业务与隐性能力，使人才培养和实践需求"零落差"。

近年来，国内院校对校内外各种教学资源进行了整合，成效显着。复旦大学、清华大学、中国人民大学等经常约请资深媒体工作者向学生介绍业界动态；中国传媒大学广告学院新媒体系与阿里巴巴公司联合举办了大数据商业应用夏季课程；北京大学与校内的传播学、情报学、管理学、计算机学、社会学、心理学以及其他多学科的教师和科研人员合作，成立新媒体研究院，并建立"舆情管理与产业情报实验室""信息交换与网络安全实验室""新意互动互联网战略实验室"等实验室和研究基地，就大数据舆情分析、构建数字生态圈、分析新媒体用户的行为等，创建产学研互动平台，为新闻传播实践教学的师资、内容和设备提供支持。这些探索，对实践教学资源的整合具有示范作用，但也普遍存在着这样那样的问题。在教学资源方面，高校和社会协同度还不够高，对于媒介实践智能化资源存在使用度不足等问题。例如，当前为适应媒体深度融合发展潮流，很多一线媒体机构已经拥有了各自的融媒体平台，但是很少有院校把自己学生实训平台与之对接。另外，"智媒"语境中，媒体行业的边界正在扩大，很多自媒体孵化机构、媒体科技公司等，均有大量潜在师资与教学资源可供使用，高校在这方面的协同利用资源机制不够完善，少数几所学校进行了一些有益的尝试，但是尚未形成体系化的成果，无法推广。

二、高校新闻传播人才在智能媒体背景下的能力发展出路

智能技术对媒介生态产生了冲击，无论是信息生产模式下，从业者的主体性地位，抑或是多元舆论生态下，新闻伦理与价值准则，以及媒体对产业格局升级和转型过程中社会责任的履行情况，都发生了深刻的变化。与此同时，传媒行业自身也是个极其倚重"言传身教"模式来培育人才的产业。智能媒介生态下，新闻传播人才价值素养研究、职业技能素养、综合媒介素养等，都对从业者提出了新的要求。那么，面对目前新闻传播人才能力发展中存在的各种困境，高校应做出哪些应对与调整？

第一，从培养目标上看，应主要关注"智媒"时代新闻人才的核心竞争力，结合所处地区智能媒体的发展情况，区别对待实践教学中的技术和扩散、工具和从业者问题。直面技术和人类之间的关系，加强学生智能媒体知识的学习，让学生在接触中、在感悟中，认识智能媒体，找寻媒介形态更迭的内在规律，锻炼智能技术应用能力，使正在发展的传播技术真正成为学生在新媒介生态中探索传播规律的利器，为"智媒"时代新闻从业者的主体性地位正名。在直面技术和社会之间关系时，促进学生价值判断能力的发展、业务素养与媒介素养并重，让学生通过媒介实践，洞悉信息与数据背后所隐藏的问题，并且做出与社会发展需求以及媒体社会责任相适应的价值判断与解释。

第二，从教学内容上，大学可在教学内容中加入智能媒体、数字技术、智能技术条件下传播生态和传媒业态等相关内容。通过练习，使学生深刻认识到智能技术对传播的改变，剖析技术发展实质，训练学生对未知事物的反应。具体内容可涉及社交媒体、跨平台报道、人工智能应用和数据可视化方法与技术等实训课程。

当前这几种课程内容都没有在我国高校新闻传播专业实践教学中得到推广，但在智能媒体时代非常有必要，因为这些都与从业人员核心业务素养密切相关。例如，运用社交媒体开展专业实训，可以引导学生把社交媒体中的内容当作报道与职业发展的资源与手段，使学生从信息消费者向信息使用者的角色转换；关于

编程与人工智能应用方面的课程，可以让学生了解数据、算法背后隐含的价值，使学生们接受"创新并不只取决于新工具、新技术的推出，主要依靠运用工具与技术者的创造力与激励"这一思想，同时构建符合能力培养的教师培训体系。处于智能媒体快速发展城市中的大学，可以鼓励教师走进媒体机构，对智能媒体现状进行深入研究和学习，或者长期深入媒体机构观察和研究，从而更好地进行教学。处于智能媒体开发不足或者资源不足城市中的大学，可以和地方主流媒体机构或者政府建立高效的合作机制，以本地媒体的发展状况和需要为主要教学内容，做到学生本地学习与本地工作的高效对接；同时，与各大媒体机构建立合作交流机制，鼓励教师继续学习，在教学内容中增加发达地区现状与经验的内容。

第三，从培养方式上来看，传媒行业需要的隐性能力，其培养途径在真实情境中具有较高需求度，高校应不断推进平台化教学，为媒介实践提供现实场景。各院校可不断普及智能化教学平台的搭建，把多种仿真媒体平台、媒体数据库和人工智能的应用融入人才能力培养；在教学过程中加入智能媒体，即以智能媒体为工具的教学，在形态架构与技能提升层面上，模拟出学生以后将接触到的实际情景，使学生能够从与真实社会信息、情境的交互中，洞悉传播活动的复杂性，也为今后从事传媒业累积必要的隐性能力。基于此，高校应立足自己的办学特色与地方优势，针对各区域各院系的具体情况，选择教学平台，做到差异化教学。高校间可建立教学合作机制，使教学方式多元化，同时最大限度地发挥平台化教学资源的作用。另外，智能化教学资源还需相应的师资，高校可吸收业界资源和校友资源补充师资，但为了取得最佳教学效果，还是以更有效率、操作性较强的合作机制为保证。

后 记

在这本《人工智能与新闻传播》的书中，我探讨了人工智能技术如何改变新闻传播的方式和过程，深刻地感受到了智能技术对新闻传播的深远影响，通过重新定义智能新闻传播的概念，为社会发展带来了极大的变革。

在描述智能与新闻传播的场景时，智能技术在新闻采集、生产和传播中的应用更为直观。利用智能传感器和无人机进行现场报道，可以更快速、准确地获取第一手资料；智能语音技术则可以辅助记者进行采访，提高新闻的生产效率；而基于人工智能的推荐系统，则可以根据用户的兴趣和行为，为他们提供个性化的新闻画面。智能技术可以提高新闻传播的效率和准确性，为受众提供更优质的新闻内容；可以让新闻传播更具针对性和个性化，满足不同受众的需求；还可以帮助媒体机构更好地分析和解读数据，为他们的新闻报道提供更多元的视角。

在完成写作的过程中，我也有了许多感悟：智能技术并不是万能的，我们需要理性地看待其作用和限制；智能技术应该成为新闻传播行业的辅助工具，而不是替代传统的新闻工作；我们应该积极探索智能技术与新闻传播的结合点，为未来的新闻行业发展挖掘路径。随着人工智能的发展，一些新闻传播领域的工作可能会被自动化取代，这可能会对从事这些工作的人造成一定的就业压力。但同时，我也看到新闻传播行业在不断发展壮大，不断涌现出许多新的人才和新的观点，这让我对未来的发展充满了期待。

最后，我想感谢在这本书撰写和出版过程中支持和帮助过我的朋友，他们是：徐建红、王子刚、张冰、刘枫、陈楷文等。我希望这本书能够帮助大家更好地理解、应对智能与新闻传播的关系和挑战，本书还有很多不足之处，期待未来能够与大家在这个领域中进行更多的探讨和研究。

2023 年 10 月 30 日于北京

参考文献

[1] 孙云涛. 人工智能在数字媒体技术中的应用 [J]. 电视技术, 2022,46(09):166–168.

[2] 张书娟, 程天鹏, 邵彤. 国内数据新闻创新之处分析与问题对策研究 [J]. 温州大学学报 (社会科学版),2022,35(03):89–96.

[3] 肖人彬, 冯振辉, 王甲海. 群体智能的概念辨析与研究进展及应用分析 [J]. 南昌工程学院学报 ,2022,41(01):1–21.

[4] 谢富, 朱定局. 深度学习目标检测方法综述 [J]. 计算机系统应用 ,2022,31(02):1–12.

[5] 隋岩, 李丹. 论互联网群体传播的关系偏向 [J]. 编辑之友 ,2022(02):37–43.

[6] 陈积银, 胡睿心, 孙鹤立. 用户体验视角下人工智能视频生产平台使用效果研究 [J]. 新闻大学 ,2021(12):92–107+124–125.

[7] 李柯泉, 陈燕, 刘佳晨, 等. 基于深度学习的目标检测算法综述 [J]. 计算机工程 ,2022,48(07):1–12.

[8] 程明, 程阳. 5G 时代智能媒体发展逻辑再思考：从技术融合到人媒合一 [J]. 现代传播 (中国传媒大学学报),2021,43(11):1–5.

[9] 罗自文, 熊庚彤, 马娅萌. 智能媒体的概念、特征、发展阶段与未来走向：一种媒介分析的视角 [J]. 新闻与传播研究 ,2021,28(S1):59–75+127.

[10] 郭雪慧. 人工智能时代的个人信息安全挑战与应对 [J]. 浙江大学学报 (人文社会科学版),2021,51(05):157–169.

[11] 喻国明, 李彪. 互联网平台的特性、本质、价值与"越界"的社会治理 [J]. 全球传媒学刊 ,2021,8(04):3–18.

[12] 吴锋, 刘昭希. 人工智能主播历史沿革、应用现状及行业影响 [J]. 西南民族大学学报 (人文社会科学版),2021,42(05):174–183.

[13] 段鹏.5G 背景下互联网主流意识形态传播机遇、挑战与创新路径 [J]. 中国出版 ,2021(06):20-25.

[14] 霍朝光 , 卢小宾 . 数据可视化素养研究进展与展望 [J]. 中国图书馆学报 ,2021,47(02):79-94.

[15] 曾明星 , 吴吉林 , 徐洪智 , 等 . 深度学习演进机理及人工智能赋能 [J]. 中国电化教育 ,2021(02):28-35.

[16] 史春天 , 曾艳阳 , 侯守明 . 群体智能算法在图像分割中的应用综述 [J]. 计算机工程与应用 ,2021,57(08):36-47.

[17] 王海智 . 可视化叙事在数据新闻中的应用研究 [J]. 传媒 ,2021(01):39-41.

[18] 王卫明 , 郑艳琦 . 互联网时代的音乐传播新形态探析 [J]. 中外文化与文论 ,2020(03):262-273.

[19] 吴俊杰 , 刘冠男 , 王静远 , 等数据智能 : 趋势与挑战 [J]. 系统工程理论与实践 ,2020,40(08):2116-2149.

[20] 钟大年 , 包圆圆 . 互联网传播要素与模式变革 [J]. 中国新闻传播研究 ,2019(04):181-193.

[21] 张瑞峰 . "VR+ 新闻" : 新媒体时代的新探索 [J]. 视听 ,2017(10):14-15.

[22] 董璐茜 .VR 与 AR 技术对数字媒体艺术的影响 [J]. 视听 ,2016(09):222-223.

[23] 肖黎 , 倪娜 . 传统媒体如何 "拥抱" VR[J]. 新闻前哨 ,2016(07):61-63.

[24] 张展鹏 .VR 新闻崛起背景下的媒体应对之策 [J]. 中国传媒科技 ,2016(05):33-34.

[25] 李岩 , 李赛可 . 数据新闻 : "讲一个好故事" ?——数据新闻对传统新闻的继承与变革 [J]. 浙江大学学报 (人文社会科学版),2015,45(06):106-128.

[26] 方秋玲 . 大数据支持的数据新闻可视化研究 [D]. 西南大学 ,2015.

[27] 李小宇 . 中国互联网内容监管机制研究 [D]. 武汉大学 ,2014.

[28] 熊琦 . 互联网产业驱动下的著作权规则变革 [J]. 中国法学 ,2013(06):79-90.

[29] 牛禄青 . 人工智能时代的传媒业变革〔J〕.《新经济导刊》, 2017 .

[30] 廖丰 . 腾讯开发新闻写作机器人，记者们是否将被抢饭碗？〔N〕. 京华时报，2015(4)：9-11.

[31] 张小琴，陈昌凤 . 后喻时代的新闻教育——清华大学新闻与传播学院的 "清新传媒" 实践教学模式〔J〕. 国际新闻界，2014(4):150-157.

[32] 师文，陈昌凤 . 新闻专业性，算法与权力，信息价值观：2018 全球智能

媒体研究综述［J］.全球传媒学刊，2019 (1):82–95.

[33]喻国明，侯伟鹏，程雪梅."人机交互"重构新闻专业主义的法律问题与伦理逻辑［J］.郑州大学学报（哲学社会科学版），2018（5）:79–83.

[34]潘晓婷.未来已来：智媒时代需要怎样的新闻传播人才？［J］.中国编辑，2018（9）：45–50.

[35]常江.原子化未来：技术变迁对报纸编辑室文化的重塑［J］.编辑之友，2018（10）：62–68.

[36]喻国明，杨莹莹，闫巧妹.算法即权力：算法范式在新闻传播中的权力革命［J］.编辑之友，2018（5）：5–12.

[37]史安斌，王沛楠.传播权利的转移与互联网公共领域的"再封建化"——脸谱网进军新闻业的思考［J］.新闻记者，2017（1）:20–27.

[38]陈昌凤，霍婕.权力迁移与关系重构：新闻媒体与社交平台的合作转型［J］.新闻与写作，2018（4）:52–56.

[39]全燕，陈龙.算法传播的风险批判：公共性背离与主体扭曲［J］.华中师范大学学报（人文社会科学版），2019（1）:149–156.

[40]李晓静，朱清华.智媒时代新闻传播学硕士培养：业界的视角［J］.现代传播（中国传媒大学学报），2018（8）:160–165.

[41]陈昌凤，虞鑫.智能时代的信息价值观研究：技术属性，媒介语境与价值范畴［J］.编辑之友，2019（6）:5–12.

[42]彭兰.智能时代的新内容革命［J］.国际新闻界，2018(6):88–109.

[43]王君超.新闻实践教学之"学"——兼谈融合新闻传播教育背景下实践教学的"1＋1"模式［J］.新闻与写作，2018(8):26–30.

[44]李明德，刘婵君，张立.构建富有特色的新闻传播教学科研体系［J］.西安交通大学学报（社会科学版），2016(5):116–121.